»Die Berge,
die es zu versetzen gilt,
sind in unserem
Bewußtsein.«
18.10.2003

REINHOLD MESSNER

BERGE VERSETZEN

DAS CREDO EINES GRENZGÄNGERS

blv

INHALT

Die Deutsche Bibliothek – CIP-Einheitsaufnahme
Ein Titeldatensatz für diese Publikation
ist bei Der Deutschen Bibliothek erhältlich

Titelbild vorne: »Heiliger« Berg;
hinten: Mitten in der Antarktis.
Seite 1: Der Cerro Torre in Patagonien.
Seite 2/3: Sechstausender (Juju Drake) in Bhutan/Himalaja.
Seite 4/5: Kamelkarawane in der Wüste Takla Makan.

Bildnachweis
Archiv Wally Herbert: Seite 238
Archiv Roland Mittersteiner: Seite 53, 56, 60
Archiv Doug Scott: Seite 70/71
Alle übrigen Bilder sind dem Archiv Reinhold Messner entnommen.

Übersichtskarten/Grafik: Egon Quitta, München

Umschlaggestaltung: Zero Grafik & Design, München

Lektorat: Marianne Heilmannseder, München
Layout: VerlagsService Dr. Helmut Neuberger &
Karl Schaumann GmbH, Heimstetten

Vierte, durchgesehene Auflage

BLV Verlagsgesellschaft
München Wien Zürich
80797 München
Internet:
http://www.blv.de
http://www.reinhold-messner.de

Satz: Filmsatz Schröter GmbH, München
Lithos: Lanarepro, Lana bei Meran
Druck: Appl, Wemding
Bindung: Auer, Donauwörth

Gedruckt auf chlorfrei gebleichtem Papier

Printed in Germany · ISBN 3-405-14869-3

»Askese in der Konzentration auf das Wesentliche ist ein Erfolgsgeheimnis, das die Besten unter den Managern mit Reinhold Messner teilen.«

BRAINSTORMING IN 5000 METERN HÖHE

Der Berg hat als Mythos ganze Völker und viele Generationen bewegt, er hat auch über das Bergsteigen beträchtliche Relevanz für das Management. Semantische Parallelen springen ins Auge: Der Karrieregipfel, die Seilschaft als Ausdruck eines effizienten Führungsteams, die Sherpas als unentbehrliche Helfer in der Vorbereitung großer organisatorischer Unterfangen, die eisernen Rationen als Element des »Lean Management« und ähnliches mehr sind aus dem Sprachgebrauch nicht mehr wegzudenken. Sie sind aber eher Nebensache.

Bedeutender scheinen die von Reinhold Messner aufgezeigten Lektionen, die Erfahrungen des Extrembergsteigens auf das Management übertragbar machen. Da sind die grandiosen Visionen vom Alleingang auf den Mount Everest ohne Sauerstoffmaske, von einer Antarktis-Durchquerung mit natürlichen Hilfsmitteln, von einer Besteigung aller 14 Achttausender und der Längsdurchquerung der Takla Makan – man kann sich gut vorstellen, wie eben solche Visionen für neue Autos, Flugzeuge, Kommunikationssysteme, Gebäude und Brückenbauten reiche Anregung bieten können.

Und da ist Reinhold Messners Erfindung einer effizienten Logistik, die es ihm erlaubte, mit einem Bruchteil an Unterstützung durch Sherpas auszukommen, weil keine Sauerstoffflaschen, keine Verpflegung, keine Unterkunftszelte für die Hilfstruppen mitgeschleppt werden mußten. Gedankenverbindungen zu bahnbrechenden Managementkonzepten, wie seinerzeit die »Just-in-Time«-Logistik der Japaner oder die kontra-intuitive Betonverarbeitung beim rollenden Transport, stellen sich dabei unwillkürlich ein.

Man erlebt Messners Abbrüche von Expeditionen (im Gegensatz zu der landläufigen Meinung ist er ein sehr vorsichtiger Mensch), und man weiß, daß nur diese Abbrüche ihn in die Lage versetzt haben, andere, anspruchsvollere Projekte zu einem späteren Zeitpunkt zu bewältigen. Fast jedem Unternehmer werden dabei eigene Entwicklungsprojekte einfallen: So manches, das sich in aussichtslosen Zeit-, Kosten- und Qualitätsansprüchen verrannt hat, wäre besser abgebrochen worden, um Zeit und Ressourcen anders einsetzen zu können.

Man sieht Reinhold Messners bewußt phasenweises Vorgehen vom Kletterer

Ich kenne eine Reihe von Geschäftsleuten, die lange Wanderungen unternehmen, um leer und offen für neue Ideen zu werden.

Herbert Henzler nach der Besteigung des Chimborazo.

Nur diejenigen, die in ihrem Leben tun, was sie gerne tun, was sie mit Begeisterung tun, was sie aus vollem Herzen tun, werden Erfolg haben.

im Alleingang über den Himalaja-Besteiger, den Expeditionsleiter, den Wüstendurchquerer und so weiter. Ganz im Sinne Daniel Levinsons sind diese »Seasons of a Man's Life« bei ihm dazu angetan, ihn auf neue, höhere Stufen zu führen und andere Lebensphasen erst möglich zu machen. Diese Askese in der Konzentration auf das Wesentliche, diese äußerst konzentrierte Entwicklung einzelner Stufen sind ein Erfolgsgeheimnis, das die Besten unter den Managern mit Reinhold Messner teilen. Sie kleben nicht an ihren Stühlen, verpassen nicht den Zeitpunkt für den richtigen Absprung; und erst recht verzetteln sie sich nicht in der Suche nach Wegen, ihre Taten der Nachwelt zu vermitteln.

Messner hat wiederholt darauf verzichtet, Filmemacher, Theaterschriftsteller oder Schauspieler zu sein. Er ist, auf der einen Seite, »bei seinem Leisten« geblieben, hat diesen im Verlauf der Jahre perfektioniert und sich dabei laufend weiterentwickelt. Auf der anderen Seite hat der Messner des Jahres 1993 mit dem des Jahres 1970 zwar vieles gemeinsam – die Entschlossenheit, die Unabhängigkeit im Verfolgen von Zielen –, aber er ist heute ein anderer, ein weiser Zeitgenosse. Wo ihn früher noch die bergsteigerische Einzelleistung begeisterte, ist es heute das eher philosophische Nachdenken über das Bergsteigen; wo ihn früher das herausragende Abenteuer-Erlebnis antrieb, sind es heute die Sorge um das ökologische Gleichgewicht und die Suche nach einer Balance.

Die Lektionen Reinhold Messners sind in Gesprächen bei einer gemeinsamen Südamerika-Tour und dem unvermeidlichen Warten auf das geeignete Wetter zur Chimborazo-Besteigung entstanden und in weiteren Gesprächen ergänzt und vertieft worden. Mich hat er dabei immer wieder beeindruckt, wie er den Zugang zu den Problemen des Managements sehr leicht gefunden hat und neue Einsichten und persönliche Erfahrungen zu Gedanken für das nun vorliegende Buch verdichtete. Ich bin sicher, er hat hier wertvolle Anregungen für jeden Manager, aber auch viel nachdenklich Anregendes für allgemein interessierte Leser zusammengetragen.

Herbert A. Henzler

»Erfahrungen des Extrembergsteigens auf das Management übertragbar machen.«

EINE BRAUCHBARE LEBENSFORM FÜR EINE LEBENSWERTE WELT

Die Anregung für dieses Buch verdanke ich zahlreichen Führungskräften aus der Wirtschaft, vor denen ich referiere und mit denen ich diskutiere. Der entscheidendste Anstoß kam dabei von Herbert Henzler, der mir vor unserem Aufstieg auf den Chimborazo (Ventimiglia-Gipfel, 6270 m) in Ecuador – Schlechtwetter auf der Hütte aussitzend – half, ein klares Konzept zu erstellen. Dafür gilt ihm mein Dank.

Wieweit meine Erfahrungen als Grenzgänger auf das Management übertragbar sind, hängt zuletzt wohl von der Fähigkeit des Lesers ab, wenigstens im Geiste in mein Tun einzusteigen. Deshalb habe ich jedes Thema mit einem praktischen Beispiel ergänzt.

Berge sind so elementar in ihrer Erscheinungsform, daß es mir selbstverständlich erscheint, auf sie hinaufzusteigen. Mit der Frage nach dem Warum schon beginnt das Scheitern.

So tüchtig sich der Gelegenheitsbergsteiger Henzler beim Aufstieg zu seinem ersten Sechstausendergipfel gezeigt hat, wäre ich als Gelegenheitsmanager mit Sicherheit nicht. Auch dürfen meine Grundaussagen nicht als die »zwölf Gebote zum Erfolg« verstanden werden. Sie sind das momentane Credo eines Grenzgängers, der durch Versuch und Irrtum zu seinen subjektiven Erfahrungen gekommen ist. Und nur diese lege ich in Buchform vor. Trotz ihrer (oft scheinbaren) Widersprüchlichkeit, trotz ihrer Brüchigkeit, trotz ihrer Banalität.

Meine »Weisheit« unterliegt einem Lernprozeß, der andauert, solange ich lebe. Also habe ich nichts Endgültiges zu sagen. Weil wir aber in dieser Welt nicht so bleiben dürfen, wie wir sind, stelle ich meine Erkenntnisse zur Disposition. Und weil ich meine Erfahrungen immer wieder gemacht habe, erzähle ich sie immer wieder. Sie lassen sich nicht in Kästchen stecken, auf Kapitel verteilen. So wie die Welt ein Ganzes ist, sind Erfahrungen nicht zerlegbar.

Wenn ich trotzdem einer zwölfteiligen Themenstruktur folgte, ist dies nur ein Widerspruch mehr. Er zwingt mich zu Wiederholungen, die nicht beabsichtigt sind. Sie sind die Folge dieser Arbeitsweise und vielleicht hilfreich, wenn wir um eine lebenswerte Welt bemüht sind.

Reinhold Messner

Der Wert einer Lebensform ist zu bemessen an ihrem internen Veränderungspotential. Am Reichtum und Wohlbefinden des Ganzen.

大尾一筆
の不二

»Die Kunst des Gehens liegt im richtigen Weg.«

WEGE ZUM ERFOLG

Mein Tun ist a priori nicht notwendig. Es ist möglich. Trotzdem bin ich überzeugt von meinem Tun. Das Leben besteht in erster Linie darin, uns auszudrücken, unsere Fähigkeiten auszunutzen, unser Menschsein zu erfahren.

Unsere Schöpferkraft auszuschöpfen, ist *die* Möglichkeit schlechthin. Alles, was wir in die Welt hineinlegen – Sinn, Werte, Lebensfreude – macht uns aus. Die wichtigste menschliche Fähigkeit ist Sinnstiften. Nicht, weil ich besonders stark, ausdauernd, kühn wäre, bin ich erfolgreich. Ich mache mir mein Tun zuerst sinnvoll. Dabei bin ich weniger durch meine Erfolge der geworden, der ich heute bin, als vielmehr durch mein häufiges Scheitern. Und wenn ich noch lebe, verdanke ich dies zu einem Teil dem Glück. Ich bin nicht vollkommen. Ich habe immer wieder Fehler gemacht. Ich bin ein Mensch.

Und nur weil ich menschlich bin, können meine Erfolge, die ich neben den Mißerfolgen als Erfahrungsgrundlage habe, von Interesse sein. Auch für andere. Wäre ich physisch oder psychisch stärker, ausdauernder, leidensfähiger als andere, wäre das, was ich weiß, nicht anwendbar für sie. Ich bin nicht das, was man in der griechischen Mythologie einen Helden genannt hat. Ein solcher wäre abgehoben von den übrigen Menschen, nicht verwundbar, nicht vergleichbar und damit uninteressant.

Ich will in diesem Buch nicht erzählen, warum ich auf die Berge steige. Auch nicht, wie ich zum Halbnomaden wurde zwischen den großen Gebirgen und den Eiswüsten. *Wie* ich es getan habe, ist mein Thema, und wie ich es weiterhin tun will. Nicht technisches Können, die Ansprüche an mich selbst sind entscheidend. Ich möchte das Wie hinter sensationellen Verpackungen verständlich machen: Wie gehe ich einen Berg an. Wie nähere ich mich einer großen Wüste. Wie verhalte ich mich mir selber, der Natur, meinen Partnern gegenüber. Wie man klettert, wie man sich sichert, gehört zum Handwerk, aber niemals zum Erfolgsgeheimnis.

Ich möchte nicht behaupten, daß nur ich kann, was alle anderen noch nicht getan haben. Ich unterstelle sogar, daß die meisten Menschen – Erfahrung vorausgesetzt, mit entsprechendem Training, im richtigen Alter – auf den Mount Everest hätten steigen oder durch die Antarktis hätten laufen können. Wenn sie es nur mit der gleichen Vehemenz wie ich gewollt, mit der

Links: Symbol Berg: Der Fudschijama nach einer Zeichnung von Katsushika Hokusai.

Wer ständig nach Wegen fragt, lernt nie, Wege zu (ver)-suchen. Wie soll einer, der immerzu gewiesene Wege geht, wissen, welcher sein Weg ist.

gleichen Besessenheit betrieben hätten. Zum Glück aber wollten und wollen die anderen etwas anderes. Während ich diese meine Abenteuer gewagt habe, sind Kinder geboren worden, Unternehmen und Staaten zusammengebrochen, Firmen gegründet und der Mars erreicht worden.

Meine Welt, der Hintergrund meines Tuns, ist vertikal und horizontal. Die Gipfel sind spitz und hoch. Symbolhaft darstellbar wie Pfeile, Vektoren für Konzentration und Ebenen für Sich-Verlieren. Die entsprechenden Landschaften, die Stimmungen gehören zum Faszinierendsten auf dieser Erde. Erfolge finden dort allerdings nicht statt. Dort lebe ich auch nicht. Ich bin nur zeitweise da, ganz da, und Erfolge kommen heraus wie die Summe beim Addieren.

Jeden Grenzgang erfindet der Geist und entscheidet der Geist.

Alles beginnt mit einem Tagtraum. Daraus wächst eine Idee. Indem ich mich auf sie konzentriere und an ihr arbeite – wochenlang, monatelang, jahrelang –, entsteht ein Ziel. Ein stiller Entschluß in mir zündet die Tat. Jeder Aufstieg beginnt im Kopf. Der Berg draußen ist nur die Entsprechung. Sich ganz und nur mit einem einzigen Ziel zu identifizieren heißt das Ziel sein.

Jeder kann sich einen Berg vorstellen: Europäer das Matterhorn, Japaner den Fudschijama, Amerikaner den Devil's Tower. Ein Berg hat eine klare Form. Vor allem für Kinder bestehen Berge aus klaren Linien. Diese laufen nach oben hin zusammen. Alle ragen sie in die Höhe. Alle Kanten treffen sich in einem Punkt, dem Gipfel. Für Kinder ist es selbstverständlich, daß ich auf einen Berg hinaufsteigen will. Das Ziel ist sichtbar, die Motivation ist vorgegeben.

Den »richtigen« Weg zum Erfolg gibt es so wenig wie den »guten« Menschen.

Die Geschichte des Bergsteigens zeigt, daß es nicht immer so war. Der Mensch ist zwar schon vor 5000 Jahren auf Berge gestiegen, auf hohe Berge sogar; er tat dies jedoch, um leben zu können. Um den Himalaja zu überqueren, um Tiere über die Alpen zu treiben, um zu jagen.

Heute klettern wir aus Selbstzweck. Das moderne Selbstzweck-Bergsteigen ist etwa 200 Jahre alt. Entstanden aus Neugierde und Ausgleichsspiel in der jungen Industriegesellschaft. Der Mensch wollte wissen, wie es da oben aussieht, wie die Temperaturen sind. Er wollte immer höher hinauf, immer schwierigere Wege klettern. Er hat inzwischen die höchsten Berge der Welt erreicht und die schwierigsten Wände durchstiegen.

Stetig vollzog sich der Wandel vom Bergsteigen als Natur-Sportart mit Abenteuer-Charakter zur Nur-Sportart mit Show- und Rekord-Charakter.

In den letzten 20 bis 30 Jahren habe ich versucht, das Abenteuer Berg durch Verzicht wieder spannend zu machen. Es will nicht gelingen. Ich verzichte mit Absicht auf die Überlegenheit des Menschen dank seiner Technik, um menschliche Fähigkeiten zu fordern, um meine Schwächen und Ängste kennenzulernen. Trotzdem, der Berg wird in unserem Bewußtsein mehr und mehr zum Sportgerät. Wir sind risikofeindlich, rekordsüchtig.

Wie soll ich Angst als die andere Hälfte des Mutes begreifen, wenn es keine Gefahr gibt?! Es gibt keinen Mut ohne Angst. Das Bild vom furchtlosen Helden täuscht. Er ist ein Fantasieprodukt. Ein Held, der keine Angst hat, braucht keinen Mut. Ein Kletterer, der nur schneller oder schwieriger klettern will, läßt den Weg zum Rekord absichern, vorbereiten. Wo bleibt da noch Platz für Zweifel, für Erfahrungen? So jemand kennt das eine wie das andere nicht. Er ist steril, eindimensional, langweilig.

Es geht mir beim Bergsteigen nicht darum, irgendeinen Gipfel zu »er-

obern«. Für wen auch? Wie jede Form von Kolonialismus aufhören muß, hat der Eroberungs-Alpinismus aufzuhören. Er hat keine Berechtigung mehr.
Mir geht es um Erfahrungen. Zur wilden Landschaft, den hohen, abweisenden Bergen, der Wüste draußen gibt es in mir eine seelische Entsprechung. Je höher der Berg vor mir, um so größer der Zweifel, die Angst in mir. Riesige Berge entsprechen riesigen Abgründen in uns, in die wir fallen können.
Trotzdem, beim Bergsteigen ist die Zielsetzung einfach: Der Gipfel ist oben. Er ist sichtbar. Meist ist er auf Landkarten eingetragen. Ich kann ihn vor Ort und anhand von Bildern studieren. Es braucht nicht viel Fantasie, sich als Bergsteiger Problemstellungen an einem Berg auszudenken, vorzustellen.
Der K2, der zweithöchste Berg der Erde, ist eine gewaltige Pyramide. 42 Matterhörner hätten in ihr Platz. Trotzdem ist er besteigbar. Niemandem aber wird es gelingen, ihn zu überrennen. Wem die Besteigung dieses Berges nur als lukratives Ziel erscheint, wird scheitern. Heute wollen, am nächsten Tag starten und am dritten Tag den Gipfel erreichen geht nicht. Nur nach langer Vorbereitung, nach der Auseinandersetzung mit dem Berg wächst jene Energie in uns, die bis zum Gipfel trägt.
Jede Bergtour beginnt vor dem Aufbruch, und der letzte Schritt zum Gipfel hängt ab vom ersten Schritt dem Ziel entgegen. Für die letzten und meist anstrengendsten Schritte zum Gipfel braucht es ein starkes Momentum. Die Anerkennung, die anschließend winkt, die mögliche Auswertung reichen dafür nicht aus. Auch Ehrgeiz und Medaillen als Siegespreis fallen dort oben als Motivation aus.
Die Motivation wächst mit der Begeisterung. Wenn ich das, was ich tue, mit Begeisterung tue, wenn es meinem Wesen entspricht, bin ich stark. Je länger ich mich mit meinem Ziel auseinandergesetzt habe (auch wenn ich vorher am Gelingen zweifelte), je mehr Energie ich eingebracht habe, um den ersten Schritt zu tun, um so mehr Motivation habe ich später.
Meist ist es so: Ich entdecke eine Möglichkeit. Sie ist der Ansatz zu einem Gedankenspiel. Woher sie kommt, ist sekundär. (Ein Gespräch, der Blick auf ein Bild, das Studium der Abenteuergeschichte lösen sie aus.) Plötzlich habe ich die Idee. Der Grenzgang beginnt also im Kopf. Dann trage ich meine Idee lange mit mir herum. Daheim, im Halbschlaf, autofahrend, vielleicht kann sie reifen. Langsam wächst die Notwendigkeit, die Idee zu realisieren. Es kommt zur Geburt. Die Idee, dieses Luftschloß, das sich herauskristallisiert hat, wird lebendig wie das Kind im Bauch der Mutter.
Jetzt muß ich das Unternehmen finanzieren. Ich brauche Ausrüstung, eine Logistik, Partner.
Einmal unterwegs, muß alles stimmen. Natürlich kann ich (kleine) Pannen, die im Rahmen der Vorbereitung gemacht worden sind, vor Ort ausgleichen. Ausrüstungsgegenstände können geflickt werden. Oft aber sind es die kleinen Fehler, die zum Scheitern führen. Mängel in der Kondition oder Ausrüstung können bei Grenzgängen sogar tödlich sein. (Kein Grenzgänger ist deshalb ein potentieller Selbstmörder. Wir steigen nicht auf Berge, um uns umzubringen. Wir wollen lebendig wieder herunterkommen.)
Ich habe in meinem Leben als Grenzgänger nicht immer »Erfolge gehabt«. Und gelernt habe ich bei den gescheiterten Expeditionen mehr als bei den erfolgreichen. Eine Einschränkung:

Nur wenn ich eins mit meinem Weg bin, bin ich stark.

Grenzgänge definiere ich als selbst veranstaltete, individuell abgestufte Versuche, in möglichst ursprünglicher Wildnis mit all ihren Gefahren zurechtzukommen. Da mit Hilfe der Technologie heute jeder Winkel der Erde zugänglich ist, heißt es beim Grenzgang mehr und mehr auf technologische Hilfen zu verzichten.

Hätte ich – es ist ein hypothetischer Rückblick – bei meinen ersten drei Expeditionen Mißerfolge gehabt, ich wäre aus wirtschaftlichen Gründen zum Aufgeben gezwungen gewesen. Ich wäre also als Grenzgänger pauschal gescheitert.

Bis 1975 hatte ich wenige Kritiker. Im Augenblick aber, als ich die bis dahin geltenden »Gesetze« des Höhenbergsteigens in Frage stellte, Tabus brach, gab es plötzlich viele, die meinten, ich würde unerlaubt handeln.

Trotzdem ging ich meinen Weg weiter. Was mich faszinierte, war das Neue: Tun, was noch nicht da war; versuchen, was niemand vorgegeben hatte; weitergehen als alle anderen vor und neben mir. Ich wußte, wie es die anderen gemacht hatten, und ich wagte zuerst *einen Schritt mehr,* dann *einen neuen Stil.*

Dieser Stil revolutionierte das Bergsteigen. Nicht nur, weil meine Expeditionsform billiger war; sie war leichter, schneller, auch sicherer. Wenn nur zwei sich den Gefahren der großen Höhe, der sauerstoffarmen Luft, Lawinen und Steinschlag aussetzen, können nur zwei umkommen. Nicht ein Dutzend, nicht Hunderte.

Risiko gehört zum Bergsteigen. Aber ich steige nie, um umzukommen. Deshalb die »Disziplin des Risikos« als Gegengewicht zum Ehrgeiz. Disziplin des Risikos heißt Wachsein, Vorbereitung, Training, Sich-selbst-Beherrschen, Einschränkung. Die preußische Eigenschaft Disziplin, von innen kommend, ist Voraussetzung für meinen Erfolg. Natürlich gehören auch Kreativität, Lebensfreude, »L' arte del vivere« – ich kenne als Südtiroler die südländische Lebensart – dazu. Aber ohne Disziplin sind meine Ziele nicht zu erreichen. Ohne Verzichtbereitschaft sind sie eine Todesfalle.

Mit 40 gehört niemand zum »alten Eisen«. Ich weiß, daß Ausdauer und Wille des Menschen zwischen 20 und 50 ziemlich konstant bleiben.

Schritte, die als nicht möglich gelten, fordern meine Fantasie, meinen Ehrgeiz und meine Disziplin gleichermaßen heraus. Immer noch. Es ist mir dabei nicht wichtig, worum es geht, wie hoch der Berg, wie groß die Wüste ist, mit denen ich mich auseinandersetze. Die Intensität der Auseinandersetzung entscheidet. Die höchstmögliche Intensität setzt Besessenheit voraus. Ich weiß, dieser Ausdruck ist negativ besetzt. Aber ich stehe zur Besessenheit. Ohne Fanatismus sind extrem schwierige Ziele nicht zu erreichen – so einengend er gleichzeitig auch ist.

Senkrechte Fels- und horizontale Eiswüsten haben gleichermaßen eine große Faszination. Sie fordern dich ganz. Wenn auch ganz anders. Beim Klettern bin ich äußerst konzentriert. Konzentriert auf Griff und Tritt, auf die Steigeisen, auf den Pickel, den ich an einem bestimmten Punkt ins Eis schlage. Ein Fehltritt, ein lockerer Griff kann Absturz, kann Tod bedeuten. Konzentration ist beim Fels- und Eisklettern lebenswichtig.

Beim Gehen, wenn ich wochen-, ja monatelang nur weiterziehe, verliere ich mich in Zeit und Raum. Nach einiger Zeit, wenn das Vorankommen zum Alltag geworden ist, beginnt die Leere. Es wird Platz frei für neue Sichtweisen. Die Fantasie bekommt Nahrung. Der Geist beginnt zu arbeiten. Nicht mehr Konzentration und Wille helfen, um weiterzukommen, sondern der schweifende Geist.

Klettern ist also eine Konzentrationsübung. In schwierigen Momenten bin ich ganz Fingerspitze, Zehenspitze. Im Kopf ist kein Platz mehr für Spielereien, für Fantasie, für Energien von außen.

Das Gehen, das Leben in der Eiswildnis entspricht der Meditation. Es macht leer. Keinerlei Ablenkung:

Gestrige Erfolge haben mich nie ausgefüllt.

Der Makalu von Westen. Dreimal bin ich an diesem Achttausender gescheitert (an derSüdwand, bei der Überschreitung, im Winter).

Nichts als die weiße Weite um dich herum, kein Laut, nicht einmal ein Felsen; ein Horizont, der immer weiter wird, weil er mit jedem Schritt zurückweicht. Die Gedanken werden klar. Plötzlich strömen mir von außen Energien zu, Ideen, Kraft. Ich betrachte mich aus Distanz. Und Distanz zu sich selber ist Grundvoraussetzung für starke Entscheidungen.
Distanz gewinne ich beim Klettern in der Vertikalen nicht. In der Horizontalen ja. Ich habe nie so weit und so klar denken können wie beim Marsch durch die Antarktis. Viel weiter als in der Stadt, wo meine Gedankenwelt von Häusern umstellt ist, von Regeln, Paragraphen, Konventionen. Weiter auch als in den Alpen, wo die Welt von Bergen eingerahmt ist. Mich interessiert es immer weniger, wie hoch ich steigen oder wie weit ich laufen kann. Den Abgründen meiner Seele, dem Verlorensein in der Einsamkeit gilt meine Neugierde. Ich will Ideen in die Tat umsetzen und wissen, was mit uns und zwischen uns im Grenzbereich passiert. Wenn die Gefahr groß, der Zusammenbruch wahrscheinlich, das Alleinsein lang werden, fallen alle Masken. Scheitern ist unter diesem Blickwinkel so wichtig wie der Erfolg.
Was ist Scheitern, was Erfolg? In keiner Sparte des Lebens können wir es genau definieren. Scheitern bringt, wirtschaftlich betrachtet, fast immer Nachteile; von der menschlichen Seite her gesehen nur Vorteile. Es macht menschlicher. Erfolg geht oft einher mit Entmenschlichung.

Verlierer machen andere Erfahrungen als Sieger – immer größere.

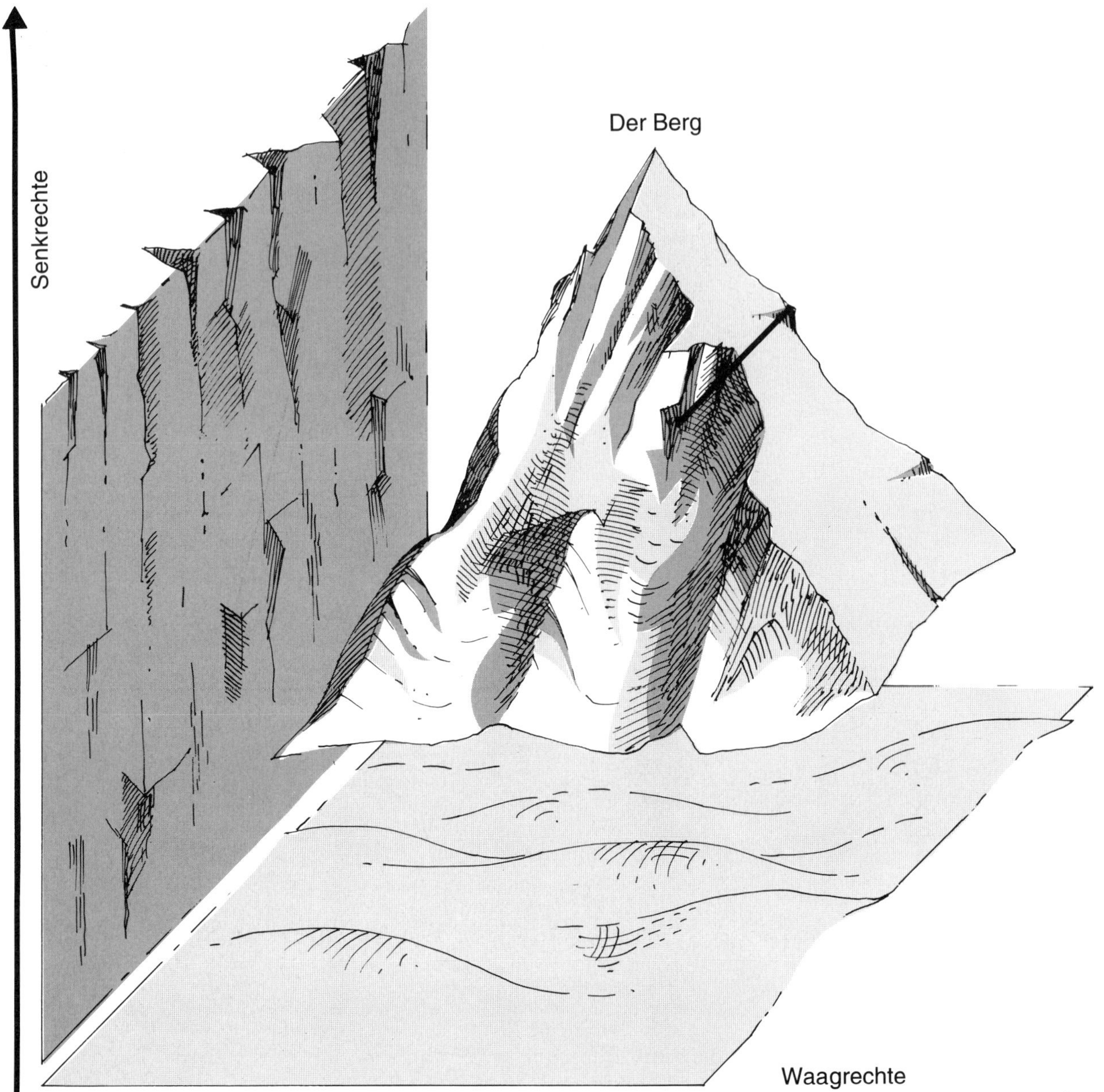

Oben: Meine (bisherigen) Spielfelder.

Seite 18/19: Das Fitz-Roy-Massiv in Patagonien. (Mit Hans Kammerlander bin ich knapp unterm Hauptgipfel gescheitert.)

Eine senkrechte Felswand und eine Wüste sind als Medium für Ausgesetzt-Sein ähnlich. Obwohl ihre Strukturen grundverschieden sind. Auch die Dimensionen sind unvergleichbar.
In der Felswand aber reichen oft 1000 Meter Vertikale, um jenes Gefühl von Herausgenommen-Sein in uns entstehen zu lassen, das in einer tausendmal größeren horizontalen Wüste da ist.
Ein Berg ist eine aufgestellte Wüste; eine Wüste ist ein hingestreuter Berg.

Erfahrungswüsten

Beispiel Senkrechte: Dolomitenwände
Beispiel Waagrechte: Antarktis
Beispiel Berg: Mount Everest
Beispiel Mythos: Mallory

Ein Bergsteiger im Khumbu-Eisbruch am Mount Everest.

Jede Zeit hält ihre Grenzgänge bereit: Vom Nomaden, der zuerst wohl als Gejagter, dann als Jäger und Sammler überleben zu lernen hatte, über den Eroberer der Wüsten, Pole und höchsten Gipfel bis zum Grenzgänger heute, der einem Anachronismus verfällt, wenn er sich freiwillig dorthin begibt, wo das Überleben schier unmöglich wird. Seine Herausforderungen schrumpfen mit der Technologie, und sie wachsen mit der Zerstörung der Umwelt.

Grenzpunkte

1 Im Winter durch Grönland
2 Die ultimative Erstbegehung
3 Die Rupalwand am Nanga Parbat
4 Ein Achttausender im Alpenstil
5 Mount Everest ohne Maske
6 Nanga Parbat-Solo
7 Der Hattrick
8 Lhotse-Südwand
9 Quer durch die Antarktis
10 Ein Land begreifen
11 Takla Makan
12 Den Nordpol gibt es nicht

Links: In der Wüste Takla Makan (Sinkiang) möchte ich mit meinen Grenzgängen einen Schritt weitergehen.

»Für mich war es immer ein Traum, einen Schritt weiterzugehen. Dieser Traum hält wach.«

IMMER EINEN SCHRITT VORAUS

Wenn es etwas Unnützes gibt, ist es mein Tun. Also sind meine Leistungen schwer zu rechtfertigen. Einen moralischen Anspruch erhebe ich nicht. Ob Abenteuer »gesund« sind, wissen die Götter. Ich weiß es nicht. Mir geht es um Leistung als Anspruch an sich, um ein Tun, das außerhalb von ethischen Maßstäben abläuft. Ich rechne mich nicht zu den »vernünftigen« Menschen, und meine Reflexionen über das Abenteuer und die Alpinistik sind so notwendig wie mein Tun. Beides ist nur möglich – für mich manchmal zwingend.

Ich tue, was andere als Unsinn abtun. Ich laufe und klettere aber nicht gegen Vorurteile an. Darin läge wenig Reiz. Ich habe die höchsten Berge der Erde auch nicht bestiegen, um auf Umweltprobleme hinzuweisen. Mit meinem Marsch über den Südpol wollte ich nicht in erster Linie für einen »Weltpark Antarktis« demonstrieren. Mir ging und geht es bei der »Eroberung des Nutzlosen« um das Spiel, das ich als »Grenzgang« in den Sprachgebrauch einführen möchte: sich selbst bewußt an den Rand seiner Möglichkeiten und Existenz führen und dabei immer wieder einen Schritt weitergehen, ohne dabei umzukommen. Dieses Spiel habe ich 30 Jahre lang gespielt – in der Vertikalen und in der Horizontalen, in der Höhe und in der Weite. Die Ziele wurden immer anspruchsvoller. Nun hat die Erde nach oben tatsächlich ein Ende; sie gipfelt im höchsten Berg der Welt. In der Weite ist ein Ende nie in Sicht. Ginge ich um die Erde herum, käme ich nirgendwo an und immer zurück, um weitergehen zu können. Die Reise würde nie aufhören.

Für mich begann die Zukunft in meiner Kindheit. In Südtirol. Im Villnößtal. Aufgewachsen in einem engen, tiefen Gebirgstal, unter den Geislerspitzen in den Dolomiten, konnte ich immer nur einen schmalen Ausschnitt des Himmels sehen. Die Wolken kamen aus dem Nichts, und ins Nichts verschwanden sie. Als Kind schon habe ich mich gefragt, wo diese Wolken herkommen und wo sie hingehen. Mit fünf Jahren stieg ich zum ersten Mal auf einen Dreitausender. Dort oben wurde mir klar, daß die Welt größer ist als das, was ich von daheim aus hatte sehen können. Die Wolken verschwanden hinter einem weiteren Horizont. Mit 15 war ich ein besessener Felskletterer, bald auch Eisgeher. Mit 25 war ich in der Lage, die damals

Links: Die Geislerspitzen über St. Magdalena im Villnößtal.

Lernen geht in kleinen Schritten vor sich. Und auch kleine Erfolge können vollkommen sein. Sich aber mit kleinen Vollkommenheiten umgeben, lehrt hoffen.

Die Risiken des Grenzgangs (Everest-Besteigung, Nordpol-Reise, Sahara-Durchquerung) werden von Laien vielfach überschätzt. Dagegen unterschätzen sie wirkliche Bedrohungen (Infarkttod, Umweltkatastrophen, Gefährdung im Verkehr), die sie selbst betreffen können.

schwierigsten Eis- und Felswände der Alpen allein und ohne Seil zu klettern. Mit dem freiwilligen Verzicht auf den Bohrhaken gab ich dem alpinen Bergsteigen Ungewißheit und Steigerungsfähigkeit zurück. Eine neue Welle des Freikletterns entstand.

Meine Begeisterung wuchs mit einer Expedition in die Anden Südamerikas. Also wollte ich noch einen Schritt weitergehen, höher hinauf. 1970 wurde ich zu einer Nanga-Parbat-Expedition eingeladen. Mir ging es dabei nicht in erster Linie um den Berg, den Gipfel, einen der 14 Achttausender. Mir ging es um die Rupalwand. Diese Südwand am Nanga Parbat, fast 5000 Meter hoch, beginnt dort, wo die Eiger-Nordwand aufhört, und sie gipfelt in der Todeszone, in einem Bereich, wo der Sauerstoffpartialdruck der Luft so gering ist, daß der Mensch kaum noch Leistung erbringen kann. Reichten meine Instinkte, meine Fähigkeiten aus, um dort oben zu überleben?

Über die großen Höhen wußte ich damals wenig. Die Höhenkrankheit kannte ich nur aus der Literatur. Noch weniger wußte ich über die Weigerung des Körpers, bei Sauerstoffmangel weiterzumachen, über das Nachlassen von Konzentration und Willen in großer Höhe.

Die Rupalwand am Nanga Parbat war früher schon versucht worden. Vergeblich. Sie galt in Fachkreisen als *das* »Problem« im Himalaja. Vielen erschien sie undurchsteigbar.

Unsere Expedition hatte nach 40 Tagen »Arbeit« Erfolg. Aber um welchen Preis! Mein Bruder Günther starb, ich erlitt schwere Erfrierungen.

Nach der Amputation von Zehen und Fingerkuppen war ich Invalide. Ich mußte erst wieder gehen lernen. Mit viel Ausdauer und autogenem Training holte ich mir meine alte Kondition zurück. Mit derselben Eindeutigkeit, mit der ich früher geklettert war, verfolgte ich mein neues Ziel: Grenzgänge in großer Höhe, wo Kletterkönnen weniger zählt als Ausdauer, Instinkt, Kreativität. Ich wollte wieder Realutopien realisieren.

Visionen, als Projektionen in die Zukunft, haben oft auch beim Bergsteigen ihre Lichtquelle in der Vergangenheit. Dazu gehört neben Geschichtskenntnissen das Erinnern an all jene, die bei ihren Abenteuern umgekommen sind. Bergsteigen war und ist gefährlich. Nur ein Narr steigt auf die höchsten Gipfel der Erde und glaubt, er könne dabei nicht umkommen. Natur ist Chaos und Ordnung zugleich. Niemand ist so erfahren, so gut, so ausdauernd, daß ihm nichts passieren kann. Keiner ist perfekt. Bei meiner Art des Bergsteigens zählen das Erfahren, das Grenzen-Verschieben, das Überleben. Nicht immer ist all das organisierbar. Nur im Respekt vor den großen Bergen, im Wissen, daß der nächste Schritt der letzte sein kann, ist eine Annäherung an die jeweiligen Grenzen verantwortbar. Ich muß den letzten Schritt verinnerlicht haben, bevor ich den nächsten wage.

Die Einheimischen in Tibet, die tief religiös sind, leben vielfach als Halbnomaden in einem menschenfeindlichen Hochland. Auf Berge steigen sie aus eigenem Antrieb nicht. Sie wissen, daß es dort oben weder Gold noch Getreide zu holen gibt. Sie gehen auf Almen, überqueren Pässe, die 5000 oder 6000 Meter hoch sind. Auf jedem Paß rufen sie »Lhagyelo«, was soviel heißt wie: »die Götter haben gesiegt« und/oder: »die Götter sind gnädig«. Wenn ich – wie auch in die lamaistische Lebenshaltung hineininterpretierbar – die Götter mit den Naturkräften gleichsetze, habe ich die Einstellung der Einheimischen den Bergen gegenüber verinnerlicht. Unser

Verständnis von Natur ist identisch. Wir ordnen uns ihr unter. Nur wenn die Götter (als Naturkräfte) gnädig sind, können wir Menschen den Tanz mit ihnen überleben.
Die Naturkräfte, die auch in uns sind, sind stärker als wir. Wir sind nur Teil. Die Welt, die Erde wird sich immer wieder selbst reinigen und heilen können. Wir nicht. Wir sind in diesem Zusammenhang begrenzt. Die Natur braucht die Menschen nicht, aber wir brauchen die Natur. Nur in diesem Zusammenspiel kann Ökologie verstanden werden. Es muß uns Menschen bewußt werden, daß die Fehler im Zusammenspiel Mensch – Natur von Menschen ausgehen, denn die Erde ist da und macht keine Fehler.
Fünf Jahre nach der Tragödie am Nanga Parbat, meinem ersten Achttausender, wagte ich am Hidden Peak (Gasherbrum I, 8068 m) in Pakistan jenen Schritt, der das Höhenbergsteigen revolutionieren sollte.
Worin bestand nun nach der Schwierigkeitssteigerung meine zweite Revolution beim Bergsteigen, mein Schritt weiter, jene »Spur in die Zukunft«, die ich bei der Besteigung des Hidden Peak gelegt habe? Sein Gipfel war vor 1975 ein einziges Mal erreicht worden (1958). Ich wollte ihn nicht nur ein zweites Mal und über eine neue, schwierige Route, die Nordwand, besteigen. Mir ging es um den Stil. Meine Logistik dazu – zwei Mann, ein Basislager und keine weitere Fremdhilfe – galt damals an den Achttausendern im Himalaja und Karakorum als untauglich. Dabei war sie in den Alpen seit 100 Jahren eingeführt: als das selbständige Bergsteigen. Ich wollte nicht mit 100 oder gar Tausenden von Trägern bis ins Basislager kommen, nicht Tonnen von Material verschieben und Dutzende Hochträger befehligen, um einen Gipfel zu »erobern«, wie es bis dahin die Regel gewesen war. Ich wollte zu zweit Erfahrungen sammeln. Ausschließlich in Eigenregie auf einen Achttausender zu steigen, bedeutete mehr Einsatz, mehr Ausgesetztsein, mehr Risiko. Möglicherweise das Scheitern.
Mit 200 Kilo Gepäck – einem Zehntel von dem, was die kleinste Achttausender-Expedition bis dahin eingesetzt hatte (Broad Peak, 1957) – erreichten Peter Habeler und ich den Fuß des Berges. Wir blieben zwei Wochen lang dort. Aus dem Gasherbrum-Tal beobachteten wir »unsere Wand« mit dem Fernglas, um die bestmögliche Aufstiegslinie zu finden. Durch diesen Aufenthalt akklimatisiert, an die sauerstoffarme Luft gewöhnt, konnten wir einen ersten Besteigungsversuch wagen.
Meinem Partner, dem Zillertaler Bergführer Peter Habeler – ein schneller und vor allem ausdauernder Kletterer, den ich erst kurz vor dem Start in meine Pläne eingeweiht hatte – konnte ich am Berg vertrauen. Ich hatte ihn eingeladen, weil er einer der intuitivsten Bergsteiger in Europa war. Ich sah in ihm in jeder Hinsicht den gleichwertigen Partner. Rechte und Pflichten waren dementsprechend zwischen uns aufgeteilt.
Jeder nahm seinen Rucksack. Wir hatten Ausrüstung, Brennstoff und Proviant für gut eine Woche dabei, ein kleines Zelt. Das Seil ließen wir in 6000 Metern Höhe zurück. Es wäre eine zu große Belastung gewesen, vom Gewicht her und von der Zeit, die sauberes Sichern kostet. Über steilen Fels, immer ungesichert, jeder für sich kletternd, stiegen wir nach oben. Mit jedem Schritt kamen wir weiter weg von der Zivilisation, den Sicherheiten, den anderen Menschen. Keiner gab Befehle. Stillschweigend, in Symbiose

Ich weigere mich, die Angleichungsmoral gutzuheißen, nach der alle Menschen gleich – langweilig, faul, oberflächlich, schlampig – zu sein haben.

Weil der Grenzgang in der Wildnis keine zwingende Notwendigkeit ist, sei er kein Risiko wert. Mir erscheint er gerade deshalb von Reiz.

Rechts: Hochlager einer klassischen Himalaja-Expedition mit Sherpas (Lhotse-Südwand, 1975).

Lebensfreude setzt Energie frei.

Ich habe anderen Bergsteigern nichts voraus. Ich bin nicht schneller, nicht besser, nicht gescheiter, nicht erfahrener. Ich habe aber als Kind gelernt, was andere erst mit zwanzig lernen.

erlebten wir den letzten Anstieg. Nach drei Tagen standen wir bei herrlichstem Wetter am Gipfel. Aus der Welt herausgehoben, sahen wir uns um. Nur unser gutes Zusammenspiel hatte uns so weit gebracht. Jeder spürte die Nähe des anderen, ohne mit ihm reden zu müssen.

Zwei Tage später waren wir im Basislager. Mit dem Schlüssel, das Höhenbergsteigen umkrempeln zu können.

Dieser neue Stil war elegant, schnell, fair. Die Tour aufregender als jede Großexpedition. Und die Kosten waren um ein Vielfaches geringer als bei einer Expedition in herkömmlicher Art. Dieses Bergsteigen wurde der Auseinandersetzung Mensch – Berg eher gerecht als die Materialschlachten zur Zeit des Eroberungsalpinimus.

Heute, da es beim Bergsteigen nicht mehr um die Eroberung der Gebirge geht, nicht um wissenschaftliche Erkenntnisse oder um die Fahne am Gipfel, sondern allein um die Auseinandersetzung mit einer menschenabweisenden Natur, ist der Alpenstil aktueller denn je.

Meine Kritiker, von denen es seit damals zum Glück genügend gab, hatten sofort einzuwenden, mein Stil funktioniere nur an den »kleinen Achttausendern«, von denen es neun gibt. Die fünf größten Berge aber, die sogenannten »großen Achttausender«, die achteinhalbtausend und mehr Meter hoch sind – der Mount Everest vor allem –, wären ausschließlich mit Sauerstoffgeräten besteigbar, im alpinen Stil also unmöglich zu erreichen.

Wenn ich Sauerstoffgeräte, Masken und schwere Stahlflaschen – wie damals üblich mit 2 Kilo komprimiertem, reinem Sauerstoff gefüllt – auf diese Berge hinaufschaffen muß, um auf den Gipfel zu kommen, brauche ich Trägerkolonnen als Helfer. Trägerkolonnen brauchen Fixseile und Hochlager. Damit waren wir wieder bei der althergebrachten »klassischen Expedition«. Um bis zum Everestgipfel zu gelangen, benötigte ein Mann damals in der Regel sechs bis sieben Flaschen Sauerstoff. Bei einem Flaschengewicht von 6 Kilo waren das 40 Kilo Sauerstoff-Ausrüstung. Ein Alleingänger hätte mit diesem Gewicht, ergänzt durch Zelt, Proviant, Schlafsack, keine Chance gehabt, den Gipfel zu erreichen.

Im Alpenstil war der Mount Everest folglich nur ohne Sauerstoffgerät zu schaffen. Der »Everest ohne Maske« war ein letztes Tabu.

Auf den höchsten Bergen der Erde kann es auf Dauer kein menschliches Leben geben. Darin bestand das Problem. Der scheinbare Widerspruch zwischen der Tatsache, daß diese großen Berge absolut menschenabweisend sind – niemand kann dort oben längere Zeit ohne Technologie überleben – und meiner Idee, es trotzdem ohne Technologie zu versuchen, förderte meine Motivation, meinen Leistungswillen.

Mein Plan, den Mount Everst zuerst ohne Sauerstoffgerät, dann im Alpenstil, im Idealfall zuletzt im Alleingang zu besteigen, wuchs in Schüben. 1978 brach ich – wieder zusammen mit Peter Habeler – im Rahmen einer österreichischen Expedition auf, um den Everstgipfel erstmals ohne Maske zu erreichen. Die übrigen Teilnehmer des von Wolfgang Nairz geleiteten Teams wollten mit Sauerstoffgeräten klettern.

Beim ersten Vorstoß zum Gipfel scheiterte ich am Südsattel. Ein Sturm trieb mich zurück. Peter hatte vorher schon aufgegeben, weil er keinerlei Chancen sah, ohne Maske auf den Gipfel zu kommen.

Zwei Wochen später, am 8. Mai, nach

Instinkte, körperliche Geschicklichkeit, Kraft verlieren in den Industriegesellschaften seit zwei Jahrhunderten an Bedeutung. Unterbewußt löst dieser Verlust beim einzelnen Ängste aus.

In meinem Leben gibt es kein Muß. Meine Pflichten erfinde ich mir selbst – als Ansprüche an mich.

langer Rast im Basislager und Wiederaufstieg, versuchten wir es erneut. Meter für Meter stiegen wir aufwärts. Anfangs recht zügig, im Schlußteil unendlich langsam. Für die letzten 50 Höhenmeter brauchten wir eine ganze Stunde. Mit dem Langsamerwerden wuchs der Berg, der Wille schwand. Die Leistungsbereitschaft, als Voraussetzung zum Weiterkommen, wurde mit jedem Meter Höhe kleiner. Sie nahm ab wie die Motivation, die Ausdauer, die Kraft, die Hoffnung.

Der Sauerstoffmangel in großer Meereshöhe kehrt das Leistungsprinzip um. Je länger einer braucht, um so hilfloser wird er in seinen Aktivitäten. Im Blut zirkuliert zwar genügend Zucker, im Kopf aber ist keine Energie. Es fehlt an Sauerstoff, ohne den nichts verbrannt werden kann. Es ist, als ob der Mensch unter einer Luftglocke lebe, ihm alle Lebensenergie genommen sei.

Unsere Vorstellung – die jahrelange Auseinandersetzung mit diesen Problemen im Geiste – war zu guter Letzt der Schlüssel zum Erfolg. Schnelligkeit und Leidensfähigkeit waren die Voraussetzungen für das Durchhaltenkönnen. Die im Vorfeld der Besteigung angestaute Motivation, eine Art Überwille, war es, der trotz der Weigerung des Kopfes, gegen die Müdigkeit im Körper anzukämpfen, ein Hohersteigen möglich machte. Der Hoffnungslosigkeit angesichts des vor uns scheinbar unendlich hoch aufragenden Gipfelgrats in 8800 Metern Höhe setzten wir Sturheit entgegen. Hinaufzukommen! Wir kamen hinauf.

Ich hatte daran geglaubt. Bis zuletzt. Wie selbstverständlich saßen wir auf dem Gipfel. Wir hatten uns in eine Realutopie hineingesteigert, und plötzlich war sie gelungen, Realität. Glaube kann Berge versetzen.

Beim Absteigen wußte ich, daß eines der letzten Tabus im Bergsteigen gefallen war. Es interessierte mich nicht. Jetzt war die Voraussetzung gegeben, noch einen Schritt weiterzugehen: Alle Berge der Erde waren ohne Sauerstoffmaske besteigbar; es war bewiesen, daß der Mount Everest auch im Alleingang möglich war.

Trotzdem, sofort hätte ich nicht den Mut gehabt, allein zum Mount Everest aufzubrechen. Die Ängste hätten mich aufgefressen. Auch fiel ich nach dem Erfolg in ein schwarzes Loch der Enttäuschung. Die Vision, die mich vorher ausgefüllt hatte, war Realität geworden. Als Utopie war sie tot. Mit ihr die Begeisterung, Konzentration, Motivation, die der unerreichte Gipfel gebunden hatte.

Ich brauchte eine neue Idee, die zur Realutopie werden konnte. Und ich wußte: Das Vorankommen an der Grenze der Leistungsfähigkeiten ist nur für den möglich, der den Weg der kleinen Schritte wählt. Schrittchen für Schrittchen sind Grenzen verschiebbar. Wenn ich weiß, daß A und B möglich sind, kann ich C möglich machen. Meine neue Realutopie hieß jetzt Mount-Everest-Alleingang.

Vor 1978 hatte nie jemand einen Achttausender von der Basis bis zum Gipfel im Alleingang bestiegen. Wenige Wochen nach dem Everest-Aufstieg versuchte ich einen der kleineren Achttausender im Alleingang und natürlich ohne Maske. In drei Tagen stieg ich mit einem Rucksack von etwa 15 Kilo Gewicht über eine neue Route zum Gipfel des Nanga Parbat und über einen anderen Weg ab. Trotz unerwarteter Schwierigkeiten – ein Erdbeben beim Aufstieg zerstörte die Kletterroute hinter mir, Schneesturm hielt mich beim Abstieg in 7400 Metern Höhe fest – kam ich ohne größere Schäden vom Berg herunter.

Nun erst war ich zum letzten Schritt bereit: allein bis ans Ende der Welt! Die beiden Erfahrungen zusammengenommen – Mount Everest ohne Sauerstoffmaske und Nanga Parbat im Alleingang – gaben mir die psychische Kraft, Selbstsicherheit und genügend Erfahrung, den höchsten Berg der Welt im Alleingang zu versuchen.
1980 erhielt ich von der chinesischen Regierung die Erlaubnis, den Everest ein zweites Mal zu besteigen. Diesmal von Norden, von Tibet her. Bis auf eine Höhe von 7000 Metern gab es keine Probleme. Dann zuviel Schnee. Ich wartete ein Monsunbreak ab und versuchte es wieder.
Problematisch wurde es erstmals an einer Spalte knapp unter dem Nordsattel. Vorsichtig wollte ich über diese Randspalte setzen, die nur andeutungsweise zu erkennen war. Ich hatte die bergseitige Spaltenwand, eine steil aufragende Schneeflanke, mit dem Pickel noch nicht erreicht, als mein talseitiger Fuß nachgab. Ohne mich halten zu können, fiel ich 8 Meter tief in ein Loch, in eine A-Spalte. Unverletzt blieb ich auf einer Schneebrücke liegen. Zum Glück. Zitternd sah ich nach oben. Es schien keinen Ausweg zu geben. Da war nur ein baumstammdickes Loch, über dem die Sterne funkelten. Ich war gefangen. Lebendig begraben im Eis. Die Spalte ging nach unten hin weiter auseinander, der Abgrund unter mir war unergründlich. Im Spreizschritt hätte ich aus meiner Position nicht hochsteigen können. Was tun?
Mit viel Glück fand ich – nachdem ich mir geschworen hatte, aufzugeben und nach Hause zu reisen, wenn ich lebend aus der Spalte herauskäme – ein Höhlensystem, eine Art Rampe im Berginnern, über die ich nach außen klettern konnte. Als ich wieder im Freien war, stieg ich aufwärts. Ich hatte meinen Vorsatz, aufzugeben, vergessen oder verdrängt. Wie in Trance, als wäre ich auf den Gipfel programmiert, ging ich zum Loch zurück, durch das ich gefallen war, setzte vorsichtig darüber. Zügig stieg ich weiter zum Nordsattel und dann den Nordgrat hinauf. 1400 Höhenmeter schaffte ich an diesem Tag. Ich hatte den Aufstieg, bevor ich ihn ausführte, so verinnerlicht, daß ich jetzt den ganzen Weg gehen mußte. Zwei Jahre lang hatte ich die Idee als Tagtraum mit mir herumgetragen, so daß ich nun nicht anders konnte, als weiterzumachen. Die eindeutige Identifikation mit meinem Ziel, meiner Idee führte nach oben.
Die Schneeverhältnisse am Nordgrat des Mount Everest wurden schwieriger. Am zweiten Klettertag konnte ich nur 400 Höhenmeter schaffen. Auch weil ich die Nordflanke querte. Viel zu langsam ging es voran. Zweifel kamen auf. Zudem verschlechterte sich das Wetter. Trotzdem erreichte ich am dritten Tag über Steilstufen und Rinnen, zuerst nach rechts hin, dann über Schneefelder nach links, den höchsten Punkt. Mit letzter Kraft.
Es war spät, und ich war so kaputt, daß ich mich weder umschaute, noch viel fotografierte oder nachdachte. Ich saß nur da und rastete. Ich hatte alles vergessen, vergaß sogar, wo ich war.
Nach einer Stunde hatte ich genügend Kraft, um wenigstens aufzustehen für den Abstieg. Zwei Tage später war ich im Basislager zurück. Erst unten packten mich starke Emotionen. Es war nicht die Freude, den Mount Everest im Alleingang bestiegen zu haben. Es war das Erlebnis, ins Leben zurückzufinden – zu den anderen Menschen, zu den ersten Pflanzen, zu den Insekten, zum fließenden Wasser. All dieses Lebendige hatte ich oben nicht vermißt. Die schier grenzenlose Lebensfeindlichkeit, in der ich mich fünf Tage gegen Wahnsinn und Verzweiflung

Meine Grenzgänge sind seit langem nicht mehr Flucht. Auch als Sensationen haben sie sich verbraucht. Es ist, als wäre ich auf ein Ziel hin programmiert.

Der Wunsch, mich zu verlieren, wurde stärker als der Ehrgeiz, der erste zu sein.

Wer keine neuen Erfahrungen mehr macht, stagniert. Wer Erfahrungen aus zweiter Hand übernimmt, konsumiert.

Den meisten Menschen wird ausgeredet, so zu sein, wie sie sind.

Mit 40 muß man Grenzgänge entweder aufgeben oder einen Schritt weitergehen als vorher.

gewehrt hatte, wurde mir erst jetzt richtig bewußt.
Ich war fünf Tage lang mit mir allein gewesen, in einer völlig toten, kalten Umwelt. In einer Landschaft, die gleich unmenschlich ist wie der Mond. Es war immer anstrengend, immer bedrohlich, oft zum Verzweifeln. Ich schlief dort oben wie ein Vogel: ständig wach und bereit, aufzubrechen, immer auf der Hut. Trotzdem war es das Zurückkommen in die belebte Welt, das mich erschütterte. Obwohl ich müde war wie nie zuvor in meinem Leben und immer noch am äußersten Rand meiner Belastbarkeit. Ein Mehr an Anstrengung, an Lebensfeindlichkeit und Alleinsein hätte ich nicht ertragen können.
Wenige Jahre später, 1986, stand ich auf dem Gipfel des Lhotse, der dem Mount Everest im Süden vorgelagert ist. Es war mein vierzehnter Achttausender. Einige der 14 höchsten Berge auf dieser Erde hatte ich zweimal bestiegen. Vortragsanfragen und Werbeangebote häuften sich. Ich hätte praktisch ein Leben lang von diesen Erfolgen in den Bergen zehren können. Von meinen gestrigen Erfolgen aber konnte ich seelisch nicht leben.
Geleistetes, Gelungenes ist es nicht, was mich ausfüllt. Das Gestern gehört zu meiner Biographie. Fehler genauso wie Erfolge. Ich verstehe mich aber als kreativen Menschen, der sich ausdrücken will, der weitergehen muß, der immer neue Ansprüche an sich stellt.
Also nahm ich – zuerst im Geiste, dann in der Praxis – ein Projekt in Angriff, das mich noch einmal ganz fordern sollte: die Antarktis-Durchqerung auf Skiern. Wohl wissend, daß die extremen Bedingungen bei dieser Reise nicht fünf Tage wie am Mount Everest, sondern 100 Tage dauern würden, bereitete ich mich drei Jahre lang vor. Für eine Gegend, die allerorts lebensabweisender ist als der Himalaja im Gipfelbereich und weiter weg von der Zivilisation als das Herz der Takla-Makan-Wüste in China: nie fließendes Wasser, nirgendwo Tiere, nirgendwo Menschen. Ich brauchte von alldem eine Vorstellung.
Die Antarktis war vor gut 200 Jahren entdeckt worden, in diesem Jahrhundert näher erforscht. 1986 reiste ich zum höchsten Berg der Antarktis, dem Mount Vinson. Klettertechnisch war der Aufstieg kein Problem, aber es war kalt: –50 °C. Dazu kamen Stürme. Mehr als alles andere beeindruckte mich der Blick vom Gipfel. Eine Weite, wie ich sie noch nie erlebt hatte. Und diese Stille! Nach der Besteigung, am Fuße des Berges, faßte ich den Entschluß, den antarktischen Kontinent zu Fuß zu durchqueren.
Ich packte im Basislager probeweise einen Schlitten. Zuerst mit 80, dann mit 120 Kilo Gewicht. Ich schleppte ihn, auf Skiern laufend, eine Stunde weit. Dabei schaffte ich knapp 4 Kilometer. Wenn ich nun diese 4 Laufkilometer mit acht Marschstunden pro Tag hochrechnete, ergab das 30 Kilometer Tagesleistung. Und wenn ich die 30 Kilometer mit 100 Tagen multiplizierte, kamen – Rasttage abgerechnet – 2800 Kilometer heraus: die Länge, die einer Antarktis-Durchquerung entspricht.
Amundsen hatte den Südpol 1911 als erster erreicht. Mit Hundeschlitten. Sir Vivian Fuchs führte in den fünfziger Jahren eine Expedition mit Raupenfahrzeugen und Flugunterstützung quer durch die Antarktis. Ein gigantisches Unternehmen, das heute Hunderte von Millionen Dollar kosten würde. Zu Fuß aber hatte noch nie ein Mensch die Antarktis durchquert. Mehr noch, an ein solches Unternehmen dachte in unserer technolo-

gischen Zeit kein »vernünftiger« Mensch. Im festen Glauben an die Möglichkeit moderner Technik gab es die ausgefallensten Expeditionsprojekte und Wissenschaftsstationen in der Antarktis. Meine Idee wurde also vom Kontrapunkt genährt. Mit menschlichen Kräften wollte ich nach einem menschlichen Maß der Antarktis suchen. Die Umweltfragen – in der Antarktis, die zu 98 Prozent von Eis bedeckt ist, liegen 70 Prozent des gesamten Süßwasservorkommens der Erde – wuchsen mir also zu.

Wieder daheim, stellten sich mir logistische Fragen: Wie sollte ich an den Ausgangspunkt meiner Schlittenreise und am Ende wieder nach Hause kommen? Auch brauchte ich einen Partner. Ich entwickelte eine Strategie und fand Arved Fuchs als Mitstreiter, einen norddeutschen Seemann, der Grönland mit Hundeschlitten durchquert hatte und die Navigation beherrschte. Er wollte zwar nicht mitfinanzieren, aber mitlaufen.

Nie zuvor in meinem Leben bin ich vor einem Start von so vielen Zweifeln

Oswald Oelz am Gipfel des Mount Vinson (Antarktis, 1986).

Die Pflicht an sich als etwas Allgemeingültiges gibt es so wenig wie das Gute oder das Böse. Aber ich verpflichte mich.

Die Angst ist eine beständige Begleiterin. Ohne Angst lebt kein Grenzgänger lange.

Seite 35: Reinhold Messner im Winter auf dem grönländischen Inlandeis.

Seite 36/37: Grönland: Das Lager und die scheinbar unendliche Schneefläche im kurzen Tageslicht.

Mäßig in den Ansprüchen an sich und in den Mitteln der Selbstforderung ist nur der Mittelmäßige. Im Gegensatz dazu stellt er oft hohe Ansprüche an die Gemeinschaft.

geplagt worden wie vor der Antarktis-Durchquerung. Angstträume in jeder Nacht. Wir hätten ja dem gleichen Schicksal wie einst Captain Scott erliegen können. Immer wieder sah ich mich im Traum gefesselt, empfand mich als gelähmt. Ich hatte der Weite, der Unendlichkeit der Antarktis nichts entgegenzusetzen. Erst mit dem Aufbruch lösten sich die Zweifel auf. Jetzt wurde Wirklichkeit, was vorher Tagtraum gewesen war. Harte Wirklichkeit.

Drei Sommermonate blieben uns für die Durchquerung. Vorher und nachher war es zu kalt. Als Arved Fuchs und ich – völlig auf uns alleine gestellt – losgingen, kamen wir anfangs langsamer voran als geplant. Viel zu langsam. Arved navigierte, ich zog die Spur. Probleme zwischenmenschlicher Art gab es nicht. Nur Probleme mit der Geschwindigkeit. Arved wollte weniger, ich wollte mehr laufen. Wir einigten uns bald auf eine Tagesleistung von sechs Marschstunden. Ein Kompromiß, der uns täglich zurückwarf. Schon nach drei Wochen hinkten wir 200 Kilometer unserem Soll hinterher. Mit diesem Rhythmus war es aussichtslos, die gesamte Antarktis zu durchqueren. Wenn ich im Geiste vorausschaute, überfiel mich Hoffnungslosigkeit.

Um unser Tempo zu steigern, beluden wir die Schlitten verschieden schwer. So kamen wir an die erforderlichen 30 Kilometer Tagesleistung heran. Jetzt erst kam bei mir die Hoffnung auf, die Südpolregion bis nach McMurdo zu durchqueren.

Nach knapp 50 Tagen erreichten wir den Südpol. Wir hatten noch nicht die Hälfte der Strecke geschafft, aber eine erste Zwischenstation erreicht. Mit der Taktik, zu der wir uns gemeinsam hatten durchringen können, wollten wir weitermachen.

Der Südpol ist heute nicht mehr ein weißes Feld in der Schneelandschaft. Es gibt dort eine Forschungsstation (USA) mit einer riesigen Kuppel, einer Landepiste für Hercules-Maschinen, Container-Baracken.

Der Marsch vom Südpol nach McMurdo sollte schwieriger werden als der Anfang. Es gelang uns nur kurzzeitig, mit Hilfe von Segeln den Wind nutzend, schneller zu reisen. Bald blieb der Wind ganz aus. Wieder kamen wir in Bedrängnis. Immerzu waren wir mit unserer Marschleistung im Soll. Eisbrüche und der trockene Schnee bremsten unser Vorankommen. Die Schlitten wogen mehr als 100 Kilo.

Die kühnste Idee und die Identifikation mit dieser Idee nützen nichts, wenn die nötige Ausdauer fehlt. Arved war anfangs nur mit Tricks und gutem Zureden zu längeren Tagesmärschen zu bewegen gewesen. Am Ende nur noch mit meinem sturen Vorauslaufen, das ihn zu folgen zwang, weil das Zelt in meinem Schlitten lag.

Unser Zuhause, unsere Sicherheit, schleppten wir im Schlitten hinter uns her. Jeden Abend bauten wir das Zelt auf, jeden Morgen brachen wir es wieder ab. 6000 Spalten und 2800 Kilometer waren zu überwinden. Oft bei Temperaturen bis zu –40 °C, der Wind im Gesicht. Dazu immer die Frage: Kommen wir durch?

Als wir zurückkehrten in die Zivilisation, konnten wir nicht mehr mit ihr umgehen. Unsere Energie war verbraucht. Das Bier, das wir tranken, brachte unseren Wasserhaushalt durcheinander. Auch vermißte ich die Stille, jene grenzenlose Ruhe und Weite, in der ich drei Monate lang aufgehoben gewesen war – trotz aller Hoffnungslosigkeit manchmal.

Weitere Schritte sind geplant – Vormachen macht süchtig.

»Daß ich vorher nicht weiß, wo ich lande, macht das Sein nicht sinnvoller, aber intensiver.«

I
RÜCKWÄRTS FLIEGEN

»Nicht mehr aus oder ein zu wissen« als Ausgangspunkt einer neuen, schöpferischen Idee.

Angst vor Versagen.

Imageverlust.

Abbruch ist kein Makel.

Erkenntnis der Beschränktheit.

Begrenztsein als Chance begreifen.

Opportunitätsprinzip.

Durch Abbruch noch ein paar Jahre weiterleben; frei bleiben für schönere, »vernünftigere« Dinge.

Risiko.

Wesentliches wird beim Scheitern bzw. Abbruch gelernt.

Erfolg ist auf Dauer nur möglich, wenn auch gescheitert werden darf; sonst Realitätsverlust.

Immer wieder aufstehen.

»Weise werden« als Lebensziel.

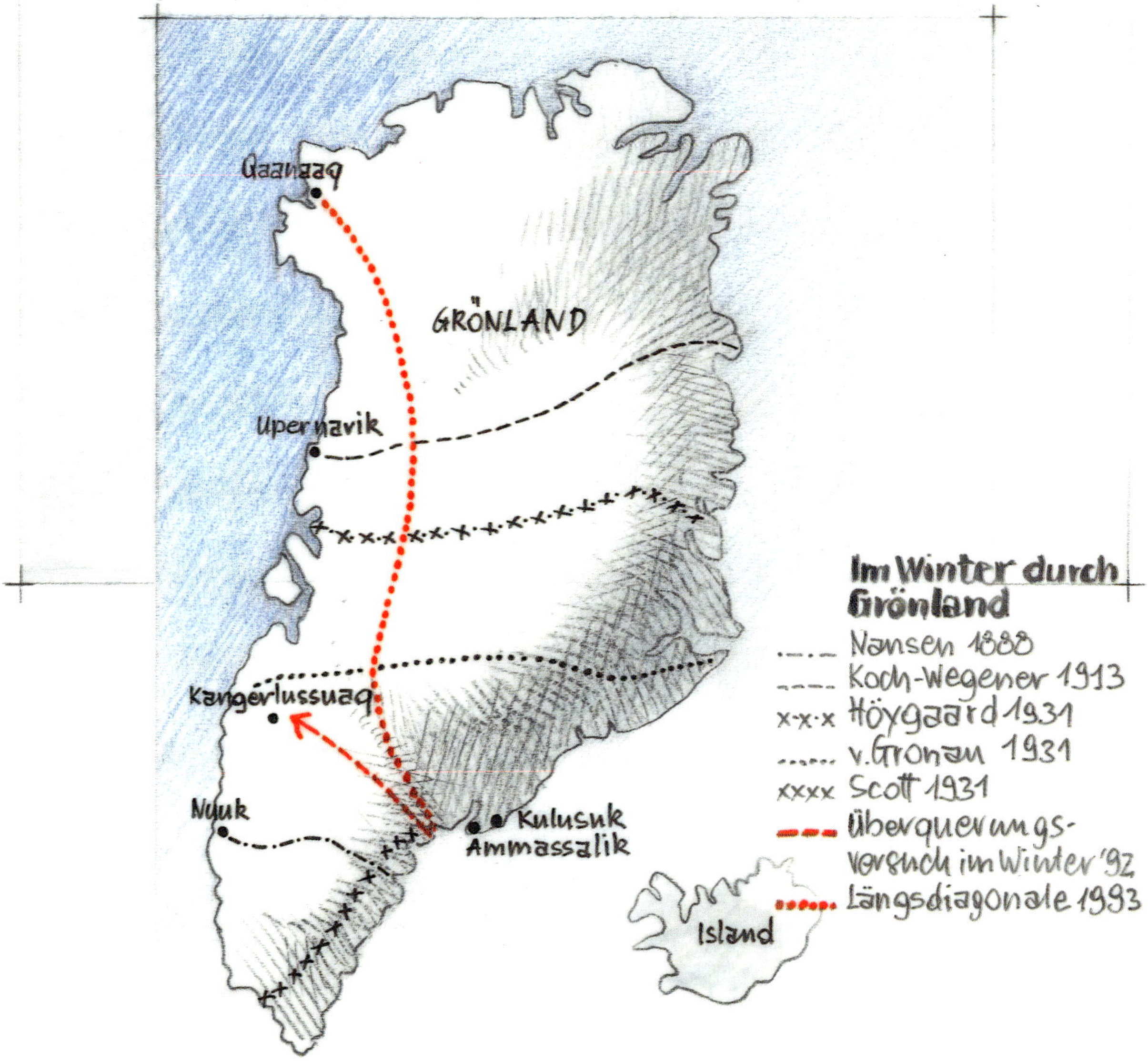
Im Winter durch Grönland
Qaanaaq
GRÖNLAND
Upernavik
Kangerlussuaq
Nuuk
Kulusuk
Ammassalik
Island
Nansen 1888
Koch-Wegener 1913
Höygaard 1931
v. Gronau 1931
Scott 1931
Überquerungs-versuch im Winter '92
Längsdiagonale 1993

OPEL
CITIZEN
FILA

»Fehler machen und korrigieren fördert die Innovationskraft.«

Links: Odd Eliason und Stein Aasheim beim Navigieren.

STECKENGEBLIEBEN

15. 1. 1992
Reykjavik (Island)

10 Uhr, es ist noch Nacht. Wieder einmal – wie bei allen Expeditionen am Rande der zivilisierten Welt – hocken wir in einem teueren Hotel und hoffen auf den Flug am nächsten Tag, in der nächsten Stunde.
Alles ist gepackt. Wir sollten schon in Grönland sein. Aber die Wetterverhältnisse in Kulusuk erlauben den Flug nicht. Also warten wir. Einen Tag lang. Einen zweiten Tag. Dann kommen die Zweifel. Zuerst zum Warten, dann zum »Abenteuer«. Nur Fragen.
Um 13 Uhr fliegen wir. Nebel auf der gesamten Strecke. Dann plötzlich das Eismeer unter uns. Mit unzähligen Schollen und Rissen.
Wir landen und fliegen eine Stunde später nach Ammassalik. Es ist Nacht, als wir ins Dorf kommen. Überall Kinder mit Rodeln auf den schmalen Wegen. Die Berge in ein fernes, bläuliches Licht getaucht. Wir gehen zur Polizei, kaufen ein, besorgen drei Tickets nach Isartok.
Die Leute nehmen kaum Notiz von uns. Es interessiert sie nicht, was wir hier machen.

16. 1. 1992
Ammassalik – Isartok

Nach einer unruhigen Nacht – jeder hat eine Doppelportion Steaks gegessen – stehen wir um 7 Uhr auf. Es ist Nacht. Frühstück, Packen, Fahrt zum Heliport. Von Nordosten droht Sturm, Schnee. Also nichts wie weg hier, ehe wir aufs neue festsitzen.
Wieder fliegen wir übers Eismeer. Da und dort Schlittenspuren. Die Berge sind verhangen. Weit im Westen schimmert das Inlandeis.
Isartok ist eine Eskimo-Siedlung mit zwei Dutzend Häusern. Überall eine Hundemeute vor der Hütte. Wir verhandeln mit Hundetreibern, kaufen ein, packen alles in die Schlitten.

17. 1. 1992
Zurück in Isartok

Am Morgen regnet es. In Grönland! Mitten im Winter!
Trotzdem sind wir um 8 Uhr marschbereit. Die Hunde kommen. Um 9 Uhr ist alles verladen. Mit zwei Schlitten beginnt die Fahrt. Unter dem Neuschnee sickert Meerwasser an die Eisoberfläche. Langsam nur kommen wir von der Stelle. Zuerst hinter dem Schlitten herlaufend, dann auf dem Schlitten sitzend. Das Wasser steht knöcheltief.

Erfolg ist beim Grenzgang nicht nützlicher als das Scheitern. Er löst nur andere Empfindungen aus.

Es regnet mehr und mehr. Dazu starker Wind aus Nordost. »Was wir machen, ist eine Dummheit!« schreie ich Odd zu, der neben dem Schlitten läuft. Wir lassen anhalten, beraten kurz und machen kehrt.
Naß und niedergeschlagen kehren wir zurück in unsere Hütte. Zuerst wird Feuer gemacht, dann Kaffee gekocht. Bis alles wieder trocken ist, wird es Abend sein.
Am Nachmittag hört der Regen auf. Am Abend Mond (mit Hof). Das Wetter ist nicht stabil. Es muß kälter werden. Wir kaufen ein, besuchen die Schule, lesen.
Die wenigen Stunden mit Zwielicht sind so schnell vergangen. Die Nacht taucht alles ins Ungewisse.

18. 1. 1992
Isartok

Nasser Schnee am Morgen. Wind von Nord. Es regnet. Die Entscheidung, abzuwarten, ist zwingend.
Wir hängen in unserer Hütte herum, dann im Dorf. Es ist Samstag, die Siedlung wie ausgestorben. Mit der Ausrede, die Hundeschlitten zu organisieren, bleiben wir hier eine Stunde, dort eine halbe. So vergeht die Zeit.
In den überheizten Wohnstuben laufen Videos. In den Eingängen riecht es nach Fisch. Die Häuser sind alle nach demselben Grundriß gebaut. Ich wundere mich, daß der starke Sturm vom Inlandeis (Nordwest = Peterak) sie nicht umreißt.
Am Nachmittag gelingt ein Telefonkontakt mit G. Jensen (Dänemark), der uns weitere fünf Tage Schlechtwetter voraussagt: Wind aus Nordost, Regen, Schnee. Die Frostgrenze liegt in 200 Metern Höhe! Was tun?
Wenn es am Morgen nicht regnet, wollen wir starten. Tauwetter – Regen und ± 0 °C – hätte ich am allerwenigsten erwartet. Wir sind für Sturm und Kälte ausgerüstet, nicht für dieses Sauwetter. Dabei ist es hier öfter so. Unser Fehler, daß wir uns nicht genügend informiert haben. Warten und hoffen.

19. 1. 1992

Um 5 Uhr Tagwache. Es schneit nicht mehr, aber dichte Wolken am Himmel. Kein Mondlicht.
Die Hundetreiber sind rechtzeitig da, und kurz nach 7 Uhr geht es los. Langsam – wegen des tiefen Neuschnees und der Wasserstellen – kommen wir voran. Stockdunkle Nacht. Wir verlassen das halboffene Wasser und fahren am Rand des Festlandes entlang. Dann geht es durch eine tiefe Schlucht aufwärts, drüben hinab auf einen zugefrorenen See.
Wieder Wasserstellen. Brav ziehen die Hunde bergauf. Odd läuft voraus, Stein und ich folgen zuerst hinter den Schlitten, dann treten wir vor den Hunden eine breitere Spur.
Um 14 Uhr halten wir an und bleiben.
Die zwei Hundeschlitten (Preis jeweils 1100 DK pro Tag) kehren um. Es stürmt. Wind aus Nordost, –7 °C.
Es ist immer grau, immer »white out« (bedeckter Himmel und Nebel). Seit wir in Grönland sind, haben wir keine Sonne gesehen. Nur den Mond. Langsam werden wir uns an alles gewöhnen. Auch aneinander.
Wir haben uns hinsichtlich der Verständigung auf englisch geeinigt. Zwei Norweger und ein Südtiroler (italienischer Staatsbürger) müssen doch gut miteinander auskommen, wenn sie dasselbe wollen.

Ein Eskimokind beobachtet unseren Aufbruch in Isartok.

20. 1. 1992

Wenig Schlaf. Nach einer stürmischen Nacht starten wir im Morgengrauen. Um 9 Uhr sind wir marschbereit.
Es geht steil bergan, und die Schlitten sind höllisch schwer. Der Schnee ist konsolidiert, trotzdem sinken wir manchmal ein. Nach zwei Stunden versuche ich zu segeln. Es treibt mich jedoch zu sehr nach Westen ab. Also gehe ich zu Fuß weiter.
Wir spannen die Felle auf die Skier und kommen noch langsamer voran. Der Wind dreht mehr und mehr auf Nord und bläst uns feuchten Schnee ins Gesicht.
Mit minimaler Geschwindigkeit halte ich genauen Kurs: Nord. Rechtzeitig, bevor sich der Wind zum Sturm auswächst, schlagen wir das Zelt auf. Es gelingt. Die Behausung – lebensrettend – steht. Bis wir drinnen sind, vergeht eine Stunde. Alles ist voll Naßschnee, sogar die Unterkleider sind naß.
Man geht hier stundenlang durch ein graues Nichts, alles ist feuchtkalt, und man freut sich auf einen trockenen Schlafsack. Im Zelt aber noch mehr Nässe. Ob das auszuhalten ist? Ich bin falsch ausgerüstet. Zu warme (schwitzen!) und zu langsam trocknende Kleidung.

21. 1. 1992

Nach einer zweiten stürmischen Nacht ein langer Marschtag. Um 8 Uhr – es ist noch dunkel – stolpern wir aus dem Zelt. Um 8.30 Uhr gehen wir los, hinein in eine konturlose Nacht.
Bald haben wir Zwielicht, und öfter können wir vage den Horizont sehen. Nie ein Abschluß am Ende des Blickfeldes. Das zermürbt auf Dauer. Ich fühle mich ausgewiesen. Im Zwielicht oder »white out« ausgesetzt. Ohne Distanzen, ohne Anhaltspunkte ist auch der Nomade verloren.
Das Gelände vor uns steigt immer noch an. Die Schlitten sind schwer. Schnell sind wir nicht.

Viele Jets fliegen genau über uns hinweg. Einmal versuchen wir, eine Grönland-Fly-Maschine anzufunken. Vergeblich.
Wir haben zwei Probleme: Wir können im Zelt nichts trocknen, und wir sind langsam, vorläufig viel zu langsam.
Dieses Leben in Nässe, Feuchtigkeit und Dunkelheit kann sich niemand vorstellen, der es nicht erlebt hat. Dazu der Sturm und keine Konturen.
Essen und Benzin dürften ausreichen. Unsere Leidensfähigkeit auch. Ob wir mit der Nässe zurechtkommen, ist die Frage. Und mit dem Verlorensein.
Wir müssen lernen, einiges im Schlafsack zu trocknen. Hoffentlich bleibt seine Isolationsschicht erhalten. Sonst wird das Überleben schwierig.

22. 1. 1992 Der Blick versucht, Halt zu finden. Vergeblich. Es gibt nichts zu sehen. Nichts Erkennbares. Alles ist das Eine, und im Zwielicht ist dieses Eine fremd. Alles verliert sich ins Beiläufige. Auch die Geräusche.
Nichts kann ich hier zuordnen. Nicht die Stille, nicht die Gerüche und nicht die angehäuften Ausdehnungen, die wie Ballungen aus Dunkelheit das Nichts vortäuschen. Hier muß die Welt erst noch erschaffen werden.
Wir gehen über diese nicht geordnete Welt. Und nur weil wir so viele praktische Probleme haben, laufen wir, ohne uns der Hoffnungslosigkeit bewußt zu werden, die diese massive Gleichförmigkeit ausstrahlt.
Wir zweifeln, ob wir Zelt und Schlafsäcke jemals noch trocknen können. Wir sind viel zu langsam.

23. 1. 1992 Nach einer kalten und schlechten Nacht starten wir frühzeitig. Schönes Wetter, der Horizont violett. Temperatur –38 °C.
Bald erkennen wir die Grenzen unserer Leistungsfähigkeit. Wir kommen im trockenen, frisch verfrachteten Schnee so langsam voran, daß wir keine Chance sehen, die Durchquerung in 35 Tagen zu schaffen. Dazu die eisigen Schlafsäcke, das vereiste Zelt alle Tage.
Einstimmig beschließen wir, aufzugeben (65° 56′ N, 39° 50′ W). Wir wollen es nicht bis an die äußerste Grenze treiben und uns retten lassen.
Noch kommen wir problemlos zurück. Wir sind etwa 1800 Meter hoch. Allerdings ist der Schnee so schlecht, daß auch der Abstieg zur Schinderei wird.
Wind von Nord. Wir versuchen zu segeln. Mit geringem Erfolg. Also laufen wir. Herrliche Lichtstimmungen: violett, ultraviolett der Himmel über der Horizontlinie. Die vielen Bergspitzen weit im Osten sind blau.
Alles ist eingefroren – Kameras, Töpfe, Kocher, sogar der Cognac.
So schön dieser Trip im Sommer sein muß, im Winter ist er ein Leidensweg: Kälte, Dunkelheit, Feuchtigkeit, Schinderei.
Langsam nur kommen wir im Sturm, später im Peterak voran. Dann laufen wir falsch, geraten in einen Eisbruch, sind ein verlorener, verzweifelter Haufen. Allen sind die Wangen angefroren. Weiter!
Obwohl der Rückmarsch zum Überlebenskampf geworden ist, bleibt es faszinierend, den Schneewehen zuzusehen, die über die Gletscherbrüche schlagen. Wie die Wellen eines reißenden Gebirgsflusses. Das Schneetreiben im Gegenlicht ist wie ein Vorhang, und die Sastrugis – gestern erst gebildet – sind mit wenig Fantasie belebbar. Sie lachen nicht über unser Scheitern.

Wir gehen mit und ohne Skier. Odd fällt in eine Spalte. Bis wir uns entscheiden, ein Gletschertal abwärts zu fahren, vergeht Lebensgefahr.
Auf einer Rippe am Fuße des Gletschers schlagen wir das Lager auf. Wir sind zu weit rechts und so weit von Isartok entfernt, daß wir mindestens noch zwei Tage bis dorthin brauchen.
Irgendwo im Eisbruch, im Schneesturm, habe ich meinen Kompaß verloren (Kugelkompaß, der mich durch die gesamte Antarktis geleitet hat).

25. 1. 1992

Trotz »white out« gehen wir los. In vielen Bögen, im ständigen Auf und Ab durchqueren wir Eisbrüche und Täler. Wir erreichen die ersten Felsen am Rande des Inlandeises. Dichtes Schneetreiben.
Orientierung unmöglich. Bleiben ist die einzige Lösung. Nachdem wir in einer windgeschützten Mulde einen Lagerplatz eingeebnet haben, schneit es weniger. Also weiter!
Es geht sehr steil bergan. Warum? Und wieder der Sturm im Gesicht. Wir geben auf, gehen zurück.
Stürze in Eisgräben. Mit Mühe finden wir den hergerichteten Lagerplatz. Zuviel Schinderei für ein paar Kilometer! Wenn sich das Wetter nicht bessert, wird dieser Rückmarsch gefährlich. Dramatisch ist er schon.
Wir lagern an einem kleinen See. Das Wasser wird in einem 50 Zentimeter tiefen Loch an die Oberfläche gedrückt. Wir können uns nicht einigen auf »Abwarten« oder »Stück für Stück vorwärtstasten – zurück«. Wir warten auf klaren Himmel.
Leben auf dem Lande, im Nirgendwo. Wir sind nicht weit von Isartok entfernt, trotzdem eine Unendlichkeit, wenn nichts zu sehen ist in den wenigen grauen Stunden des Tages.

26. 1. 1992

Es stürmt und schneit die ganze Nacht hindurch. Vor dem Zelt, im Windschatten, türmt sich ein Meter Neuschnee. Wir sind eingeschneit! Als wir trotzdem losgehen wollen, erkennen wir die ganze Tragweite des neuen Schlechtwettereinbruchs: Wir sind eingesperrt!
Es liegt so viel Schnee, daß wir nicht von der Stelle kommen. Dazu »white out«. Schneetreiben. Es ist relativ warm.
Wir müssen uns neu orientieren. Ich meine das nicht geographisch. Wo wir sind, ist kein Ort. Es sieht zufällig und momentan so aus, wie wir die Gegend sehen. Sie ist nicht in Beziehung zu bringen zu anderen Orten, die wir kennen, oder zu Isartok, wo wir hinwollen. Über Land kommen wir nicht weiter. Wir müssen zurück aufs Eis. Das Inlandeis ist wie das offene Meer auf einem anderen Stern. Dort sind Orientierung und Gelände leichter, weil der Boden sich nur geringfügig ändert.
Am Rande entspricht die Landschaft nicht mehr der Landkarte. Sie ist einem Prozeß unterworfen. Von ihm hängt unser Überleben ab. Nicht mehr Wille und Durchhaltevermögen entscheiden, ob wir durchkommen, sondern die Umwandlung dessen, was um uns ist: Schnee, Kälte, Wind, Wolken.
Wir sehen keine Formen mehr, weder vertraute noch unvertraute. Seit einer Woche keine gewohnten Bilder. Nichts, womit ich mich identifizieren könnte. Wenn nichts mehr bekannt ist, womit sollte meine gewohnte Bilderwelt übereinstimmen?

Selbstzweifel gehören zum Menschen, und Zweifel regen uns an, die Sinnfrage zu stellen.

Rechts: Haus in Isartok (Südostgrönland).

Wie sich unser Blick im Nebel verliert, verlieren sich Gewißheiten. Ich kann mir den Weg nach Isartok anschaulich machen, eine Marschskizze nach der Karte zeichnen. Das alles aber entspricht nicht der Realität. Wir wissen alles und nichts über unsere Lage.
Wir schaufeln Schnee, holen Wasser, fotografieren. In unserer winzigen Welt, etwa 30 Quadratmeter rund um das Zelt, ist alles wie sonst. Dahinter das Nichts. Warum spielen wir uns Zuversicht vor?
Wenn selbst die Hoffnung sich ins Ungewisse verliert, ist weder nach vorne noch nach hinten ein Puzzle projizierbar. Es bleibt uns nichts anderes übrig, als abzuwarten. Vielleicht läßt sich unsere Miniwelt später stückchenweise weiterschieben. Von Lagerplatz zu Lagerplatz, von Eiskuppe zu Moränenhügel. Nicht einen gedachten Weg gehen, wird unsere Rettung sein, wenn das Wetter so bleibt, sondern das Gehen selbst.
Nur Hindernisse erlauben im Nichts eine Orientierung. Wir können uns eine Nacht, eine Rastpause lang an ihnen festhalten, dann einen neuen unsichtbaren Punkt anpeilen. Dieses Weiterkommen ist wie der Anfang von Leben.

27. 1. 1992

Wir gehen los. Im tiefen Schnee. Wir kommen unendlich langsam voran. Der Schnee könnte schlimmer nicht sein (Pulver, Harsch bis zu den Knien). Es geht ständig auf und ab. Hin und wieder ist es bewölkt, und wir sehen absolut nichts – keine Gräben, keine Windgangel, keine Wechsel im Schnee.
Herrliche Lichtstimmungen am Nachmittag. Der Himmel ist vom Meer (Sonne) zum Inlandeis hin von Infrarot bis Ultraviolett gefärbt. Eindrucksvoll auch der Rand des Eises, das senkrecht in einen zugefrorenen See abbricht.
Wir lagern an einem langen See, kochen. Plötzlich Nordlicht. Wie blaue Schleier hängen Lichtzungen vom Himmel. Es ist gut, in Dorfnähe zu sein.

28. 1. 1992

Später Aufbruch. Der Himmel ist bewölkt, kaum Wind. Die Schneekruste bricht unter den Skiern. Langsam nähern wir uns Isartok.
Plötzlich entdecken wir weit rechts von uns einen Hundeschlitten. Sieben Hunde, zwei junge dazu, und ein Jäger ziehen langsam heimwärts. Wir dürfen unsere Schlitten anhängen, gehen gemütlich hinter dem Gespann her.
Wind aus Ost, dichtes Schneetreiben. Isartok sehen wir erst 100 Meter vor den ersten Hütten.
In der Schule des Dorfes (150 Menschen) finden wir Unterschlupf, schwitzen eine Nacht lang in den überheizten Räumen.

29. 1. 1992

Nach einer unruhigen Nacht in der Schule (zu warm und draußen Sturm) packen wir unsere Sachen in eine Ecke, ziehen ins Lehrerhaus um. Langes Frühstück. Diskussion über Materialien und Ausrüstung. Ein neuer Winterversuch wird andiskutiert. Wie und wann soll vorerst offenbleiben.
Mein Bemühen um ein weiteres Permit, Grönland im Winter zu durchqueren, wird vom Polar Institute abgelehnt. Wegen der großen Gefahren während der arktischen Nacht. Auch nach der gelungenen Längsdiagonale (1993) zusammen mit meinem Bruder Dr. Hubert Messner wird mir und allen anderen Anwärtern eine Winterexpedition auf dem Inlandeis verboten. Der vergebliche Winterversuch 1995 von R. Peroni darf als Werbegag verstanden werden.

Ein Spieler, dessen Ehrgeiz zum Eifer wird, ist kein Spieler mehr.

»Mein Weg basiert auf Versuch und Irrtumsbeseitigung.«

SCHEITERN ALS LERNPROZESS

Was ist schon nützlich!?

Meine Grenzgänge sind ein unermüdliches Auf-die-Probe-Stellen von Ideen (Theorien, Erfindungen, Fähigkeiten) gegenüber der Erfahrung.

In einer ausweglosen Situation, wie beim Rückzug aus dem winterlichen Grönland, entstehen Zweifel. Zweifel am Sinn eines solchen Unternehmens, Zweifel am eigenen Können, Zweifel am Leben. Gleichzeitig aber kommen neue Ideen, klare Erkenntnisse.

So kam mir in Isartok die Idee, daß die Grönland-Durchquerung von Süden nach Norden, die ich für den Sommer 1993 geplant und bereits genehmigt hatte, als Diagonale von Südosten nach Nordwesten spannender und eleganter ist als der ursprüngliche Plan, vom äußersten Südzipfel bis nach Thule zu laufen.

Um im Süden aufs Eis zu kommen, hätte ich Helfer gebraucht. Wochenlang hätten wir die schwere Ausrüstung über aperes Gelände bis zum Eisrand schleppen oder – einfacher, aber nicht nach meinem Geschmack – einen Hubschrauber für diese felsige Anfangsstrecke einsetzen müssen. Im Südosten von Grönland gibt es nicht nur Hunde, das Eis reicht dort bis zu den Dörfern, bis zum Wasser. Also konnte ich in Isartok besser als irgendwo sonst am Meer beginnen, diagonal über Grönland laufen, um dann im Norden am Meer aufzuhören. So ist im Eis, beim Scheitern im Winter, die Idee der »Grönland-Längsdiagonale« entstanden.

Klingt es für Laien in Sachen Grenzgang unglaubwürdig, wenn einer, der nicht mehr aus und ein weiß, der mit seinen Grenzen konfrontiert ist, am Rande eines Abgrunds steht, im Geiste bereits mit neuen, vielleicht noch kühneren Ideen herumspielt? Mir geht es oft so: Statt über das endgültige Aufgeben meiner Grenzgänge nachzudenken, entwerfe ich neue. Immer wieder. Und ich bin nicht der einzige Abenteurer, der so reagiert. Die Frage, ob wir unsere Welt nicht immer neu erfinden müßten, taucht vorwiegend beim Scheitern auf.

Sir Ernest Shackleton, nach meinem Dafürhalten der kühnste Eisfahrer dieses Jahrhunderts, ist zu immer neuen Ideen gekommen, weil er immer wieder gescheitert ist. Er hat keines seiner Projekte mit Erfolg zu Ende geführt. Er ist immer gescheitert. Seine Erfahrungen aber waren immer positiv. Sie haben ihn sukzessive zu immer kühneren Schritten im Grenzgang beflügelt.

Am Beginn des Jahrhunderts ist Shackleton zusammen mit Scott und Dr. Wilson ein gutes Stück über das Ross-Schelfeis Richtung Südpol mar-

schiert. Sie sind nicht allzuweit gekommen, bis knapp vor Gateway. Dabei haben sie den Zugang zum antarktischen Hochplateau geahnt. Beim Rückmarsch erlebten sie dramatische Momente.
Obwohl Scott Shackleton für eine weitere Expedition als »zu schwach« abschob, hat dieser eigenwillige Ire wenige Jahre später ein eigenes Unternehmen auf die Beine gestellt: den Fußmarsch zum Südpol. Mit drei Freunden ist er, über Gateway und den Beardmore-Gletscher aufsteigend, weit in das Innere der Antarktis vorgestoßen. Sie sind bis knapp vor den Südpol gekommen. Erkennend, daß Zeit, Brennstoff und Nahrungsmittel nicht ausreichten, um zum Südpol zu gelangen, ist Shackleton umgekehrt. Der Rückzug wurde zu einem Wettlauf mit dem Tod.
Trotzdem ist Shackleton 1914 wiedergekommen. Vom Weddel-Meer aus wollte er die Antarktis überqueren. Über den Südpol. Amundsen und Scott hatten den Südpol inzwischen erreicht. Shackleton wollte einen Schritt weitergehen. Er wagte »den letzten Trip auf Erden«. Bei dieser Expedition ist er gleich zu Anfang gescheitert, die Selbstrettung aber dauerte Jahre.
Shackleton hat mit seiner Mannschaft alles durchgemacht, was Menschen ausstehen können. Wenn zu guter Letzt alle nach Hause kamen, obwohl ihr Schiff, die »Endurance«, von den Eisbergen zerdrückt worden war wie eine Nußschale, dann nur, weil Shackletons Führertalent und der Zusammenhalt der Mannschaft mit der Not gewachsen waren.
Shackleton hatte immer noch nicht genug. In den zwanziger Jahren reiste er ein viertes Mal in die Antarktis. Am Eisrand ist er gestorben. An Herzversagen. Ohne einen weiteren Versuch unternehmen zu können, in das Innere des »siebten Kontinents« vorzudringen.
Das Ausgesetztsein mobilisiert Kräfte in uns, die wir vorher nicht gekannt haben. Und im Scheitern ist das Ausgesetztsein oft gesteigert. Oft regt es zu neuen Kombinationen in der Lösung von Problemen an. Plötzlich ist etwas Nicht-für-möglich-Gehaltenes möglich. Auch deshalb beim Rückzug kaum Angst zu versagen.
Die Angst vor dem Versagen war bei meinen Expeditionen hauptsächlich vor dem Start da. Nie beim Rückzug. Auch nicht unmittelbar nach dem Scheitern. Natürlich war mir jedesmal klar, wenn ich aus einer Wand abseilte, ohne den Gipfel erreicht zu haben, daß ich »verloren« hatte. Auch in Grönland, als ich am Beginn der Winterdurchquerung im vielen Neuschnee steckenblieb, kam dieses Nicht-durchgekommen-Sein einem Imageverlust gleich. Aber es belastete mich nicht.
Das Image bedeutet mir weniger als die gewonnene Erfahrung. Und Erfahrung wächst uns gerade beim Scheitern zu. Die wiederholte Erkenntnis, begrenzt zu sein, vor allem den Naturkräften gegenüber, ist wichtig. Erfahrungen beim Grenzgang wären nicht möglich, wenn ich nicht begrenzt wäre. Begrenzt in meiner Energie, begrenzt in meiner Kraft, begrenzt in meinem Mut, begrenzt auch in meiner Erfahrung.
Weil ich begrenzt bin, sind Erfahrungen in der Auseinandersetzung mit der wilden Natur möglich. Deshalb auch nie Probleme, mich beim Scheitern fürs Weiterleben zu entscheiden. Die Erkenntnis: »Bis hierher und nicht weiter« kommt spontan, oft in Bruchteilen einer Sekunde. Und ich gebe ihr nach.
Als wir beim Versuch, die Südostwand des Cho Oyu im Himalaja erstmals im

Der Sicherheitswahn lähmt die Lebensgeister. Trotzdem sind Grenzgänger von der Gefahr nicht fasziniert wie der Häftling von der Freiheit.

Ich bin weder eine Kampfmaschine noch ein Fitneßwunder. Auch kein Durchhaltefanatiker. Ich bin viel verletzlicher und begrenzter, als man glaubt.

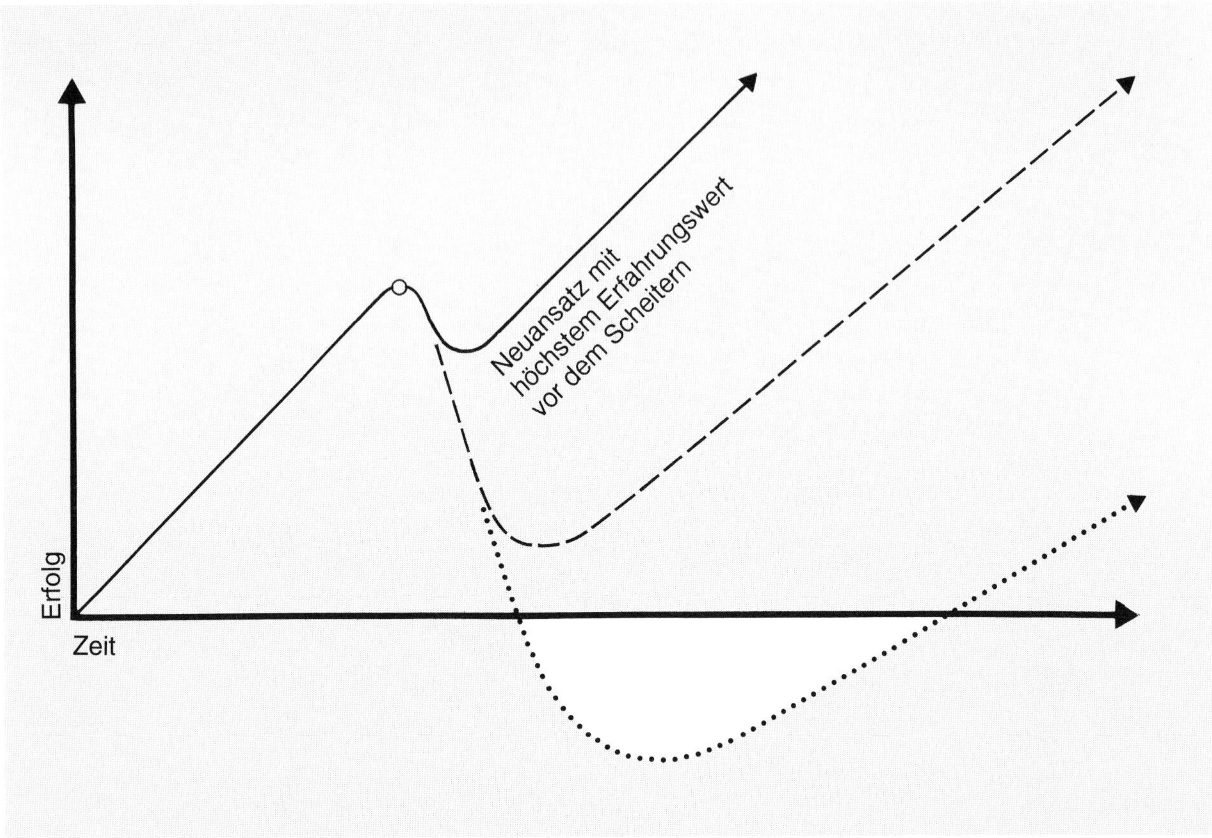

Zeit-Erfolg-Diagramm in bezug auf das Scheitern.

Rechts: Start mit Hundeschlitten in Isartok.

Erfolg ist etwas, das wir relativ schwer messen können. Ich kann scheitern und dabei für mein Weiterkommen im Leben erfolgreich sein.

Winter zu durchsteigen, knapp unterm Gipfel in einen lawinenschwangeren Schneehang hineinstapften, schaute ich meinen Partner Hans Kammerlander nur kurz an. Wir sprachen kein Wort. Aber ich wußte, daß auch er für das Umdrehen war. Die Gefahren – der Hang hätte bei der leisesten Erschütterung abgehen und uns mitreißen können – waren zu groß. Lieber absteigen, lieber Imageverlust als vielleicht tot.

Die Kunst des großen Abenteuers ist das Überleben. Nicht wer einmal, zweimal oder dreimal den Hasardeur spielt und dann zwangsläufig umkommt, ist der Größte, sondern der Grenzgänger, der immer wieder überlebt. Abbruch in diesem Zusammenhang bedeutet nicht nur, ein paar Jahre weiterzuleben, es bedeutet Zuwachs an Instinkten, das Überleben betreffend. Und es macht frei für andere, »vernünftigere« Dinge, für neue Ansätze. Das Risiko ist zwar Grundbedingung für das Abenteuer, aber nicht Ziel. Ohne Risiko ist Abenteuer nicht denkbar. Aber es kommt nicht darauf an, in der Gefahr umzukommen. Durchkommen heißt die Devise!

Diese Aussage erscheint nur einem Laien widersprüchlich. Mir ist sie so selbstverständlich wie das Wissen, daß Risiko generell zu einem intensiven Leben gehört. Ein Künstler, ein Sportler, ein Geschäftsmann akzeptiert in seiner Sparte Risiken. Er wächst an ihnen. Risiken sind die Widerstände, die wir erkennen, annehmen, meistern wollen. Oder umgehen. Wer das Risk-Management besser beherrscht, wird auch erfolgreicher sein.

Nun ist das Risiko in einer senkrechten Felswand etwas anderes als in einem Wirtschaftsunternehmen. Wer als un-

Seite 53: Hans Peter Eisendle im »Weg durch den Fisch«, fotografiert von Roland Mittersteiner.

Seite 54/55: Reinhold Messner in der »Via dell'Ideale« (2. Begehung) und beim Freikletterspiel in den Cinque Torri.

Das Scheitern wirft uns immer wieder zurück auf ein menschliches Maß.

Der Gescheiterte ändert, was er ändern kann; er nimmt Nichtveränderbares an und entwickelt Weisheit, Änderbares vom Nichtveränderbaren zu unterscheiden.

gesicherter Alleingeher abstürzt, ist tot. Ein Manager, der einen wesentlichen Fehler macht, setzt »nur« seinen Betrieb in den Sand. Trotzdem will ich das Risiko am Berg nicht mystifizieren. Ich nehme es an. Es gehört dazu.
Ich bin also vom Risiko nicht fasziniert oder hypnotisiert. Ich suche es nicht, lebe aber mit der Realität. Leben ist immer auch Risiko. Mehr Intensität bedeutet mehr Risiko. Aber ich ängstige mich nicht allzusehr davor, weil ich mir das Scheitern erlaube. Der Abbruch einer Expedition, das sogenannte Scheitern, ist kein Makel, sondern ein wichtiger Erfahrungsprozeß.
Wie der Erfolg auch. Erfolg kann ich auf Dauer nur haben, wenn ich scheitern darf. Wie soll ich denn spielen, ohne zu verlieren, ohne zu scheitern? Würde ich aufgrund von Können, Glück, Zufall in Serie erfolgreich sein, wäre ich früher oder später verloren. Allzu große Distanz zur Realität wäre die Folge. Und Realitätsverlust führt früher oder später unweigerlich zum endgültigen Scheitern. Wir alle sind Menschen und als solche begrenzt. Wir alle machen Fehler. Deshalb sollten wir auch das Scheitern der anderen tolerieren lernen.
Ich begreife das Scheitern als mehrfache Chance. Häufig bin ich mit neuer Entschlußkraft und klareren Vorstellungen aus dem Scheitern herausgegangen. Allein für das Besteigen der 14 Achttausender habe ich 30 Expeditionen gebraucht. 18mal bin ich bis zum Gipfel gekommen, zwölfmal gescheitert. Und wenn ich am Ende das Ziel erreicht habe, dann auch deshalb, weil ich immer wieder aufgestanden bin, nicht aufgegeben habe. Um weiterzukommen als andere, muß ich öfter wieder aufstehen können als andere, auch häufiges Scheitern verkraften lernen. Unterlegensein macht zudem bescheiden, weise und tolerant.
Der Erfolgreiche ist auch der, der öfter als alle Gescheiterten bereit war, von neuem anzufangen. Wir alle sind Sisyphus und müssen uns vom Abstieg die Freude nicht verderben lassen. Die Erfahrungen aus dem Gescheitertsein einzubringen und zu versuchen, über den letzten Umkehrpunkt hinauszugehen, lohnt sich in jedem Fall.
Mein Lebensziel besteht nicht darin, möglichst viele Erfolge anzuhäufen. Obwohl ich mich natürlich über Erfolge freue. Obwohl Erfolg selbstbewußt, stark, erfolgreich macht. Nichts ist erfolgreicher als der Erfolg selbst. Mein Lebensziel – auf weite Sicht betrachtet – ist Weisewerden. Ich möchte weder ein reicher noch ein erfolgreicher, kein berühmter alter Mann sein (sollte ich ein hohes Alter erreichen), sondern ein weiser alter Mann.
Weisesein bedeutet Erfahrungen haben, bedeutet Distanz, Toleranz, Großzügigkeit. Begriffenhaben und Wissen sind viel, Weisheit ist mehr: Mit allen Sinnen, mit dem Herzen, mit dem Verstand begriffen haben, wie limitiert wir sind. Weisesein bedeutet vor allem das Erkennen und Anerkennen der menschlichen Grenzen. Weniger der Möglichkeiten. Das menschliche Beschränktsein wird vor allem beim Scheitern bewußt. Es ist wie rückwärts fliegen. Und es macht menschlich.
Weisesein heißt nicht passiv sein. Keine Fehler macht nur der, der nichts wagt. Ob aus Vorsicht oder Angst vor Versagen bleibt sekundär. Die panische Angst zu scheitern aber bremst nicht nur die Tat, sondern auch den Erfahrungsprozeß im Leben, das Weisewerden. Deshalb sind mir Menschen, die handeln und scheitern, lieber als Zögerer, Zweifler, Abwarter. Wer nicht scheitern will, kommt auch nicht weiter.
Also sage ich mit Goethe: »Am Anfang stand die Tat.«

»Was es zu erforschen gibt, ist nicht der Berg, sondern der Mensch.«

II
UMSTEIGEN, UM WEITERZUKOMMEN

Das Burn-out-Syndrom.

Phasenübergänge.

Im richtigen Augenblick zu neuer Tätigkeit ansetzen.

Der Mensch hat keinen Beruf.

Paradigmenwechsel.

Ehrgeiz.

Optimaler Output durch Umstieg in einer neuen Lebensphase.

Immer wieder mit jungen Leuten neu anfangen.

Spielen als Verjüngungsfaktor.

Der Mensch hat keine Aufgaben außer den selbstgewollten.

Anstoß von außen als Fremdbestimmung oder aus dir selbst heraus.

Latente Unzufriedenheit abbaubar mit dem Mut, dorthin zu gehen, wo es dich hintreibt.

Schicksal als Geschick, du selbst zu sein.

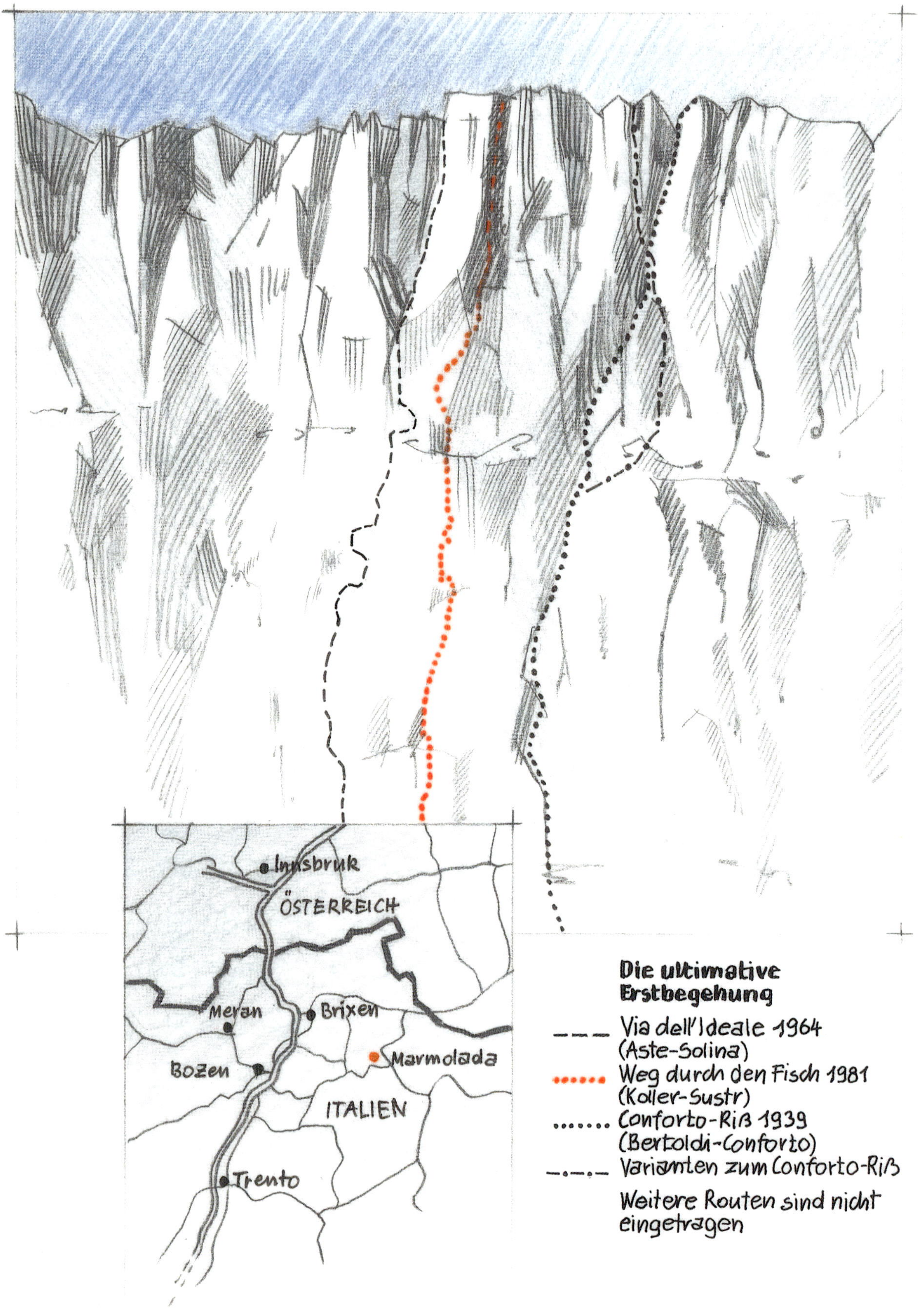

Innsbruk
ÖSTERREICH
Meran
Brixen
Bozen
Marmolada
ITALIEN
Trento
Die ultimative Erstbegehung
Via dell'Ideale 1964 (Aste-Solina)
Weg durch den Fisch 1981 (Koller-Sustr)
Conforto-Riß 1939 (Bertoldi-Conforto)
Varianten zum Conforto-Riß
Weitere Routen sind nicht eingetragen

»Das erreichte Ziel ist eine Art Gewohnheit geworden und damit rückständig.«

Links: Roland Mittersteiner in »Kein Rest von Sehnsucht«, links der Philipp-Flamm-Verscheidung in der Civetta.

DIE VERTIKALE GESTRICHEN

20. 5. 1969

Während der Vorbereitungen zu zwei Prüfungen (Mathematik und Mechanik) erreicht mich in Padua, wo ich Hoch- und Tiefbau studiere, ein Telegramm. Ich bin eingeladen, anstelle von Kurt Schoißwohl, genannt »Gagga« (Innsbruck), an einer Tiroler Expedition in die Anden teilzunehmen.
Obwohl ich wegen des intensiven Studiums unter Schlafproblemen und seelischen Erschöpfungszuständen leide, will ich die vorgesehenen Prüfungen ablegen und im Sommer nur klettern. Körperlich fühle ich mich in guter Form, weil ich trainiere (Dauerläufe und Krafttraining im Klettergarten »Rocca pendice« vor den Toren der Stadt). Im Frühling sind mir ein Dutzend Klettertouren in den Piccole Dolomiti bei Vicenza, in der Schiara und Sella gelungen.
Ich sage zu. Statt in eine Art »innere Emigration« zu gehen, gehe ich in die Anden. So beginnt meine erste Auslandsbergfahrt.

25. 5. 1969

Abflug von Innsbruck. Über Zürich und Rio geht es nach Lima in Peru. In nur vier Tagen habe ich Paß, Impfungen und fehlende Ausrüstung besorgt. Das Studium ist vorerst vergessen.

3. 6. 1969

Fahrt von Lima nach Chiquian (3150 m). Beginn des Anmarsches.

6.6.1969

Marsch zum Caruacocha-See (Basislager).

14. 6. 1969

Peter Habeler und ich starten kurz nach 3 Uhr im Lager I und steigen mit dem ersten Tageslicht in die Ostwand des Yerupaja Grande ein. Über harten Firn kommen wir rasch voran. In 5500 Metern Höhe Steinschlag! Unter uns ein Nebelmeer. Rückzug. Auch ein Versuch, den Yerupaja Chico zu besteigen, scheitert im grundlosen Pulverschnee.
Sepp Mayerl fixiert zur gleichen Zeit am Südwestpfeiler des Yerupaja Grande 100 Meter Fixseil.

18. 6. 1969

Um 1 Uhr nachts stehen Peter und ich auf. Sternenklare Nacht. Es ist kalt. Mit Stirnlampen, einem 60-Meter-Seil, fünf Firnhaken, vier Eisschrauben und sieben Felshaken steigen wir in die Ostwand des Yerupaja Grande ein.

Ich lerne aus Fehlern, weniger aus dem Gelingen. Mein Erfolgsgeheimnis heißt Versuch und Irrtum.

Es ist gespenstisch, wenn mitten in der Nacht ein Licht hoch über oder tief unter dir herumfuchtelt. Die Vertikale wird so als Abgrund nach unten und nach oben in den Himmel erfahrbar. Unheimlich! Trotzdem nichts Beängstigendes. Beim Hellwerden sind wir 6600 Meter hoch. Im felsigen Gipfelaufbau, wenige Dutzend Meter unter dem höchsten Punkt, beginnen wir, abzusteigen. Der Gipfelfelsen ist zu morsch. Abwechselnd lassen wir uns am fixen Seil hinunter. Der zweite steigt jeweils frei nach. Nach nur drei Stunden – wir verständigen uns mit Seilziehen und Wortfetzen – sind wir wieder unten.
In einer so großen Wand zu klettern bedeutet Eindeutigkeit. Ich mache mir dabei keine Sorgen, ob ich mit 30, mit 60 oder vielleicht erst mit 100 Jahren sterbe. Wichtig ist nur, daß ich mich konzentriere, keinen Fehler mache, meinen Weg gehe. Mein Leben ist ganz ausgefüllt.

23. 6. 1969 Um 2 Uhr nachts steigen Peter und ich wieder in die Ostwand des Yerupaja Grande ein. Wir wollen Sepp Mayerl und Egon Wurm unterstützen, die den Pfeiler links der Wand erstmals über eine sehr schwierige Route durchklettern. Aufgrund von Steinschlag und mehreren Schneerutschen gehen wir ins Ostwandlager zurück. Der Expeditionsleiter Otti Widmann und Heli Wagner sind am Vortag vom Pfeilerlager III ins Basecamp abgestiegen.
Peter und ich gehen über die Südwestflanke auf den Yerupaja Chico. Dabei beobachten wir Sepp und Egon bei ihrer diffizilen Kletterei zwischen dem Vorgipfel und einer riesigen Wächte unterm Hauptgipfel, den sie morgen erreichen werden.

9. 7. 1969 Rückkehr nach Villnöß. Besuch bei Sepp und Egon in der Universitätsklinik Innsbruck, wo ihre Erfrierungen behandelt werden, die sie sich bei ihrem dramatischen Abstieg vom Yerupaja Grande zugezogen haben.

15. 7. 1969 Nach einem halben Dutzend Klettertouren in den Dolomiten Fahrt nach Chamonix, wo ich als Gast der ENSA (Nationale Französische Berg- und Skischule) mit Erich Lackner aus Wien zusammentreffen soll. Er ist nicht da.

16. 7. 1969 Erich Lackner ist an den Petites Jorasses. Aufstieg zur Argentière-Hütte.

17. 7. 1969 Nach einer schlaflosen Nacht später Start für die Durchsteigung der Droîtes-Nordwand. Erster Alleingang in weniger als acht Stunden. Abstieg bis nach Chamonix.

18. 7. 1969 Aufstieg mit Erich Lackner zum Fourche-Biwak am Fuße der Brenvaflanke des Montblanc.

19. 7. 1969 Aufstieg zum Col de Peuterey und weiter über den Frêney-Zentralpfeiler zum Gipfel des Montblanc.
Ich sehe die Gipfel als Ziel, und meine Welt ist die Vertikale. Ich bin im Gleichgewicht. Es stimmt, ich mache es mir einfach. Die Gipfel sind oben. Indem ich Tag für Tag, Woche für Woche auf Berge hinaufsteige, bin ich immun gegen Zweideutigkeit und Kompromisse. Unentschlossenheit ist mir zuwider. Ich bewundere und suche Geradlinigkeit.

Die Einsamkeit, die tagelange Stille, der Himmel schützen mich vor den vielen Unsicherheiten und Unverbindlichkeiten in der menschlichen Gesellschaft.

Das Vorhaben, den »Helenenpfeiler« an den Grandes Jorasses erstzubegehen, geben Erich und ich am Wandfuß wegen Steinschlag auf. Erste Unsicherheit macht sich bemerkbar. 22. 7. 1969

Aufstieg zur Argentière-Hütte und Studium des Nordostpfeilers an den Droîtes. 23. 7. 1969

Erste Begehung des Droîtespfeilers. Wir nennen ihn »Berglandpfeiler«, nach dem Wiener Kletterclub, dem Erich und ich angehören. 24. 7. 1969

Abstieg von der Couvercle-Hütte nach Chamonix. Abschiedsfeier bei der ENSA. 25. 7. 1969
Nachricht vom Tod Jörg Lehnes am Fuße des Walkerpfeilers. Jörg Lehne gehörte zehn Jahre lang zu den kreativsten deutschen Bergsteigern (Große-Zinne-Direttissima, Eiger direkt im Winter). Sein Seilpartner Karl Golikow liegt mit einem Oberschenkelbruch in der Klinik. Besuch (am nächsten Tag) bei Karl Golikow.
Bezeichnenderweise hängen Unfälle häufig mit Ausgebranntsein zusammen. Für viele von uns folgen auf eine große Serie von Erfolgen Erstarrung und Inflexibilität. Beim Bergsteigen kommt es in solchen Fällen häufig zum Tod. Anspruchsdenken, losgelöst von Begeisterung, Kreativität, Motivation, bremst nicht nur die Leistung, es führt in einen Teufelskreis von Energieverlust, Sinn- und Lustlosigkeit.
Eine große Zahl von tödlichen Bergunfällen zeigen dies: Hermann Buhl, *der* erfolgreichste Alpinist der fünfziger Jahre, starb 1957, unmittelbar nach der Besteigung seines zweiten Achttausenders. Jerzy Kukuczka 1989, nachdem er alle 14 Achttausendergipfel erreicht hatte. Wanda Rutkiewicz, die erfolgreichste Bergsteigerin der vergangenen zwei Jahrzehnte, blieb, 1992, ausgebrannt, zuletzt tot am Kangchendzönga liegen. Pierre Beghin stürzte wenige Monate später an der Südwand der Annapurna ab. Der Franzose war sensibel, gescheit, kreativ und sehr erfolgreich gewesen.

Nach weiteren Erstbegehungen im Montblanc-Massiv glückt mir die erste Alleinbegehung der Philipp-Flamm-Verschneidung an der Civetta-Nordwestwand. Regen ab Wandmitte, Schnee im Gipfelbereich, Nebel! 2. 8. 1969
Es gelingt mir deshalb nicht, neue Erkenntnisse über den schwach ausgeprägten Pfeiler links der »Philipp Flamm« mitzubringen. Die Struktur der Felsen schreibt dort eine neue Route zwingend vor. Sie gehört zu einem halben hundert Erstbegehungsmöglichkeiten, die ich in einem kleinen Heft vermerkt habe, das ich immer bei mir trage. Es ist mir wichtiger als mein Tourenbuch. Es ist mir »heilig«. Nur mein jüngerer Bruder Günther hat Einblick. In dieses Ideen-Heft notiere ich meine Realutopien. Viele gedachte Routen, mit geschätztem Zeit- und Materialaufwand, die zu erwartenden Schwierigkeiten bei der Erstbegehung.
Als »ultimative Erstbegehung« ist eine Linie an der Marmolada gezeichnet. Durch die 1000 Meter hohe, durchwegs senkrechte Plattenflucht der Süd-

Begeisterung ist ein klarerer Ausdruck als das verbrauchte und mißbrauchte Wort Motivation.

Tiefblick im »Fisch«. Die junge Kletter-Elite in Südtirol: C. Hainz, R. Mittersteiner, A. Holzknecht.

wand der Marmolada d' Ombretta, rechts der Via dell' Ideale, muß ein Weg führen. Ich weiß, er ist möglich. Mir fehlt nur noch die richtige Einstellung zu ihm. Dabei gibt es nicht etwas zu entdecken, sondern alles wieder und wieder zu erfinden. Das Felsklettern steht an einem neuen Anfang. Alles wurde immer wieder erfunden. Nichts und alles war vorher da.

10. 8. 1969

Einstieg in die Eiger-Nordwand. Versuch eines Alleingangs.
Eine Seilschaft hoch über mir tritt immer wieder Steine los. Nebel auf der Höhe des zweiten Eisfeldes.
Fluchtartiger Rückzug.

16. 8. 1969

Am Nachmittag (nach dem Zustieg) klettere ich über die Vinatzer-Führe in der Südwand der Marmolada di Rocca bis zum Band (Wandmitte). Wieder im Alleingang. Die Route kommt mir schwieriger vor als bei den zwei Begehungen in Seilschaft mit meinem Bruder Günther.
Biwak. Mein zehntes in diesem Jahr.

Erste Begehung (Solo) der Marmolada-di-Rocca-Gipfelwand. Einige Stellen zweimal geklettert. Fast alle Haken belassen. Mein schwierigster Alleingang. 17. 8. 1969

Nach einem Dutzend Erst- und Solobegehungen will ich die Alleinbegehung der Scotoni-Südostwand wagen. »Bergmüde« verzichte ich am Einstieg und klettere die Pisoni-Route in der breiten Wandflucht weiter rechts. 24. 9. 1969

Mein Mathematikbuch ist nicht gebunden. Zu Stapeln von je 20 Blättern liegt es auf meinem Schreibtisch. Es sind zehn oder zwölf. Ich nehme einen dieser Stapel und setze mich auf den Balkon, um zu lernen. Das mit den doppelten Integralen verstehe ich noch. Aber sonst sind mir viele Zusammenhänge abhanden gekommen. 25. 9. 1969
Am nächsten Morgen suche ich die losen Blätter zusammen und stelle sie dorthin, wo sie den Sommer über waren. Für einen Neuanfang im Studium fehlt mir die Motivation. Einen Sommer lang habe ich Universität, Freundin und meinen Nebenberuf als Bergführer vergessen. Ich genieße die Freiheiten dessen, der nichts hat, was er verlieren könnte, außer seiner Begeisterung.

Kletterausklang im Kaisergebirge mit meinem Bruder Günther und Walter Troi: Fleischbank-Ostwand-Christaturmkante; Predigtstuhl-Dülfer-Route; Hintere-Halt-Nordgrat; Bauernpredigtstuhl-Rittlerkante. Der Schnee in den Dolomiten ist früher gekommen als sonst. Es reicht nicht einmal für einen Versuch an unserer ultimativen Marmolada-Tour. 4./5. 10. 1969
Als kletternder Mensch bin ich sicher und kreativ, solange ich mich in meinem Element bewege. Mein Gleichgewicht, das ununterbrochen verloren sein könnte, muß ununterbrochen zurückgewonnen werden. Mit jedem »Move« (Bewegung einer Hand, eines Fußes usw.) würde ich abstürzen, setzte ich den Instabilitäten nicht (instinktiv oder bewußt) eine Reaktion entgegen.
Ich ahne nicht, daß meine Kletterzeit mit diesem Sommer 1969 zu Ende ist. Ein halbes Jahr später gehen Günther und ich zusammen zum Nanga Parbat. Unser Ziel ist die Rupalwand, die höchste Fels- und Eisflanke der Erde. Günther kommt dabei ums Leben. Ich verliere ein paar Zehen und alle naiven Gewißheiten.

Weil wir für nichts eine Antwort gesucht haben, haben wir auch nichts in Frage gestellt. Wenn die Objektivität, die Gewißheit, aufhört, haben wir Angst, im Nichts zu verschwinden, das Denken in Kreisen beginnt, das Sowohl-als-Auch wird zwingend. Subjektive und objektive Sicherheiten bröckeln. Nicht nur, weil ich 1971 wegen der Amputationen nicht mehr so gut klettern kann wie vorher, streiche ich die Vertikale aus meinen Tagträumen. Auch weil ein Sättigungsgrad erreicht ist. Im Herbst 1969 bin ich ausgebrannt gewesen, klettermüde.
Ich gehe auch nach der Tragödie am Nanga Parbat nicht auf die Universität zurück. Ich entscheide mich für die großen Berge. Meine »ultimative Erstbegehung« in den Dolomiten – in meinen Utopien als »Butterfly« abgelegt, später als »Fisch« von anderen realisiert – interessiert mich plötzlich viel weniger als die Grenzgänge im Himalaja und Karakorum. So vollziehe ich (fast unbewußt) den Paradigmenwechsel: vom Felskletterer zum Höhenbergsteiger.

Die Freiheit des Nomaden ist überschaubar: weiter Raum, offene Zeit, selbstverständliche, weil selbstgemachte Regeln des Zusammenlebens. Ungewißheit und Kontrolle reichen jeweils nur bis zum nächsten Horizont.

»Unsere Krise ist eine Krise des Sattseins.«

EIN SCHRITT VOR DEM AUSGEBRANNTSEIN

Wir dürfen den Mut haben, zu unseren Wünschen, zu unserem Weg zu stehen. Es ist keine Schande, seinen Beruf zu wechseln.

Das Burn-out-Syndrom kennen nicht nur Sozialarbeiter, Geschäftsleute und Politiker, sondern auch Grenzgänger. Wer eine längere Zeitspanne an der Grenze seiner Belastbarkeit und in großer Gefahr gelebt hat, spürt früher oder später Müdigkeit, Unlust, vielleicht sogar Zweifel am eigenen Tun. Zweifel weniger am Sinn als an sich selbst.

Ein Nachlassen der Leistungsfähigkeit, der Kreativität, der Motivation ist die Folge. Im Extremfall kommt es zu psychosomatischen Krankheiten, manchmal sogar zu Verzweiflungsanfällen, zu Apathie.

Grenzgänger, die gelernt haben sollten, auf Konflikte zu reagieren, meint man, fänden rechtzeitig aus dem Teufelskreis des Ausgebranntseins heraus, in dem sich der Blickwinkel immer weiter verengt, das Abschalten nicht mehr gelingt, die »innere Emigration« der letzte Fluchtweg bleibt.

Es ist umgekehrt. Häufig sind jene Menschen Opfer des Burn-out-Syndroms, die überhöhte Ansprüche an sich selbst stellen. Ausgerechnet beim Scheitern in Extremsituationen setzen wir uns massiv dem Ausgebranntwerden aus. Im gelungenen Grenzgang steckt ein Erfolgserlebnis, das mir hilft, ein positives Selbstbildnis aufzubauen. Dieses ist übertragbar auf alle Bereiche des Lebens. Jede gelungene Tat empfinde ich als Auszeichnung, die ich mir selbst gebe; die Selbstachtung steigt und hat Bestand. Wenn auch nicht ewig. Wiederholtes Scheitern schwächt. Langsam rüttelt das Ausgebranntsein meine ganze Person in ein reduziertes Engagement.

Die Tatsache, daß ich nach jedem Erfolg, zumindest über eine kurze Zeitspanne hinweg, ein Gefühl der Leere empfinde, hat wenig damit zu tun. Diese Leere ist nicht mit dem »burn out« gleichzusetzen, das ein zerstörerisches Potential hat. Ausgebranntsein äußert sich durch massiven Energieverlust. Eine realisierte Idee fehlt mir nur als Vision. Etwas, auf das ich mich gefreut habe, auf das ich mich eingestellt habe, mit dem ich mich identifiziert habe, ist mir mit der Verwirklichung abhanden gekommen. Wichtig: Beides, Ausgebranntsein und diese Art der Leere, haben nichts mit Flucht zu tun. So wenigstens sind meine Erfahrungen.

Wie oft ist mir in jungen Jahren vorgeworfen worden, ich würde mit meinen

Klettertouren vor der Realität flüchten! Dabei hatte ich vielmehr das Gefühl, in die Realität aufzubrechen. Auch beim Umsteigen von einem Tun in ein anderes.
Wie spüre ich sich ankündigende Phasenübergänge? Nicht immer bewußt! Klettern, dachte ich früher, kann ich ein Leben lang, auch alleine, wenn ich mich dabei mit mir selbst identifiziere. Als ich 1969, in der aktivsten Kletterzeit meines Lebens, davon träumte, noch einen Schritt weiterzugehen in der Eleganz und Schwierigkeit meiner Erstbegehungen, kündigte sich doch gleichzeitig eine Veränderung meiner Interessen an. Ich habe es nicht bewußt wahrgenommen, aber ich spürte, daß ich in einem anderen Feld – es sollte später das Höhenbergsteigen werden – nochmals neu ansetzen mußte, um über die bisherigen Erfahrungen hinauszukommen. Jeder Mensch ist nach einer bestimmten Zeitspanne seines Lebens in anderen seiner Fähigkeiten und Spielmöglichkeiten gefordert.
Nicht nur für Laien, auch für Kletterer war es damals ein Sakrileg, die schwierigsten Routen in den Alpen alleine zu durchsteigen. Ich wurde als »Verrücker«, als »Selbstmörder« abgestempelt. Ich tat es trotzdem. Lächelnd hörte ich mir die vielen Vorwürfe von »gesetzten« Leuten an, die sich das Leben im Fernsehen anschauten, und machte erst dann mit meinen »Verrücktheiten« Schluß, als ich mich nicht mehr für diese Form des Grenzgangs begeistern konnte.
Oft sind es die veränderten Grundvoraussetzungen – die sich ändernde Zeit, die Problemstellungen, die Technik –, die ein Umsteigen von einem Tun in ein anderes fordern. Der Paradigmenwechsel kann zwingend sein. Auch das Ausgebranntsein ist ein häufiger Auslöser. Ich denke allerdings, daß ich umsteigen muß, bevor ich völlig ausgebrannt bin. Und Ruhe, Erholung, Neubesinnung brauche ich immer, um wieder voll einsteigen zu können. Ob in meinem alten oder neuen Tun, bleibt sekundär.
Die körperlichen und seelischen Erschöpfungszustände beim Ausgebranntsein hinterlassen Lustlosigkeit, oft sogar Hoffnungslosigkeit. Wie kann sich ein ehedem engagierter Mensch neu orientieren, wenn ihm sogar seine Ideale schal oder leer erscheinen, weil sie ausgebrannt sind? Er braucht erstens genügend Zeit zum Neuanfang – Abschalten, Freunde, neue Tagträume –; zweitens ein neues Spielfeld, das ihm entspricht. Er muß zuerst aus der »inneren Emigration« heraus, dann Hoffnung schöpfen mit anderem Tun.
Feinfühlige Menschen haben oft Instinkte dafür entwickelt, früher als andere zu spüren, daß sie umsteigen wollen/sollen. Einen Schritt vor dem Ausgebranntsein umsteigen bedeutet, mit mehr Elan, mit mehr Grundenergie in das neue Leben einsteigen. Den richtigen Augenblick für das Umsteigen zu finden ist hilfreich, aber schwer lernbar.
Drei Beispiele aus der Welt der Alpinistik möchte ich nennen, die zeigen, daß das Umsteigen im richtigen Moment zu neuen Erfolgen führt.
Luis Trenker, der berühmte Filmemacher und Erzähler, war vor dem ersten Weltkrieg ein guter Kletterer. Nach einer Zeit als Frontsoldat und dem anschließenden Architekturstudium ist er weiter auf die Berge gestiegen. Dann aber ist er Filmemacher geworden. Er ist zwar in seinen Filmen weiterhin geklettert, aber all seine Energie verwandte er in den endzwanziger und dreißiger Jahren ausschließlich für das Medium Film: als Schauspieler, als Drehbuchautor, als

Ob einer seinen Weg geht, verrät sein Gang. Ob einer sein Ziel ist, seine Ausstrahlung.

Die ersten Schritte sind die schwierigsten. Jedem zittern die Füße, wenn er hoch überm Abgrund seinen eigenen Weg einschlägt.

Das Matterhorn: Luis Trenker hat es zu seinem Filmberg gemacht.

Bis zur Grenze gefordert, leisten wir alle mehr, als wir wollen können.

Produzent, als Regisseur. Nicht mehr das Klettern an sich war ihm wichtig, sondern das Darstellen des Bergsteigens.
Ähnlich erging es dem Italiener Walter Bonatti, sicherlich der erfolgreichste Bergsteiger zwischen 1955 und 1965. Mit seiner winterlichen Solo-Durchsteigung der Matterhorn-Nordwand 1965 hat er das extreme Bergsteigen aufgegeben. Er ist Bildreporter geworden und hat als solcher für international renommierte Zeitschriften Geschichten produziert. Mit großem Erfolg.
Auch Martin Schliessler will ich in diesem Zusammenhang erwähnen. In den fünfziger Jahren einer der besten Bergsteiger Deutschlands, ist er später in das Filmgeschäft übergewechselt und hat als Kameramann und Produzent aufregende Dokumentarfilme produziert. Er ist auch Künstler. Er steigt immer wieder von einer Tätigkeit auf eine andere um. Seine Berufe sind ihm Berufung: Bildhauer, Dokumentarfilmer, Abenteurer.
Der Mensch hat a priori keinen Beruf. Ich weiß, unsere heutige Gesellschaftsform schreibt eine spezifische Ausbildung immer zwingender vor. Könner in einer winzigen Sparte des menschlichen Tuns sind gefragt, nicht »Gelegenheitsarbeiter«.
Auch ich bin ein Spezialist. Wir leben heute in einer gigantischen Leistungsmaschinerie und können nicht alles können. Trotzdem haben einige von uns die Möglichkeiten, ohne gelernten Beruf zurechtzukommen. Ich schätze sie glücklich.
Ich arbeite nicht in einem Beruf, zumindest nicht in dem Beruf, den ich erlernt habe oder erlernen sollte (Geometer, Hoch- und Tiefbau-Ingenieur, Architekt). Ich lebe. Ich tue das, was ich am besten kann. Auch habe ich meine Tätigkeiten als Grenzgänger samt der dazugehörigen Auswertung immer wieder verändert. Genaugenommen bin ich in einem halben Dutzend Berufen tätig: als Autor, Vortragsredner, Fotograf, Bergbauer,

Filmemacher, Guide von Incentive-Gruppen. Meine Haupttätigkeit, der Grenzgang, gehört nicht dazu. Er bringt nichts ein. Er ist meine Berufung.
Sowenig das Tier und die Pflanze einen Beruf haben, so wenig hat der Mensch von vornherein einen Beruf. Es ist nicht so, daß ich diese Lebenshaltung als alleinseligmachende predige. Im Gegenteil, ich akzeptiere die Schule, die Ausbildung, die Spezialisierung. Aber nur als notwendiges Übel. In dieser dichtbesiedelten, sich immer weiter spezialisierenden Welt kämen wir sonst nicht zurecht. Naturgesetz ist das heutige Berufsschema der Menschen allerdings nicht. Wir Europäer sind nicht so flexibel und selbstverständlich beim Wechseln von Tätigkeiten wie andere Gesellschaftsgruppen. In Amerika zum Beispiel werden Berufe vielfach gewechselt wie das Hemd. Dabei stehen Einkommen, Erfolg, besondere Fähigkeiten, Ehrgeiz gerade in den USA hoch im Kurs.
Leider ist der Ehrgeiz in Mitteleuropa eine Eigenschaft mit negativem Vorzeichen. Trotzdem, fast jeder ist ehrgeizig. Und er darf es sein. Auch der Ehrgeiz ist Teil der Motivation. Optimale Leistungen kann ich nur erbringen, wenn ich zu meinem Ehrgeiz stehe und das tue, was mir entspricht. Und weil ich nicht in jeder Phase meines Lebens mit jeder Tätigkeit gleich zufrieden, gleich ausgefüllt, gleich glücklich sein kann, ist es für den einen oder anderen zu diesem oder jenem Zeitpunkt vernünftig, wenn er umsteigt von der Tätigkeit A in eine Tätigkeit B.
In meinem Leben als Grenzgänger bin ich bisher zweimal umgestiegen: Vom jungen, ehrgeizigen Felskletterer, der schwieriger klettern wollte als alle anderen, zum Höhenbergsteiger, der zu guter Letzt alle 14 Achttausendergipfel erreicht hat; dann noch einmal zum Eiswanderer und Wüstendurchquerer. Mit fortschreitendem Alter an Schnellkraft und Geschicklichkeit verlierend, spiele ich heute vor allem meine Ausdauer, meine psycho-physische Kraft und Erfahrung aus. Ich schließe nicht aus, daß ich ein drittes und viertes Mal umsteigen werde, wenn die Zeit dafür gekommen sein wird.
Mit jedem Umsteigen wurden meine Teams jünger. Nicht nur aus praktischen Gründen – meine Partner hatten sich früher oder später fast alle in bürgerliche Berufe zurückgezogen; sie wollten dieses Spiel zwischen Durchkommen und Umkommen, das ich seit einem halben Menschenleben spiele, nicht weitertreiben –, auch ob meines Hingezogenseins zu jungen Leuten. Ich habe mein Umsteigen immer auch mit einer Verjüngung verknüpft. Im jeweils neuen Spielfeld habe ich die jungen Spezialisten, Besessenen angesprochen, um einen Schritt weiterzugehen, als es bis dahin üblich war.
Spielen an sich ist ein Verjüngungselement. Umsteigen ist eine Verjüngungskur. Zwei gute Ansätze, wenn ich weiterkommen will. Dabei sehe ich dieses Weiterkommen nicht als »höhere« Aufgabe. Es ist ein selbstgestellter Anspruch. Ein Anspruch an mich. Der Mensch hat auf dieser Erde – abgesehen von der Verantwortung für seine Familie, für Freunde (die wiederum selbstgewollt sind), der Mitverantwortung für die Gemeinschaft – keine »höheren« Aufgaben. Er hat aber das Recht, sich seine Aufgaben selbst zu wählen, sie selbst zu wollen, sich selbst Herausforderungen zu stellen.
Menschen, die in diesem Zusammenhang dauernd von Idealen reden, habe ich vielfach als Anspruchsdenker entlarven können. Sie verdecken mit ihrem Moralkodex, mit dem Schild

Es ist lächerlich, in jedem Tun, in jedem Ding, in jedem Gegenüber einen Nutzen zu suchen.

Alles Besessensein ist auch Medizin für das Sich-selbst-Vergessen.

Seite 69: Der Nanga Parbat von Südwesten gesehen.

Seite 70/71: Der Gipfelaufbau (Rupalwand) des Nanga Parbat. Günther Messner, Peter Scholz und Felix Kuen im Lager III.

Ich gehe los – und alle Unruhe fällt von mir ab, alle Grübelei ist verflogen.

Es liegt an mir, neue Grenzgänge zu erfinden. Innovativ ist nur, wer dorthin geht, wo die vielen anderen nicht sind.

des Idealismus, den sie vor sich hertragen, die Ansprüche, die sie hemmungslos an andere stellen. Nicht die Aufgabe, die sie übernehmen, ist ihnen wichtig, sondern der Anspruch, den sie erheben. Es geht ihnen ausschließlich um ihre Person.

Ich habe die latente Unzufriedenheit, die bei einem Großteil der heutigen Leistungsgesellschaft festzustellen ist, vor allem bei jenen gefunden, die Idealismus, Altruismus und Unterordnung als ihre Tugenden preisen. Sie sind fremdbestimmt. Ihr Idealismus entspringt einem Hunger nach Anerkennung. Ihr Altruismus ist eine Ausrede. Die Unterordnung Versteckspiel. Aus sich selbst heraus Ansprüche an sich zu stellen, sich Herausforderungen zu erfinden, lehnen sie grundsätzlich ab.

Die Unzufriedenheit in den reichen Industrieländern ist meiner Meinung nach nur abbaubar mit dem Mut des einzelnen, seinen eigenen Vorstellungen nachzugeben. Ich bin überzeugt davon, daß jeder von uns individuelle Fähigkeiten hat, zu eindeutig bestimmten Leistungen prädestiniert ist. Dorthin treibt es ihn auch. Wenn er sich nur dorthin gehen ließe! Leider sind nur wenige von uns dazu bereit. Lebensängste hindern viele daran, ihr Leben selbst in die Hand zu nehmen.

Schicksal wird vielfach als eine Macht von außen beschrieben, die wir nicht beeinflussen können. Ich möchte Schicksal als das Geschick bezeichnen, wir selbst zu sein. Jeder einzelne ist sein Schicksal. Jedem entspricht sein Weg. Es gibt so viele verschiedene Wege, wie es Menschen gibt.

Wenn mich junge Menschen manchmal fragen, was sie tun müssen, um als Grenzgänger so erfolgreich zu werden wie ich, rate ich ihnen davon ab, meinen Weg zu wiederholen. Nicht mein Weg kann der ihre werden, sondern nur das Suchen nach dem ihren. Mein Weg war oder ist vielleicht (nicht immer!) richtig für mich. Er ist sicherlich falsch für jeden anderen.

Die Selbsterfahrung ist dabei das wichtigste. Sie ist immer individuell. Zur Selbsterfahrung gibt es viele Wege, grundsätzlich aber zwei Richtungen: die physische und die psychische. Beide Wege sind richtig, beide sind notwendig. Da Materie begrenzt ist, sind die Grenzen der Körpererfahrung endlich. Der seelische, feinstoffliche Mensch ist unbegrenzt, also ist seine Erfahrungsmöglichkeit unbegrenzt. Diese ist aber nur dann voll ausschöpfbar, wenn ich sie körperlich umsetze, wenn ich geistige Erfahrungen realisiere und umgekehrt körperliche Erfahrungen vergeistige.

Jeder muß seinen Weg finden. Immer wieder. Das Suchen ist der Clou! Auf seinem Weg zu bleiben oder umzusteigen, wenn die Zeit gekommen ist, bleibt leicht. Zu spüren, wohin es mich treibt, ist wie Eingebung. Zu ahnen, wann es Zeit ist für einen Umstieg, verlangt viel Feingefühl.

Zu wissen, in welchem Tun ich zu welcher Zeit zur größten Lebensfreude und damit auch zur größtmöglichen Leistung fähig bin, hat weniger mit Schule oder Ratio zu tun, als vielmehr mit Offensein. Es ist auch eine Angelegenheit unserer Instinkte.

Unseren Herzensfreuden nachgeben zu lernen, ist offensichtlich schwieriger, als rationale Schlüsse zu ziehen. Ich bezweifle, ob in diesen Fragen der Psychiater der richtige Ansprechpartner ist. Ein paar gute Freunde und Distanz zu sich selbst, zum Arbeitsplatz, zum eigenen Tun können Helfer sein, seinen Weg zu finden; den richtigen Augenblick zu erraten, aus einer »notwendigen« Tätigkeit in eine andere, faszinierende Phase des Lebens zu springen.

»Jeder muß den Weg gehen, der für ihn richtig ist, und jeder dieser Wege ist anders.«

III
NOCHMALS GEBOREN WERDEN

Sinn ist definiert durch den Gang des Kosmos, Geist durch Chaos und Ordnung.

Der Mensch gibt Sinn.

Sinn geben, nicht suchen/finden.

Indem ich etwas wichtig, schön, faszinierend finde, mache ich es sinnvoll.

Keine fremde Religion oder Lebenshaltung annehmen und keine stiften.

Das nutzlose Abenteuer als Möglichkeit zur Definition von Sinn begreifen.

Die Relativitiät des Nützlichen.

Schizophrenie als Überlebenshilfe, Halluzination als Realität.

Arterhaltung kann nicht Sinngebung entsprechen (Survival of the fittest).

Sinn im Unternehmensziel(-spiel) sehen und in der Notwendigkeit, sich auszudrücken, zu gestalten.

So, wie ich mein Tun in Frage stelle, stelle ich alles Tun in Frage.

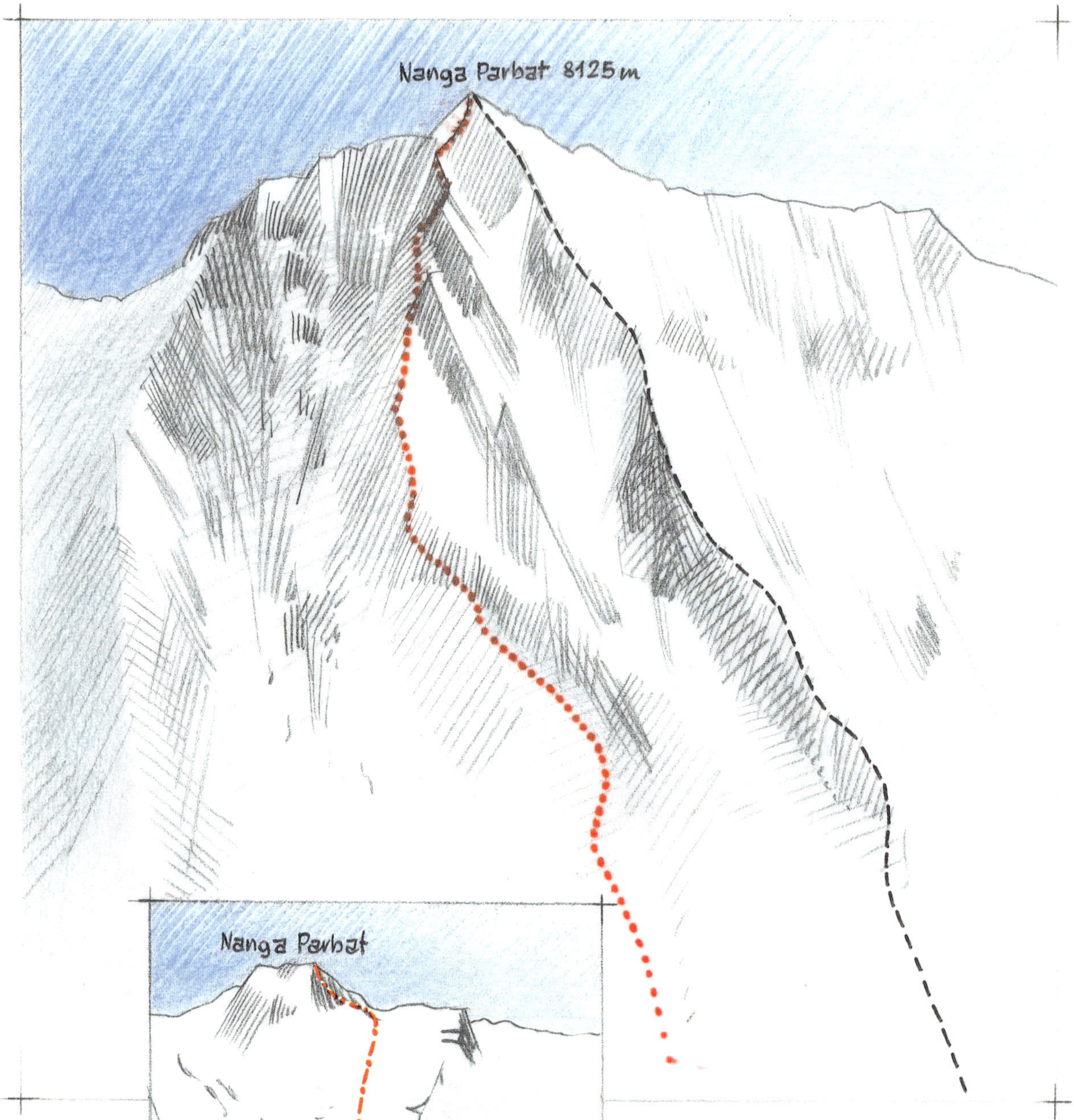

Die Rupalwand am Nanga Parbat

Messner-Route 1970 (Nach 1970 nicht mehr wiederholt)

Südostpfeiler 1985 (1982 durch Urs Bühler bis zum Südgipfel)

Im kleinen Bild die Diamirflanke mit dem Abstiegsweg der Messner-Brüder 1970

»Die Frage nach Gott lasse ich offen.«

Bauern aus dem Diamir-Tal, die mir 1970 nach der Tragödie am Nanga Parbat geholfen haben.

DER TOD ALS NEUANFANG

Herbst 1969

Einladung zur Siegi-Löw-Gedächtnisexpedition am Nanga Parbat durch Dr. Karl Herrligkoffer, München. Ich sage zu.
Da ich als Teilnehmer der Expedition zur Rupalwand für meine Kosten selbst aufkommen muß (mein Jahresgehalt als Lehrer), übernehme ich eine Supplentstelle als Mittelschullehrer in Eppan bei Bozen.

Weihnachten 1969

Auch mein Bruder Günther wird zur Nanga-Parbat-Expedition eingeladen. Er arbeitet als Bankangestellter in Bruneck und will, da seine Freistellung (drei Monate) abgelehnt wird, kündigen. Es steht für uns beide ohne Diskussion fest, daß wir am Berg eine Seilschaft bilden werden.
Günther, der mit seinem Leben als Bankkaufmann unzufrieden ist, fühlt sich nach seinem Entschluß, zu kündigen und mitzumachen, befreit. Nach der Expedition will er »ein anderes Leben« anfangen.
Beide verstehen wir das Alpenbergsteigen als eine Möglichkeit zur Selbstäußerung außerhalb des Dschungels der Städte, wo wachsende Bürokratie, lähmende Versicherung und bürgerliche Intoleranz mehr und mehr zu einer Art Knast werden. Uns ist klar: Es steht nirgends geschrieben, daß unser bürgerliches Leben so sein muß, wie wir es geführt haben. Die gemeinsame Nanga-Parbat-Expedition verstehen wir nicht nur als Möglichkeit, eine neue Dimension des Bergsteigens kennenzulernen, sondern auch als Ansatz zu einem Neubeginn im Leben außerhalb der Berge.

April/Mai 1970

Anreise zur Tap-Alpe (3600 m, Basislager) und Vorbereitung der unteren Wandhälfte. Unsere Route verläuft im Zentralteil der Wand. Wir operieren im althergebrachten Stil: Einheimische Hochträger aus dem Hunza-Tal helfen uns, Lager aufzubauen, in denen wir Unterkunft finden. Die Route wird mit fixen Seilen abgesichert. Innerhalb von 40 Tagen präparieren wir die Wand bis 6600 Meter Höhe mit Hochlagern, Fixseilen und Nahrungsmitteldepots. Der Expeditionsleiter Dr. Herrligkoffer, der selbst nie einen Achttausender bestiegen hat, läßt eindeutige Führungsschwächen erkennen. Er versucht, Günther und mich zu trennen. Wir sollen nicht in einer Seilschaft steigen. Wir bleiben trotzdem zusammen.

Südschulter
Merkl-Rinne
Merkl-
Eisfeld
Welzenbach-
Couloir
Welzenbach-
Eisfeld
Eiswand
Wieland-Felsen
Wieland-Gletscher

Wegen schlechten Wetters, Lawinengefahr in der Wand und Proviantengpässen droht das Unternehmen zu scheitern. Der Kameramann Gerhard Baur, Günther und ich möchten auch am Berg bleiben, wenn die Expedition aufgibt und abzieht (konspirative Besprechung). Ich bin überzeugt davon, daß die Rupalwand durchsteigbar ist, und bereit, auf den dafür günstigen Augenblick zu warten, auch über die Expeditionsdauer hinaus. — Juni 1970

Wenn ich etwas tue, tue ich es ganz. Ich bin kein Aussteiger. Ich bin ein Einsteiger.

24. 6. 1970 — Ein letzter Versuch, den Gipfel zu erreichen, ist angelaufen. Voraus Gerhard Baur, Günther und ich. In Pyramidenform – wir drei an der Spitze werden unterstützt von immer breiteren Hilfsmannschaften in den tieferen Lagern – nähern wir uns dem früheren Umkehrpunkt. Wir bauen in mühsamer Arbeit mit der Unterstützung aller Expeditionsteilnehmer und Hunza-Hochträger Lager IV (6600 m) aus und können es besetzen. Gutes Wetter. Der Weiteraufstieg ist denkbar. Eine Eigendynamik entwickelt sich. Mehrere Seilschaften haben sich herausgebildet, wobei Dr. Herrligkoffer das Team Felix Kuen (Österreich) und Peter Scholz (Deutschland) als Gipfelmannschaft zu favorisieren scheint (Herrligkoffersche Expeditionen hatten immer auch einen nationalen Anstrich).

Links: Die 4500 Meter hohe Rupalwand mit den einzelnen Passagen.

Aufstieg mit Günther und Gerhard bis unter die Merklrinne (7400 m). Einebnen eines Biwakplatzes. Abstieg ins Lager IV am gleichen Tag. Nie zuvor war jemand in der Rupalwand so hoch gestiegen.

Abermals scheint sich das Wetter zu verschlechtern. Dies bedeutet, daß wir scheitern müssen. Einen weiteren Versuch nach einem Rückzug bis ins Basislager hätten wir uns nicht leisten können: aus Zeitgründen und Vorratsmangel.

25. 6. 1970 — Rast im Lager IV. Peter Scholz und Felix Kuen tragen ein kleines Zelt zum vorbereiteten Biwakplatz unter der Merklrinne (Lager V) und kommen ins Lager IV zurück.

26. 6. 1970 — Das Wetter wendet sich zum Guten. Erstmals und über Funk kündige ich dem Expeditionsleiter im Basislager an, mit dem Aufstieg zum Gipfel zu beginnen. Einverständnis. Herrligkoffer verspricht uns, am Abend mittels Rakete (rot = schlechtes, blau = gutes Wetter) aus dem Basislager den Wetterbericht (über Radio dort täglich zu empfangen) zu signalisieren. Ich will mich dementsprechend verhalten: bei gutem Wetter den Gipfel nach mehrtägiger Vorarbeit (Lager V, Fixseile in der Merklrinne) zu zweit oder zu dritt besteigen (andere Seilschaften könnten folgen); bei schlechtem Wetterbericht durch einen schnellen Alleingang dem Schlechtwettereinbruch möglichst zuvorkommen, um vor der einsetzenden Lawinengefahr absteigen zu können.

Gerhard Baur, Günther und ich steigen mit dem Allernötigsten ins Lager V auf (ohne Funkgerät, ohne Kocher). Felix Kuen und Peter Scholz sollen anderntags mit weiterer Ausrüstung folgen. Am Abend verkündet uns eine rote Rakete schlechten Wetterbericht. Dementsprechend will ich handeln. Ich bin hochmotiviert und in blendender Form. Allein kann ich den Gipfel schneller erreichen als ein Team. Also will ich den angekündigten Alleingang wagen. Nicht nur mein Ehrgeiz, der Aufwand fordert ihn.

Je größer der Aufwand (damit wächst auch der Erfolgsdruck), um so schlimmer das Scheitern.

27. 6. 1970 Aufstieg allein über die Merklrinne. Um 3 Uhr früh verlasse ich das Biwak. Im Mondschein. Ohne Rucksack. Jedes zusätzliche Gewicht würde mich in meiner Schnelligkeit bremsen. Es ist –40 °C kalt. Langsam steige ich die Merklrinne aufwärts. Zuerst über Schneehänge, dann in einem senkrechten Rißkamin, später über eine Art Schlucht. Auf 8000 Metern Meereshöhe, wegen des Sauerstoffmangels langsamer werdend, quere ich nach rechts in die offene Wand. Da merke ich plötzlich, daß jemand hinter mir nachkommt: mein Bruder.

Günther, der mir aus eigenem Entschluß nachgestiegen ist, holt mich ein. Auch er ist ohne Ausrüstung geklettert und schneller als ich. Es wäre vernünftig, umzukehren. In unserer jugendlichen Unbekümmertheit jedoch denken wir nicht daran. Wir sind sicher, die größten Schwierigkeiten überwunden zu haben, den Gipfel bald zu erreichen.

Am späten Nachmittag sind wir ganz oben. Wir bleiben nicht lange. Erst nach dem Abstieg vom höchsten Punkt merke ich, daß Günther unsicher ist. Er schwankt oft, bleibt hocken. Das schnelle Nachsteigen hat ihn erschöpft, vielleicht höhenkrank gemacht.

Mir ist noch nicht klar, daß wir in einer Falle sitzen. Wir können unmöglich ohne Seil über die teilweise senkrechte Rupalwand absteigen. Wir beschließen, bis in eine Scharte am obersten Ende der Merklrinne abzuklettern. Wir sind ohne Zelt, ohne Biwakausrüstung, ohne Essen.

An der Gratschneide zwischen der Rupalwand (Südwand) und der Diamirflanke (Nordwestwand) biwakieren wir. Ein mörderisches Biwak in 8000 Metern Meereshöhe. Die härteste Nacht meines Lebens!

28. 6. 1970 Starr vor Kälte und Verzweiflung erlebe ich meine erste »Out-of-Body-Erfahrung«. Günther wartet am Biwakplatz, während ich immer wieder an den oberen Rand der Rupalwand gehe, um nach Hilfe zu rufen. Ich denke nur noch an das unmittelbar Machbare. So gelingt es mir, die Todesgefahr, in der wir uns befinden, zu verdrängen.

Es ist kalt, windig, die Luft sauerstoffarm. Wir haben keinerlei Schutz. Nicht einmal eine Daunenjacke. Für Bewegung fehlt die Kraft.

Kuen und Scholz kommen auf Sichtweite an uns heran, tun aber so, als ob sie meine Position nicht begreifen würden, und steigen in entgegengesetzter Richtung aufwärts, in der sie kommen müßten, wenn sie uns helfen wollten. Ich weiß zu diesem Zeitpunkt nicht, daß sie als zweite Seilschaft zum Gipfel sollen.

Nachdem Hilfe von den anderen in unserer Position nicht mehr zu erwarten ist, gibt es für uns zwei Möglichkeiten: dort oben spätestens in der nächsten Nacht zu erfrieren oder über die Diamirflanke abzusteigen. Dieser Ausweg erscheint flacher als die Aufstiegsroute, und er ist »nur« 4000 Meter hoch.

Nebel ist aufgekommen. In unserer Ausweglosigkeit mache ich mir noch keine Gedanken über den Tod. Handeln müssen wir, egal, ob es richtig ist oder falsch. Das unmittelbar Machbare, der Abstieg über die Diamirflanke, ist zwingend. Es braucht nur einen Willensentschluß. Ich denke nicht daran, daß dieser Abstieg alles andere unmachbar macht.

Das Handicap ist, daß wir die Diamirwand von unten nie gesehen haben. In ihr hängen keine Seile, stehen keine Zelte, keine Lager. Im Tal kein

Der Gipfelaufbau des Nanga Parbat von Südwesten . Der Pfeil bezeichnet die Stelle des Biwakplatzes auf der Scharte zwischen Rupal- und Diamirflanke.

Basecamp. Niemand würde uns unten »auffangen« können. Trotzdem, lieber, als jede Überlebenschance zu verspielen, gehen wir den unbekannten, unvorbereiteten Weg. Wir steigen in unsere eigene Verzweiflung ab. Mir ist klar, daß Durchkommen unwahrscheinlicher ist als Umkommen.
Noch krallen wir uns ans Leben. Unter uns schwarzer Abgrund. Gewitterwolken. Mit dem Weiter-abwärts-Steigen, dem Tun also, kommt Hoffnung auf. Irgendein Geist, geboren aus dem Zusammenspiel von Wolkenlöchern, Sonnenstrahlen und Intuition, führt uns durch ein Chaos von Gletscherspalten, Séracs und Abgründen. Manchmal das Gefühl, daß alles eine klare Ordnung hat, daß ich alles schon kenne: die Landschaft, diesen Griff, diese Gefühle. Dann wieder die Erkenntnis, daß nichts mehr lösbar ist, daß die Katastrophe nicht aufzuhalten sein wird.
Günther erholt sich langsam. Mit dem Tieferkommen, dem Eintauchen in sauerstoffreichere Luft, kehren Willenskraft und Trittsicherheit zurück. Freilich muß ich Stück für Stück voraussteigen, um immer wieder einen gangbaren Weg auszukundschaften. Die Abbrüche nehmen nach unten hin zu. Oft finde ich zwischen den 200 Meter hohen, senkrecht stehenden Eisabbrüchen keinen Ausweg. Also muß ich zurück, wieder aufsteigen, um es weiter links oder rechts zu versuchen. Wenn ich eine Möglichkeit gefunden habe, lotse

ich meinen Bruder mit Zeichen und Rufen nach. Wir denken an vieles, nur nicht an Gott.
Seit zwei Tagen haben wir nichts gegessen und getrunken. Auch nicht geschlafen. Erschöpfung und Trance machen uns benommen. Unser zweites Biwak beginnen wir erst um Mitternacht, auf einer Felsleiste, 2000 Meter über dem Talboden.

29. 6. 1970

Mit dem ersten Morgenlicht brechen wir auf. Zum weiteren Abstieg. Vertrauen jetzt, daß wir trotz allem durchkommen werden. Trotz der Lawinengefahr von allen Seiten.
Im konkaven Gletscherkessel am Wandfuß hetzen wir stundenlang weiter. Wie von Panik getrieben. Viele Spalten. »Wir müssen durch!« »Jetzt erst recht!« Trotzhaltung.
Wieder suche ich nach dem besten Weg. Günther folgt. Ich sehe ihn, als hätte ich auch im Hinterkopf Augen. Ich höre, wie hinter und zwischen uns Lawinen abgehen. Mein Weg führt in eine lawinenfreie Zone. Am Moränen-

Der markante Pfeiler im linken Bilddrittel zwang mich, auf den toten Diamir-Gletscher abzusteigen.

rand hocke ich mich hin. Ich warte auf meinen Bruder. Er muß bald auftauchen. Günther kommt und kommt nicht.
Halluzinationen narren mich. Als ich merke, daß mein Bruder nicht nachkommt, sehe, höre und spüre ich ihn in meiner Nähe. Trotz meiner Erschöpfung kehre ich zum Wandfuß zurück. Lawinen haben sich zu riesigen Kegeln aufgehäuft. Ich suche, rufe. Obwohl ich später weiß, daß er tot ist, suche ich in den Lawinenkegeln eine Nacht lang nach ihm. Es ist, als ob sich Ratio und Emotion in mir widersprächen. Ich rede mit mir selbst, als sei ich zwei Wesen. Die ganze Tragödie erlebe ich jetzt als Zuschauer und Hauptdarsteller zugleich.

1. 7. 1970

Abstieg über das obere Diamir-Tal. Barfuß. Meine Füße sind wegen der Erfrierungen so stark angeschwollen, daß sie nicht mehr in die Schuhe passen. Ich gehe, solange ich gehen kann. Später rutsche ich auf Händen und Knien. Öfter bleibe ich ohnmächtig liegen. Die Frage nach einem Leben nach dem Tod stellt sich so wenig wie die Gottfrage.
Häufiges Rasten wegen totaler Erschöpfung. Ich bin mit unserem Tod einverstanden. Es ist, als sei Günther immer noch hinter mir. Die totale Katastrophe als einzige Hoffnung jetzt. Ohnmachtsanfälle wechseln mit intensiven Wachzuständen ab. Ich krieche weiter talwärts.
Ich überquere einen toten Gletscher. Auf der anderen Seite stoße ich auf ein paar Holzfäller. Sie bringen mich auf eine Alm, geben mir zu essen, Milch zu trinken. Bauern aus dem Diamir-Tal tragen mich zu guter Letzt bis zur Bunar-Brücke im Indus-Tal.

3. 7. 1970

Nach einer abenteuerlichen Fahrt durchs obere Indus-Tal unerwartete Begegnung mit der heimreisenden Expeditionsmannschaft. Alle sind erstaunt, mich lebend zu sehen. Der Leiter und Arzt Dr. Herrligkoffer sagt mir als erstes, daß ich wegen meiner Erfrierungen nie wieder bergsteigen könne. Es trifft mich weniger als die Tragödie, mit der ich zu leben habe. Sie belastet mich schwer. Monatelang, jahrelang. Die Verantwortung für den Tod meines Bruders habe ich allein zu tragen. Nichts ist rückgängig zu machen.

Sommer 1970

Monatelanger Aufenthalt in der Gefäßabteilung der Innsbrucker Universitätsklinik. Ich schreibe meine Erlebnisse bei der Nanga-Parbat-Expedition nieder, beginne, sie zu rationalisieren. Immer noch das Gefühl, Beobachter und Akteur zugleich gewesen zu sein. Öfter auch das Gefühl, am Fuße des Nanga Parbat gestorben zu sein und jetzt mein zweites Leben zu beginnen. Das Wissen, daß mein Leben begrenzt ist, gibt ihm eine eindeutige Richtung. Der Tod ist nicht Ziel, aber Angelpunkt des Lebens.
Würde ich nicht sterben, ich würde anders leben. Weil ich sterbe, will ich weiterhin intensiv leben. Meiner Existenz ist kein Sinn vorgegeben. Ich muß ihn selber finden, auch jetzt. Aus diesem Wissen wächst mir das Vertrauen zu, meinen am Nanga Parbat eingeschlagenen Weg weitergehen zu können. So bin ich mit der Tragödie gewachsen. Der Tod hilft also, Sinn zu definieren. Wegen der notwendigen Amputationen – die Hälfte meiner Zehen und die Kuppen dreier Finger mußten abgenommen werden – würde ich nicht mehr so gut klettern können wie vorher. Meinem Bruder aber ist nicht geholfen,

wenn ich daheim bleibe. So ist der Entschluß, auch in Zukunft jene Abenteuer zu suchen, die mich bis dahin ausgefüllt haben, naheliegend. Ich werde also weiterhin auf Achttausender steigen.
Zudem bin ich immer noch (seit 1968!) ein zerrissenes Kind einer Gesellschaft, die sich sehr wohl fragen muß, welchen Sinn es haben soll, einem ungeliebten Beruf nachzugehen, in einer Welt, die durch rein materialistisches Denken von Tag zu Tag häßlicher wird.

Herbst 1970

Weil ich kein Studienstipendium mehr bekomme und alle meine Ersparnisse für die Nanga-Parbat-Expedition ausgegeben habe, sehe ich mich gezwungen, noch einmal eine Stelle als Mittelschullehrer anzunehmen. Die Versicherungssumme für meine Amputationen wird an Dr. Herrligkoffer ausbezahlt, als Prozeßkostenvorschuß einbehalten für die anlaufenden Streitigkeiten.
Alle (Freunde, Familienangehörige, Kollegen) sind sicher, daß ich das Bergsteigen aufgegeben habe. Wer befürchtet, daß ich rückfällig werden könnte, rät mir dringend davon ab.
Natürlich stelle ich mein Tun auch weiterhin in Frage, nicht mehr aber, als ich alles Tun in Frage stelle. Hätte ich die Tragödie vorausgeahnt, wäre ich nicht zum Nanga Parbat aufgebrochen. Im nachhinein aber ist sie nicht rückgängig zu machen. Also macht es nun keinen Sinn, meine Begeisterung für das Leben in der Wildnis einem Berufsziel zu opfern.
Ich glaube nicht, daß ich zu »etwas Höherem« geboren bin. Der Mensch wird geboren mit allen Anlagen, Mensch zu werden; mit all seinen Fähigkeiten und Möglichkeiten, sein ganzes Wesen zu erfassen und seine Grenzen zu erkennen. Mehr nicht.

Januar 1971

Ich habe wieder die Gesundheit und den Mut, meinen Tagträumen zu folgen. Also kündige ich meine Stelle als Mittelschullehrer und lebe als »freier« Grenzgänger zufrieden. Weil ich meinen »Hobbys« nachgehe, muß ich nicht glücklicher sein als andere. Ich fühle mich nur befreit vom unangenehmen Druck, etwas nach Stundenplan tun zu müssen.
Zwei, drei Monte lang habe ich Kompromisse gemacht: unterrichtet, studiert und gelitten. Ich strebte wieder eine Laufbahn als Hoch- und Tiefbauingenieur an, obwohl mir vor diesem Brotberuf graust. Zahlen liefen mir durchs Hirn, als dächte ich im Kreise. Nachts hatte ich Alpträume und schlief schlecht.
Mit dem Aufgeben meiner bürgerlichen Lebensvorstellungen, die ich im Frühjahr 1971 endgültig über Bord werfe, verflüchtigen sich auch die Selbstbegrenzungen, die mich daran gehindert haben, mein Potential voll auszuschöpfen. Ich kann trotz aller Anfeindungen von außen leben. Ich tue es, ohne mit mir kämpfen zu müssen, ohne Vorbehalte.
Viele meiner Freunde glauben heute noch, daß mit dem Tag, als ich mich ganz meiner Leidenschaft verschrieb, der Spaß aufhörte, Bergsteigen nun Arbeit für mich war. Mir kam dieser Tag wie eine Verzauberung vor. Eben weil ich bis dahin oft neben meinen Bedürfnissen hergelebt hatte.
Ich sehe die Welt so, als sei mein Zustand die Norm. Als hätte ich vor 1971 die Ausnahme gelebt. Meine »Karriere«, wie sie andere später nannten, war keine Angelegenheit des Kalküls. Sie entwickelte sich, als ich die Quelle des Sinngebens in mir selbst erkannt hatte und zu mir stand.

»Sinn wird uns nicht von außen eingetrichtert. Wir geben Sinn.«

SINN STIFTEN

Die Frage nach Gott lasse ich offen. Ich postuliere ihn nicht. Die Frage nach dem Sinn aber ist nicht nur eine Angelegenheit der Religion. Sinn stiften können wir selber.

Wieviel einfacher wäre das Leben, wenn es einen »ewigen Sinn« und eine »unumstößliche Ordnung« gäbe. Wenn ich diese beiden nicht immer neu erfinden müßte. Sinn stiften ist die halbe Anstrengung im Leben und die riskanteste.

Ich weiß, jahrhundertelang wurden ausschließlich Religionen als Sinnstifter anerkannt. Mir aber reicht allein schon der Gang des Kosmos, um mich als Teil in ihm zu begreifen. Im Chaos, das wir nie vollständig durchschauen, und in der scheinbaren Ordnung, die wir in den Naturgesetzen zu erkennen glauben, ist Sinn nicht vorgegeben, aber hineininterpretierbar.

Ich halte wenig von unserer Okay-Gesellschaft, die das Sterben ausgrenzt, in der sich alle gegenseitig Lebenslust, Optimismus und Gesundheit vorlügen. Als sei Krankheit eine Sünde, Angst lächerlich und Zuversicht Pflicht. Aber auch ich gehöre zu dieser Gesellschaft. Ob ich will oder nicht.

Seit meinem »Sterbeerlebnis« am Nanga Parbat habe ich viel mehr als früher den Mut, zu *meinem Leben,* zu *meinen Ängsten,* zu *meinem Sinn* zu stehen. Es ist nicht so, daß ich von allen Sterbeängsten befreit wäre. Nein, die Erkenntnis aber, daß nichts und niemand außer mir selbst meinem Leben Sinn gibt, wurde mir klar. Ist sie banal?

Ich versuche, mein Leben mit einem überbelichteten individuellen Bewußtsein zu leben und dabei keinen anderen zu stören. So bin ich ausgeglichen, zufrieden, friedvoll. Meiner Erfahrung nach werden Menschen vor allem dann unfriedlich und aggressiv, wenn sie nicht ihr Leben leben dürfen; wenn sie ihre Gefühle, ihre Ängste, ihre Träume unterdrücken, wenn sie den Sinn ihres Daseins von außen aufgepfropft bekommen.

Das heißt nicht, daß mein Sinn alles rechtfertigt. Wir Menschen leben heute zu so vielen auf einer begrenzten Erde, daß ich nur darüber staunen kann, wie perfekt unsere Verdrängungsmechanismen den großen Gefahren gegenüber funktionieren: den globalen ökologischen (Schwinden des Ozonfilters, Reaktorunfälle, rasante Klimaveränderung) und den sozialen (Überbevölkerung in Asien und Afrika, Völkerwanderung). Es ist, als

Der Sinn, den das Kollektiv zuordnet, ist immer nur ein kollektiver Sinn. Der Sinn als mein ganz persönliches Gewichten ist ein »göttliches« Geschenk, ein Spielzeug, mit dem ich Personen, Dinge, Taten verzaubere, indem ich sie mir wichtig mache.

Solange ich nach praktischen Erklärungen suche, finde ich Ausreden, aber keinen Sinn. Indem ich gehe, steige, handle, löse ich die Sinnfrage auf.

Die Tat fragt nie nach dem Warum, nur nach dem Wieweit.

ob eine ganze Beschwichtigungsindustrie damit beschäftigt wäre, Ängste und Tatsachen in diesem Zusammenhang zu verdrängen. Neben ein paar Umweltschützern und Wissenschaftlern fragen heute nur Kinder voller Angst, ob die Erde noch zu retten ist. Wo in der Politik sind die Sinnstifter, die fähig wären, die ökologischen Fragen anzupacken, wie andere am Beginn dieses Jahrhunderts die soziale Frage in Europa angepackt haben?!

Wenn es nun um Tod und Leben geht, springt dich die Angst an. Und die Sinnfrage. Meine wiederholten Grenzgänge haben insofern mit Angstlust zu tun, als sich zwischen Lust und Angst der Sinn schiebt.

Angst gehört zum Grenzgang wie das Risiko. Sie ist ein Signal für eine konkrete Bedrohung. Je sensibler ich für sie bin, um so besser kann ich Gefahren vorbeugen, ausweichen, begegnen. Ich hatte nie Probleme damit, die Angst als Teil meiner Gefühle anzuerkennen. Auch belächle ich die Ängste der anderen nicht.

Das leidenschaftliche Bekenntnis aller Grenzgänger zum Leben, beginnend bei der sprichwörtlichen Diesseitigkeit des Homerischen Menschen, ist Ausdruck der Lust, die, durch Angst gesteigert, ohne Rückfrage als sinnvoll empfunden wird. Ob dieses spontane Sinnerlebnis zu einer nur kurzfristigen artifiziellen Sinnhaftigkeit führt oder das intellektuelle Sinnproblem nachhaltig verblassen läßt, weiß ich nicht.

Ich weiß aber, daß ich mich bei oder nach starken Erfahrungen nicht frage, wozu ich lebe. Es ist dann, als könnte ich den Sinn in meinem Körper spüren, in der Wildnis erblicken wie einen klaren Gedanken. Nicht der Grenzgänger also stellt die Welt auf den Kopf, sondern derjenige, der sich mit allem, was ihm lieb und teuer ist, rundum versichert.

Über diese Art Sinnerfahrung hinaus gibt der Mensch Sinn, wenn er gewichtet. Und zwar jeder einzelne. Indem ich etwas – ein Tun, eine Sache, einen Menschen, eine Idee – wichtig, schön, faszinierend finde, mache ich es, sie, ihn sinnvoll. Wir haben nicht nur das Recht, sondern die Pflicht, Sinn zu geben. Sinn ist nicht zu finden und braucht deswegen nicht gesucht zu werden. Er kommt auch nicht allein und wird nicht erwartet. Er wird gegeben, gestiftet. Von uns.

Ich möchte betonen, daß »sinnvoll« nicht gleichzusetzen ist mit »nützlich«. Ich stehe zur Ausage am Beginn dieses Buches: Meine Tätigkeit ist nutzlos. Trotzdem kann sie sinnvoll sein. Das hängt von meiner Stimmung ab, von meinem Identifikationsvermögen, vor allem von meinem Einssein mit meinem Tun. Dasselbe gilt für meine Mitmenschen, meine Sache.

Ich habe nie verstanden, warum so viele Menschen irgendwelchen Sekten verfallen, in Religionen ihre Lebenshaltung suchen, nach eindeutigen Sinnvorgaben hungern. Sich den Sinn von anderen vorgeben lassen macht blind. Ich behaupte nicht, daß Religionen falsch sind. Als Soziallehren waren sie für bestimmte Gruppen eine Zeitlang von großer Wichtigkeit. Aber Sinn will ich in *mir* greifen können.

Gerade das Nutzlose am Grenzgang zwingt zum Sinnbegreifen. Oft, wenn ich unterwegs war – in schwierigen, kritischen Augenblicken; aber auch am frühen Morgen bei Sonnenaufgang oder beim Zurückkommen aus lebensfeindlicher Umwelt zum fließenden Wasser und zu den Blumen – gab es keine Fragen zu stellen. Weil ich die Antwort selbst war. Weil alle Zweifel aufgehoben waren durch mein Da-Sein, durch mein Tun, durch dieses mein Zurückkommen. Der Sinn in mir

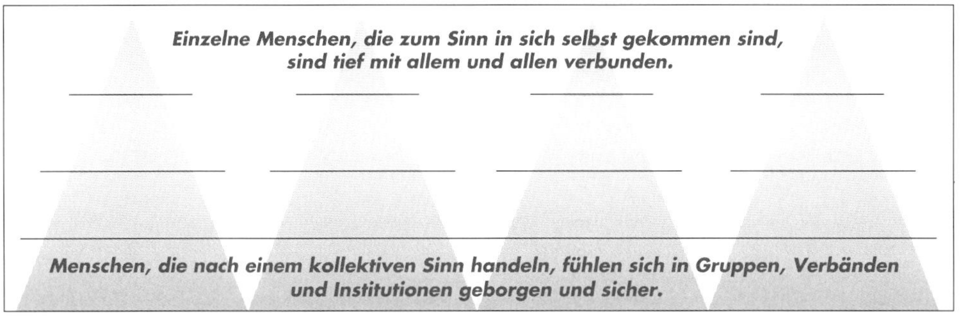

war definiert durch das, was ich tat, auch wenn es nutzlos war.

Der Sinn des Selbst, meines Lebens, liegt bei Durchgängen im Grenzbereich nicht mehr nur im Kopf. Das ist intuitiv spürbar. Im Über- oder Unterbewußtsein sind Außen- und Innenwelt vital verknüpft. Das führt den Menschen zu einem naiven Verständnis seines Einsseins mit dem Kosmos. Ob dies nur durch Ausschalten der Ratio möglich ist? In solchen Momenten jedenfalls wird das Ich zum Selbst, und der Tod ist nicht mehr das schreckliche Ende. Danach ist der Tod zwar noch immer der Tod, aber mit anderer Bedeutung.

Sosehr ich davon überzeugt bin, daß Grenzgänge die »Eroberung des Nutzlosen« sind, so sehr zweifle ich an der Nützlichkeit allen menschlichen Tuns. Was bringt im Endeffekt der menschlichen Gesellschaft – noch fraglicher, dem Kosmos – Nutzen, was Schaden? Der Sinn ist wichtiger als der Nutzen. Damit möchte ich das Nutzlose relativieren und den Sinn betonen.

Bei der Lektüre des Romans »Die Entdeckung der Langsamkeit« von Sten Nadolny wird Franklin, der zuletzt mit seiner Mannschaft unterging und verschollen blieb, nicht nur lebendig, als wäre man mit dabei, er wird als Sinnstifter sympathisch. In einem Tun, das außerhalb jeder Vernunft angesiedelt ist, das scheinbar jeden Sinn entbehrt, ist er der ruhende Pol, um den sich die Tragödie dreht. Obwohl es am Ende ausschließlich ums Überleben geht, liegt der Sinn nicht in der Arterhaltung: »Fähigkeiten, die nicht angewandt sind, existieren nicht.« Die Frage nach dem »Survival of the fittest« ist in diesem Zusammenhang nicht zu stellen.

Die Schizophrenie zum Beispiel kann Überlebenshilfe sein. Wenn ein anonymer Er durch das Ich spricht, könnte ich unter gewöhnlichen Umständen daran irre werden. Diese Spaltung meines Geistes aber, in unserem alltäglichen Leben als Krankheit bezeichnet, war mir nicht nur einmal Hilfestellung, ja Voraussetzung, um durchzukommen (Nanga Parbat 1970, Kangchendzönga 1982). Unser Geist also reicht weit über die rein praktischen Sinnfragen im Leben hinaus. Nicht nur einmal bin ich aus einer kaum zu überlebenden Situation durch Halluzinationen gerettet worden. Obwohl mir dabei Hoffnung vorgespielt wurde, für die es keinerlei Berechtigung gab, fühlte ich mich auch hinterher nicht genarrt.

Ich weiß heute, daß wir kein unzerstörbares Etwas sind, sondern ein Prozeß. Wir sind ein wandelbarer Zustand. Auch deshalb habe ich vor dem Leben ebensowenig Angst wie vor dem Tod und möchte möglichst uneingeschränkt sein.

Was ich nicht erlebt habe, weiß ich nicht. Ich wiederhole: Bergsteigen ist für mich nicht – wenigstens nicht primär – Flucht aus den großteils

Ein Grenzgang kann Ich-Spaltungen vorübergehend ausgleichen oder auch provozieren.

Einer allein lernt rasch, mit sich selber zu reden, und plötzlich bist du zwei.

Eine Grenzerfahrung darf nicht Anekdote bleiben; sie muß erschüttern.

Klettern ist wie Sehen, und Gehen ist wie Leben. Für den, der es gelernt hat, geschieht es ohne Stolpern und ohne Willensanstrengung. Ich gebe mir die Erlaubnis zu gehen. Will ich aber sehr weit dabei kommen, muß ich meinem Ziel einen Sinn geben.

Es ist unwichtig, ob der Mensch auf Berge steigt. Es ist nur für den wichtig, der es sich wichtig macht.

Blick vom Gipfel des Nanga Parbat nach Südwesten. Links unten der Südgipfel, rechts der Mazenokamm.

Wir alle, ob wir wollen oder nicht, geben einem Menschen, einer Tätigkeit, einem Ziel, uns selber mehr oder weniger Gewicht, mehr oder weniger Sinn.

Der Sinn, den ich zuordne, bleibt nicht ewig haften. Ich kann ihn wieder wegnehmen, verlieren, vernichten.

Seite 89: *Trägerkolonne im Karakorum.*

Seite 90/91: *Die 2000 Meter hohe Nordwestflanke des Hidden Peak. Reinhold Messner in Wandmitte.*

unerträglichen Bedingungen der westlichen Industriegesellschaft; Bergsteigen heißt für mich Sinn schöpfen.

Warum geht einer freiwillig in die Grenzbereiche menschlicher Überlebensmöglichkeit, an die Grenze seiner Leistungsfähigkeit, wenn er mehr hat, als er zum Leben braucht? Vielfach aus denselben Gründen, weshalb jemand überhaupt Leistung sucht: aus Ehrgeiz, Eitelkeit, Lust. Wenn die Grundbedürfnisse des Lebens befriedigt sind, bleibt uns Zeit und Kraft zu spielen, unsere Energien, unsere Ideen, unsere Fähigkeiten auszuspielen. Dafür ernten wir Selbstwertgefühl, Lebenslust und Sinn vor allem.

Man kann einen Menschen nicht lehren, zufrieden zu sein. Man kann Lebensfreude nicht kaufen, obwohl sie überall angeboten wird. Auch Existenzerfahrung wird uns nicht geschenkt. Das alles muß man erleben. Ich kann es am besten in der Wildnis.

Ich bestehe aus Erinnerungen. Mehr noch bestehe ich aus Tagträumen. Vielleicht gelingt es mir deshalb so leicht, schwierige Momente zu vergessen und neuen Grenzgängen Sinn zu geben. Es ist viel mehr das Leben vor mir, das mich packt, als der Tod, den ich wieder einmal hinter mir gelassen habe. Warum ich mich wieder und wieder für Grenzgänge entschieden habe, und nicht für gemütliche Abende auf dem Barhocker, hängt auch mit Lebensqualität zusammen.

In großer Meereshöhe erlebe ich eine gesteigerte Traumaktivität. Bei langen Märschen werden zurückliegende Ereignisse zu Gefühlen. Es ist, als würde mein Erinnern neu gemischt.

Der Fußgänger als Traumtänzer, der sein Leben nicht mehr in moralischen Maßstäben beurteilt, sondern in ästhetischen und zu schweben glaubt, hat die Kluft zwischen Denken und Tun gekittet, ist ganz da, ganz Sein. So entsteht mehr Übersicht, mehr Distanz, mehr Selbstverständnis.

Die fortschreitende Entfremdung von der Natur wird mir vor allem klar, wenn ich irgendwo in der Wildnis unterwegs bin und sich dabei Stille sowie Harmonie auch in mir ausbreiten. Dazu Erkenntnisse, die wie Bilder plötzlich aus dem Nichts auftauchen. Deshalb oft das Gefühl zu wissen, ohne zu denken. Als sei das Unterbewußte dort oben bei wachem Bewußtsein wacher als sonst. Es ist wie in Trance oder im Wonneschlaf. Gehäuft entstehen so positive Gedanken und Gefühle. Das gehört für mich zur Lebensqualität, nicht das Zweitauto oder der Videoapparat.

Nie habe ich Sinn bewußt in meine Spiele gelegt. Er war selbstverständliche Voraussetzung für meine Erfolge. Natürlich will ich mich mit meinem Tun auch ausdrücken, und ich muß immer auch gestalten. Diese beiden Notwendigkeiten aber hätten mich nicht so weit gehen lassen, wie ich immer wieder zu gehen versucht habe. Der Sinn, den meine Grenzgänge während des Spiels haben, trägt mich und meine Welt.

Ich bin überzeugt davon, daß es möglich ist, ein Unternehmensziel mit Sinn zu füllen. Trotzdem: immun gegen Zweifel ist niemand. Ich stelle mein Tun häufig in Frage. Sporadisch, bevor ich aufbreche. Müdigkeit, lebensbedrohliche Situationen, Ausgebranntsein können die Auslöser sein. Die Zweifel aber dauern meist nicht lange an. Spätestens beim Aufbruch, beim Unterwegssein bin ich ganz vergessen in meinem Tun. Als ob es nichts Sinnvolleres auf dieser Erde gäbe. Allerdings: es gibt keinen besseren oder schlechteren Sinn. Wer aber fähiger ist, bewußt oder unbewußt, mehr Sinn in sein Tun hineinzulegen, wird erfolgreicher sein.

»Es geht mir nicht um geographische Eroberungen, sondern um das Ausleuchten meines Spielfeldes.«

IV
MEINE SPIELREGELN

Weg von der alten Expeditionsform: Eigenverantwortung statt Pyramidensystem (zwei zum Gipfel, zehn Helfer, 20 Sherpas, zehn Tonnen Material).

Reifeprozeß: Das ist mein Ziel, mein Stil, mein Wesen.

Einfachste Struktur: Idee und Logistik haben auf einem Blatt Papier Platz. Wie komme ich von A nach B?

Pionierleistung im Abenteuer ist nicht mit dem Computer planbar.

Perfektion im Verhältnis Problem – Lösung anstreben: Team-, Material-, Gewicht-, Zeitdauer-Minimierung.

Trend zum Kleinunternehmen.

Doppel- und Dreifachsicherung.

Selbstsicherheit.

Sicherheit und Sicherung.

Redundanz macht meine Abenteuer schwerfällig.

Angst vor der Angst.

Sachlogisch entscheiden und handeln.

Die Schleppe verkürzen, abschneiden, um eleganter laufen zu können.

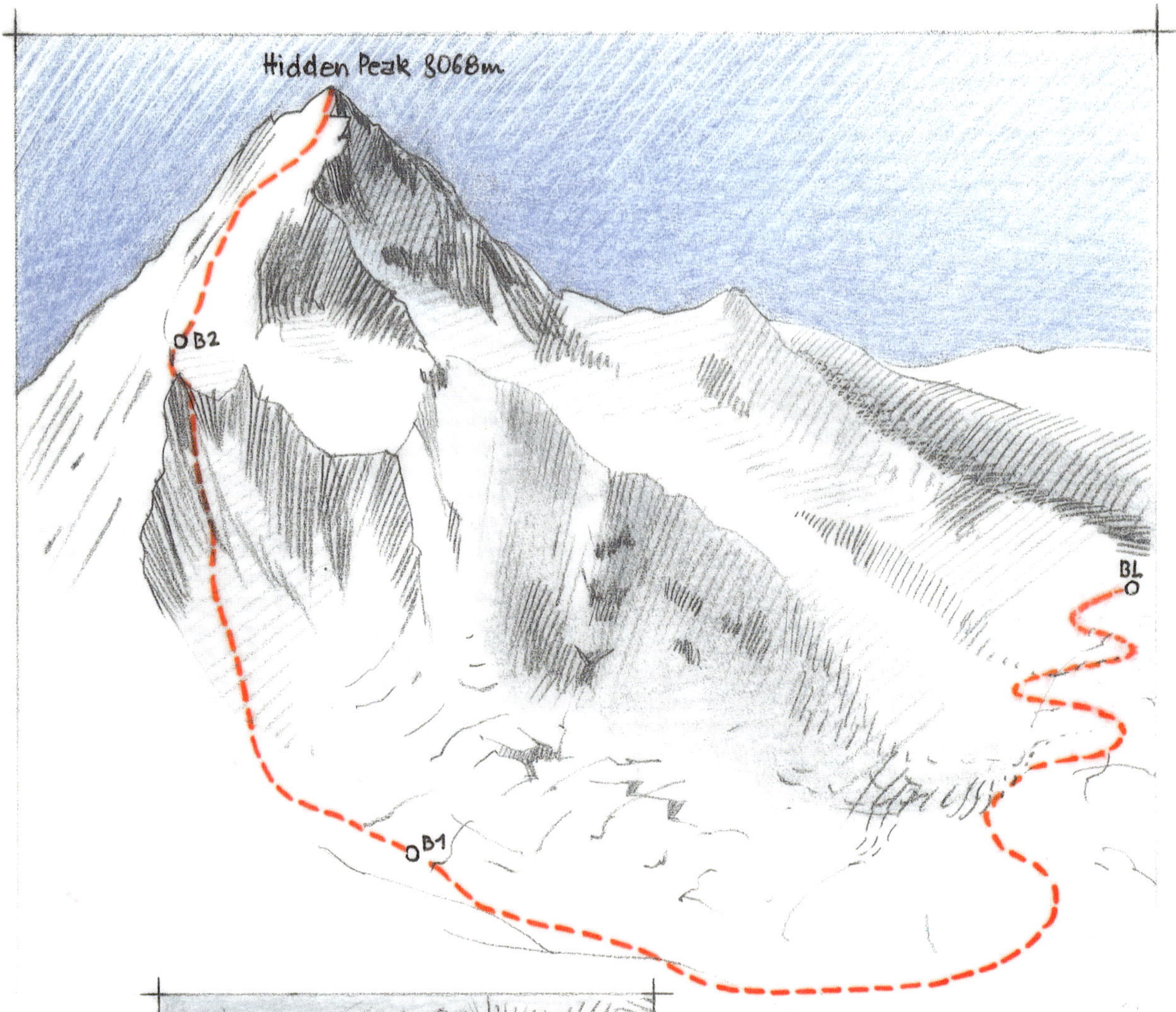

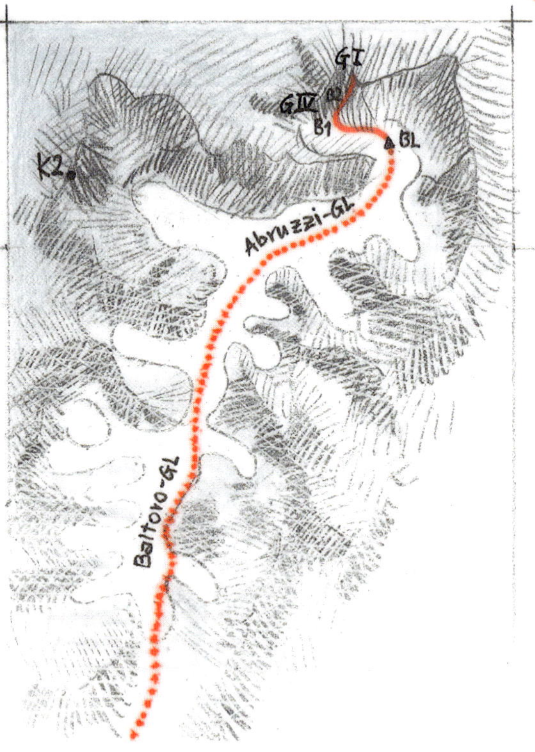

Ein Achttausender im Alpenstil

Habeler-Messner 1975 mit Basislager und Biwakplätzen

Im kleinen Bild der Anmarschweg bis zum Basislager (BL)

Links: Im unteren Gasherbrum-Eisbruch.

»Aus nebulösen Vorsätzen und idealistischem Wollen wird eine Dringlichkeit und dann eine konkrete Handlungs-Wirklichkeit.«

EINE REVOLUTIONÄRE IDEE

Mai 1975

Während der Lhotse-Südwand-Expedition erhalte ich die Genehmigung für eine Zwei-Mann-Reise zum Gasherbrum I, auch Hidden Peak genannt. Damit ist ein doppelschneidiges Experiment möglich: Zerstörung der bequemen alten Ordnung im Expeditionswesen und Einführung eines »Supernova-Systems«.
Um das schwerfällige und bürokratische Handeln und Denken im Expeditionswesen zu überwinden, brauche ich dieses Permit für eine Zwei-Mann-Expedition. Ich will bei meinen Expeditionen nicht Verwalter sein, sondern Architekt, Neugestalter, Pionier. Neue Strategien zu entwickeln ist mir wichtiger, als den Gipfel zu erreichen.
Ich lade den besten Bergsteiger Mitteleuropas ein, mitzukommen: Peter Habeler. Er ist mit der schnörkellosen Organisation der Reise einverstanden, und obwohl er keine persönliche Vision einbringt, läßt er sich mitreißen. Stark durch Einfachheit in der Strategie, schnell in der operativen Ausführung wollen wir sein.
Nicht mehr Budget, Größe der Mannschaft und Materialeinsatz sollen über den Erfolg entscheiden, sondern die Qualität der Mannschaft, das Know-how und die Innovationskraft. Wir wollen auch sehen, ob es gelingt, diese Reise zum Katalysator für eine Revolution im Achttausender-Bergsteigen zu machen.

1. 7. 1975

Die Expedition, die ich in knapp zehn Tagen geplant, organisiert und finanziert habe, soll morgen beginnen: die kleinste Expedition, die je zu einem Achttausender aufgebrochen ist. Ohne Sauerstoffgeräte, ohne Hochlager, ohne Fixseile, ohne Hochträger will ich mit Peter den Hidden Peak (8068 m), den elfthöchsten Berg der Erde, über seine schwierige Nordwand angehen. Hin und wieder kommt auch mir dieser Plan verwegen vor. Aber die Zeit drängt.

4. 7. 1975

Ankunft in Rawalpindi (Pakistan). Telefonat mit dem Ministerium für Tourismus (Mintour) wegen der Genehmigung.

5. 7. 1975

Wir fahren nach Islamabad zu Mintour. Ein Begleitoffizier wird uns für Montag, 7. Juli, versprochen.

Wir treffen auf eine französische Expedition, die den Gasherbrum II bestiegen hat. Die Männner sind niedergeschlagen, da sie in etwa 7600 Metern Höhe einen Kameraden verloren haben. Im Schneesturm gestorben.
Ihre Expedition hat 100000 $ gekostet. Unser Finanzplan: 3000 $ müssen reichen. Achttausender-Expeditionen kosten oft sogar Millionen.

8. 7. 1975 Um 11 Uhr kommt unser Begleitoffizier, Captain Khalid. Er macht einen netten Eindruck, hat Schwung. Zusammen gehen wir zur Versicherungsgesellschaft, zur Polizei. Khalid kontrolliert die Ausrüstung, die wir aus Europa für ihn mitgebracht haben. Er soll/muß uns bis ins Basislager begleiten und genauso ausgerüstet sein wir wir. Er ist zufrieden.
Alles hängt jetzt von den Flügen nach Skardu ab, die wetterbedingt sind.

9. 7. 1975 Am Vormittag Gespräch mit Mr. Awan von Mintour. Wir bezahlen die Genehmigungsgebühr von 1000 $, die Versicherungsrate für ein Dutzend Talträger und den Offizier (ca. 100 $).

10. 7. 1975 Wir packen. Morgen soll es nach Skardu gehen: drei Personen, 150 Kilo Expeditionsgepäck.

12. 7. 1975 Mit wenig Hoffnung – der Himmel ist bedeckt – fahren wir zum Flughafen. Um 8 Uhr klart es auf, und gegen 9 Uhr fliegen wir mit einer Hercules (Militärmaschine) nach Skardu. Es geht am Nanga Parbat vorbei, dessen Gipfel in Wolken steckt.
In Skardu besorgen wir einen Kocher, Benzin, Geschirr, Mehl, Zucker und Dörrobst (winzige Rosinen) als Rationen für die Balti-Träger. Dann suchen wir zwölf Träger und zwei Jeeps und vereinbaren den Start für den nächsten Morgen, 4 Uhr.

13. 7. 1975 Die versprochenen Jeeps kommen drei Stunden zu spät. Ausrede: Benzinknappheit. Über Flüsse, steile Passagen und durch Dörfer fahren wir bis kurz (6 Meilen) vor Dassu. Dort schicken wir die Jeeps zurück und marschieren mit unseren zwölf Trägern los. Es ist heiß. Oft fehlt die Spur eines Weges, Bäche müssen barfuß durchwatet werden.
Nach einer kurzen Rast in Dassu gehen wir bis zum Dorfende, wo wir nächtigen. Am Braldo-Fluß breiten wir unsere Matten aus, trinken Tee und essen Tschapati, das Brot der Einheimischen. Da unsere Kehlen ausgedörrt sind und es zu regnen droht, können wir lange nicht einschlafen.

14. 7. 1975 Es ist noch Nacht, als die Geräusche der kochenden Träger mich wecken. Links und rechts unseres Lagers brennen kleine Feuer. Der Himmel ist schwarz. Donnernd wälzt der Fluß Steine.
Eine Stunde später ist unsere kleine Karawane unterwegs. Einen Tagesmarsch weit bis Tschakpo. Die Hütten dort sind finster und die Mauern brüchig. Die Frauen verschwinden bei unserem Auftauchen. Am Dorfrand finden wir eine kleine Wiese und schlagen in den ersten Nachmittagsstunden unser Zelt auf. Bauern bieten Hühner und Eier an. Die Versorgungsprobleme für die Träger sind bei einer kleinen Gruppe rasch gelöst.

Nach einer verregneten Nacht regnet es am Morgen weiter. Die Träger haben sich in die umliegenden Hütten verkrochen und sind nicht zum Weitergehen zu bewegen. Bei Regen sei der Weg zu gefährlich. Erst gegen 8 Uhr brechen die ersten auf. Der Koch und zwei andere Männer sind nicht da. Endlich finde ich sie. 15. 7. 1975

Am polternden Braldo entlang zieht unsere kleine Kolonne taleinwärts. Bis um die Mittagszeit geht alles gut, trotz Nässe und Regen. Plötzlich – ich bin gerade in der Mitte der Gruppe – kommen mir einige Kulis entgegen. Mit angsterfüllten Gesichtern laufen sie an mir vorbei, zurück. Ich kann sie nicht aufhalten.

Als ich an die Umkehrstelle der Träger komme, bleibe auch ich erschrocken stehen: Ein mit kopfgroßen Steinen gefüllter Lehmfluß sperrt den Weg. Er schießt vor mir vorbei, Dreck und Wasser speiend.

Nach einigem Überlegen entschließen wir uns, ein Seil über den Seitenbach zu spannen und die Träger zum Weitergehen zu bewegen. Es gelingt uns nicht. Peter und ich erkunden ein weiteres Wegstück und geben auf. Der Steig führt entweder so nahe am Braldo vorbei, daß er von der Gischt überspült wird, oder er verläuft, kaum handbreit, hoch oben an einem steinschlaggefährlichen Hang. Er ist ungemein schlüpfrig. Bei einem Absturz in den reißenden Fluß gäbe es keine Rettung. Ein falscher Tritt, und du bist tot. Bei diesem Regen und dem ständig drohenden Steinschlag können wir den Trägern den Weitermarsch nicht zumuten.

Wir entschließen uns, zurückzugehen und zu biwakieren. Die Träger verkriechen sich in eine Höhle, wir bauen das Zelt auf. Hoffnung auf besseres Wetter kommt nicht auf.

Grauer Morgen. Es regnet immer noch. Die Träger wollen nicht weiter. Gegen 9 Uhr – nach einstündiger Regenpause – gehen sie los. Wir überqueren den Lehmfluß und eilen angsterfüllt an steinschlaggefährlichen Hängen entlang, die Trägerkolonne immer im Blickfeld. 16. 7. 1975

Am späten Nachmittag, nach einem anstrengenden Aufstieg, erreichen wir einen neuen Lagerplatz, Tschongo.

Die Etappe von Tschongo nach Askole ist leicht. Das Wetter ist gut, und überall in den Dörfern herrscht reges Treiben. Die Frauen tragen Mist auf die Felder. Die Männer hocken auf den Hausdächern und grüßen uns von weitem mit ihrem »Salam alaikum«. »Salam«, antworten wir als Gäste. 17. 7. 1975

Wir haben heute die Mittel und die Freiheit, überall hinzufahren, wohin wir wollen. Doch wir haben nicht das Recht, unsere Kultur, unser Wissen, unsere Religion – wenn wir überhaupt eine haben – irgendwohin als die bessere zu verkaufen oder sie anderen Leuten aufzuzwingen.

In Askole, dem letzten Dorf, besorgen wir zusätzliche Nahrungsmittel und kontrollieren die Träger-Vorräte, die für mehr als zehn Tage reichen müssen.

Erstmals schaffen die Träger eine Doppeletappe. An der Hängebrücke in Korofon schlagen wir das Nachtlager auf. 18. 7. 1975

Wir treffen mit der erfolglosen K2-Expedition (USA) zusammen, die gerade absteigt. Sie hat ein Millionen-Budget verbraucht.

19. 7. 1975 Über Bardumal erreichen wir am späten Nachmittag Paju, den letzten Platz mit Sträuchern und Bäumen. Wir sind am Beginn des 52 Kilometer langen Baltoro-Gletschers, den es der ganzen Länge nach aufzusteigen gilt.

20. 7. 1975 Die Träger bewältigen die erste Gletscheretappe gut. Ich teile die tägliche Zigarettenration aus und lege mich zufrieden in unser winziges Zelt.

21. 7. 1975 Die Etappe von Liligo bis Urdukas ist für die Träger hart und nicht ungefährlich.

22. 7. 1975 Wir queren Bäche, Eiswälle und marschieren am Nachmittag über dunkles Geröll. In Goro, wo es stark regnet, sind die Träger nicht zum Weitergehen zu bewegen. Wir sind mehr als 4000 Meter hoch, und die Nächte sind empfindlich kalt. Die Träger kriechen unter eine Plastikhaut, die ich in Askole für sie besorgt habe, und schlafen auf zurechtgerückten Steinen, die den Gletscher bedecken.

23. 7. 1975 Das Wetter bleibt schlecht. Selten nur kann ich den mächtigen Broad Peak sehen oder den Gasherbrum IV, der mit seiner abgestumpften Pyramidenform den Concordiaplatz beherrscht. Obwohl es schneit, gehen unsere zwölf Träger noch ein gutes Stück weiter. Ich habe Mühe, die Orientierung zu behalten, beschließe, am Nachmittag bei einem großen Felsklotz zu lagern. Nebel hüllen uns ein. Schnee fällt.
Mit einer 100-Mann-Expedition müßten wir jetzt wohl aufgeben.

24. 7. 1975 Endlich im Basislager (etwa 5150 m)!
Ich bezahle die Träger (30 Rupies Lohn und 10 Rupies Verpflegungsgeld pro Mann und Tag; ab Askole 10 Rupies Zuschlag, dazu Trinkgeld). Sie gehen alle talwärts. Sie haben die Strecke in zwölf und nicht wie üblich in 14 Tagen geschafft. Wir zahlen selbstverständlich für 14 Tage.

25. 7. 1975 Nun sind Peter, Khalid und ich allein, völlig auf uns selbst gestellt. Es lagern zwar noch Polen in der Nähe, die den Gasherbrum III zum Ziel haben, und Österreicher, die über den Normalweg auf den Gasherbrum I (1958 von Amerikanern erstmals bestiegen) wollen, aber ihre Routen verlaufen weit ab von der unseren.

26. 7. 1975 Wir bleiben im Basecamp, packen unsere Rucksäcke für den ersten Erkundungsgang, der uns über die Eisbrüche ins Gasherbrum-Tal führen soll. Das Wetter ist gut, und ich kann mich orientieren: Wir lagern, umgeben von Eis und Schotter, am Rand des Abruzzi-Gletschers, dort, wo der Gletscherbruch, der ins Gasherbrum-Tal hinaufzieht, beginnt. Am Ende der Welt. Unmittelbar über uns ragt der Gasherbrum I (G I bzw. Hidden Peak) 3000 Meter in die Höhe. Unheimlich steil, sein Gipfel scheinbar unerreichbar.

Rechts: Der Mitre Peak am Anmarschweg zum Hidden Peak.

27. 7. 1975 Vom unteren Gasherbrum-Tal haben wir erstmals einen Einblick in die mehr als 2000 Meter hohe Nordwestwand »unseres« Berges. Zwischen 6000 und 8068 Metern Meereshöhe ragt sie höher auf als die Eiger-Nordwand. Beängstigend steil, so schwierig wie eine der großen Westalpenwände.

Wir verbringen die Nacht in knapp 6000 Metern, um uns an die sauerstoffarme Luft anzupassen. Morgen wollen wir wieder absteigen.

28. 7. 1975 Das Wetter verschlechtert sich. Wir sind mit unserer Erkundung zufrieden, steigen ab. Später wollen wir eine zweite wagen, um die Eisverhältnisse der Wand zu studieren und uns besser zu akklimatisieren.

29. 7. 1975 Schlechtes Wetter. Basislager.

30. 7. 1975 Basislager. Packen für die zweite Erkundung.

31. 7. 1975 Wieder steigen wir über die beiden Gasherbrum-Gletscherbrüche empor. Der Weg ist ein ständiges Auf und Ab. Er führt über Spalten, an Eistürmen vorbei, über Gletscherflächen und Eishänge. Wir kennen die Route, aber die Hitze macht uns schwer zu schaffen.
Wir lagern an derselben Stelle wie bei der ersten Erkundung.

1. 8. 1975 Aufstieg bis zum Gasherbrum La (Sattel). Erkundung der Eiswand, die vorläufig gute Verhältnisse aufweist. Entschluß, diese Wand schnellstmöglich und in ihrer Fallinie zu klettern.

2. 8. 1975 Abstieg ins Basecamp.

8. 8. 1975 Nach einer langen Schlechtwetterperiode wird es besser. Wir dürfen nichts übereilen, unsere Gipfelchancen aber auch nicht verschlafen. Wachsam sein, heißt unsere Devise. Wir haben Vertrauen ineinander, Selbstsicherheit, eine ausreichende Akklimatisation.
Wir starten. Ausrüstung und Proviant sind auf ein Minimum reduziert. In drei bis vier Tagen hoffen wir, zurück zu sein. Das wäre ein Clou!
Um neue Ideen verwirklichen zu können, muß man vor allem den Mut haben, revolutionär zu denken.

9. 8. 1975 Gutes Wetter. In der Dämmerung beginnen wir zu kochen: Tee, Milch mit Haferflocken. Um 6 Uhr kriechen wir aus dem Zelt und steigen mit unseren schweren Rucksäcken bis zum Fuß der gewaltigen Nordwestwand. Unser Wunsch ist es, sie in nur zwei Tagen zu durchklettern. Ein verwegener, aber sicherer Plan (vorerst keine Lawinengefahr).
Um 7 Uhr beginnen wir, in der Eiswand zu klettern: Blankeis, das Gelände 55 bis 60° steil. Wir steigen Schritt für Schritt. Jeder für sich. Ohne Seil. Der Fels ist brüchig. Wenn das Wetter schlecht wird, müssen wir fluchtartig zurück.
Mittag. Die Eiswand verengt sich zur Rinne, wird noch steiler.
Nachmittag. Ein letzter steiler Hang, und wir stehen in einer Mulde unter den Schneehängen im Gipfelbereich, 7100 Meter hoch.
Biwak. Wir graben – müde und schwerfällig – eine kleine Plattform aus dem Schutt, bauen unser winziges Sturmzelt auf.

10. 8. 1975 Im völlig vereisten Zelt – unsere Atmungsfeuchtigkeit hat sich über Nacht als Reif an der inneren Zeltwand festgesetzt – bereite ich heißen Tee. Noch ist

es draußen dämmrig. Es ist eng im Zelt, jede Bewegung fällt schwer. Der Rucksack ist schon gepackt.
Kurz nach 6 Uhr kriechen wir ins Freie. Wir ziehen die Übergamaschen an, die Anoraks, stülpen die Sturmhauben über den Kopf. Peter will spuren. Ich soll den Rucksack mit einer 16-Millimeter-Filmkamera, Medikamenten, Notproviant und Filmen schleppen. Völlig vermummt, Mondfahrern ähnlich, beginnen wir den Aufstieg.
Die ersten Hänge sind nicht steil, die Steigeisen greifen gut. Weiter oben aber, wo sich das Eis wie ein riesiges S zwischen den dunklen Felsen emporzieht, bäumt sich die Wand wieder auf. Wir müssen äußerst vorsichtig klettern.
Inzwischen ist die Sonne aufgegangen und streift die Gipfelwand, über die wir gerade emporsteigen. Das Wetter ist herrlich! So weit das Auge reicht, keine Wolke am Himmel. Wir müssen weiter. Jeder weiß, wenn wir es heute nicht schaffen, ist unsere Chance vertan.
Langsam, unendlich langsam gewinnen wir an Höhe. Wir haben die Todeszone schon erreicht (ca. 7600 m). Selbstverständlich klettern wir ohne künstlichen Sauerstoff. Die Rastpausen sind zwingend, das Steigen erfordert all unseren Willen: 20 Schritte, dann eine ausgedehnte Rastpause, dann wieder 20 Schritte. In diesem Rhythmus steigen wir seit Stunden. Wenn nach jeder Atempause das Blut wieder mit Sauerstoff angereichert ist, kehrt auch der Wille zurück, und wir klettern weiter.
Um die Mittagszeit erreichen wir einen schmalen Grat, der den Hauptgipfel scheinbar von einem Vorturm trennt. Peter steigt das letzte Stück voraus, umgeht die Wächten. Ich filme, fotografiere ihn dabei. Dann verschwindet er am scheinbaren Gipfel.
Ich steige nach, klettere, raste. Der Grat wird flacher, und Peter kommt mir entgegen. Freudentränen stehen in seinen Augen. Wir sind am Ziel!
Ein gewaltiges Panorama: K2, Gasherbrum IV, III, II, Masherbrum, die Berge des Kuen Lun. Weit draußen, im Westen, der Nanga Parbat. Wir bleiben eine gute halbe Stunde, schlagen den einzigen mitgebrachten Haken in die Felsen nahe am Gipfel ein. Als Beweis, daß wir dagewesen sind.
In den ersten Nachmittagsstunden beginnen wir mit dem Abstieg. Dieser ist zwar weniger anstrengend als der Aufstieg, aufgrund der Müdigkeit aber müssen wir doppelt vorsichtig sein.
Biwak in 7100 Metern Meereshöhe.

Obwohl ich weiß, daß es unbeliebt macht, seine Wahrheit zu sagen, sage ich die meine.

11. 8. 1975

Sturm. Erst als die ersten Sonnenstrahlen unseren Biwakplatz streifen, hört der Wind auf. Wir steigen ab: das Gesicht zur Wand, Schritt für Schritt, Stunde um Stunde. 1200 Meter weit. Nur nicht müde werden! Ein einziger Fehltritt wäre das sichere Ende.
Am Nachmittag richten wir oberhalb des Eisbruchs unser viertes Biwak ein.

12. 8. 1975

Das Wetter beginnt sich zu verschlechtern. Wir müssen das Basislager erreichen. Am frühen Vormittag sind wir da.
Das Experiment ist gelungen. Ich sehe die Achttausender mit anderen Augen.

13. 8. 1975

Genau einen Monat nachdem wir unseren Anmarsch begonnen haben, brechen wir zum Rückmarsch auf. Der Gipfel des Hidden Peak ist nicht sichtbar.

»Im Tun weiß ich, was richtig und was falsch ist.«

LOGISTIK UND STRATEGIE

Oft rate ich mehr, als daß ich kalkuliere: Zuerst die Idee, dann die Methode in der Durchführung, zuletzt das Risk-Management.

Seit dem Beginn meiner Auslandsbergfahrten war mir klar, daß die alte, klassische Form der Himalaja-Expeditionen überholt war. Aber es dauerte lange, bis ich wußte, wie ich aus diesem, in einem knappen Jahrhundert festgeschriebenen System aussteigen konnte. Ich suchte lange nach einer alternativen Strategie. Dann mußte ich diese erst noch umsetzen lernen.

Bei der Pyramidenform einer Expedition arbeiten viele Talträger (oft 1000), Bergsteiger und Hochträger unter der straffen Führung eines Expeditionsleiters zusammen, auf daß einer, zwei oder drei am Ende den Gipfel erreichen. Die Logistik dabei entspricht der eines kleinen Industriebetriebs. In den unteren Lagern braucht es viele Zelte, Reserven, Ausrüstung. Dort sind die weniger geschulten Träger und Bergsteiger eingesetzt. Dort leben all jene, die die oberen Lager versorgen. Nach oben hin werden es immer weniger, die klettern, die den Aufstieg vorantreiben.

Diese Konstruktion setzt nicht nur eine Menge Material voraus – oft sind es zehn oder 20 Tonnen –, sondern auch eine Menge an Organisation. So eine Großexpedition dauert lange. Sie ist beim häufigen Schlechtwetter, das in den großen Gebirgen der Erde verheerende Folgen haben kann (Lawinen!), gefährlich, und sie ist auch nicht allzu erfolgversprechend. Schönwetterperioden können wegen der Schwerfälligkeit des Apparats nicht blitzartig genutzt werden.

Ich brauchte fünf Jahre, bis ich wußte, wie meine Expeditionsform auszusehen hatte. In diesem fünfjährigen Reifeprozeß hatte ich zuerst eine Vision. Dann entwickelte ich eine praktische Vorstellung der Realsituation dazu. Ich wollte einfache Strukturen und Schnelligkeit. Das war nur möglich mit mehr Eigenverantwortung und weniger Material. Nicht eine Truppe, die von einem Organisator dirigiert wurde, kam meinem Ideal nahe, sondern ein Team, das nach demokratischem Muster funktionierte. Im besten Fall brauchte ich nur einen Partner. Zudem wollte ich wenige Schritte voraus organisieren, am Berg viele spontane Entscheidungen treffen.

So war mein Stil auch beim alpinen Bergsteigen gewesen. So entsprach es meinem Wesen. Mein Ziel war es, einen praktischen Versuch zu starten. Diese Realutopie in die Tat umzusetzen, wurde beherrschend in meinem

Leben. Sicher, ich war auch vorher ein Neuerer gewesen. Ständig hatte ich nach neuen Wegen Ausschau gehalten, war bemüht, die Grenzen – die des Bergsteigens und meine eigenen – weiter und weiter hinauszuschieben. Jetzt ging es um einen neuen Stil. Das war mehr.

Ich habe für diese meine erste Zwei-Mann-Expedition auf einen Achttausender keinen Computer gebraucht, um Logistik und Strategie zu erarbeiten. Ich habe die Kostenrechnung auf einen Briefumschlag geschrieben. Auch die einzelnen Schritte, um auf den Gipfel zu kommen. Darunter Risiken und Erfolgschancen. Die Rechnung ging auf, wenn wir Bergsteiger »funktionierten«.

Dabei gehöre ich nicht zu den Wundermenschen, die wie Yogis im Himalaja auf Kommando ihren Herzschlag herabsetzen können oder ihre Körpertemperatur. Auch habe ich meine Muskeln nicht auf minimalen Sauerstoffverbrauch trainiert. Zwei Achttausender hatte ich vorher bestiegen – beide ohne Sauerstoffgerät – und meine Erfahrungen dabei gesammelt. Das war alles. Sicher ist durch Training, Selbstkontrolle, Vorwegdenken das vegetative Nervensystem beeinflußbar. Dies alles aber tat ich nicht bewußt. Vielleicht ahnte ich, daß Gedanken, die durch Gefühle verstärkt werden, mehr Energie haben. Und noch etwas: Ich fieberte diesem Grenzgang mehr entgegen als allen anderen vorher.

Ich wußte, daß ich nicht krank werden durfte, und mein Vertrauen in Peter Habeler war stark. In jeder Hinsicht. Ich bin nur einmal (am Kangchendzönga, 1982) bei einer großen Reise krank geworden. Als ob die Stärkung meines Immunsystems eine begleitende Maßnahme der Hochstimmung beim Aufbruch wäre. Das Unterwegssein im Grenzbereich hat mich immer gesünder gemacht, als ich daheim war.

Warum konnte mein neuer Expeditionsstil schneller, erfolgversprechender und gleichzeitig weniger gefährlich werden? Es waren weniger Menschen im Spiel. Wir wenigen konnten bei Schlechtwettereinbrüchen schnell reagieren, vom Berg absteigen. Auch viel schneller wieder aufsteigen, als dies einer großen Mannschaft möglich gewesen wäre.

Dogmatisches Denken, Gewohnheiten, eingefahrene Verhaltensmuster gilt es zu verhindern.

Die Strategie meiner Kleinstexpedition sah ganz anders aus als die eines herkömmlichen Großunternehmens. Ich wollte Gutwetterperioden ohne Vorarbeit nutzen, um möglichst hoch auf den Berg hinaufzukommen, fluchtartig wieder ins Basislager absteigen. Nicht die Vorarbeit und nicht das Ausharren am Berg, wie bei der Großexpedition, waren wichtig, sondern blitzschnelles Agieren.

Diese Vorgehensweise entspricht einem Abbau von Hilfskräften und der Dezentralisierung. Zwei sind ein demokratisches Team. Einheimische werden als Träger nur bis ins Basislager eingesetzt. Sie sind also nicht mehr die »Wasserträger der Sieger«, wie jahrzehntelang die Sherpas, die Dutzende Male Lasten durch die gefährlichsten Zonen des Aufstiegs schleppten, nur damit ein paar Sahibs (Weiße) »auf ihrem Rücken« zum Gipfel kommen konnten.

Das Zerlegen einer Expedition in kleinstmögliche Einheiten (Talträger bis ins Basislager, Expeditionsküche nur dort, ein oder zwei Seilschaften am Berg), wobei jede Einheit ihre dezidierte Aufgabe übernimmt, garantiert so größtmögliche Flexibilität und Schlagkraft. Jede dieser Gruppen steuert sich bei weitestgehender Eigenverantwortung selbst, die Materialflüsse werden auf ein Minimum

Von Gegnern wird meine Art des Grenzgangs als »Ideologie des Wahnsinns« verteufelt.

reduziert. Zudem werden Entscheidungsprozesse beschleunigt und Umweltschäden minimiert.

In unserer westlichen Industriegesellschaft, die auf Leistung, Geld, materiellen Gewinn ausgerichtet ist, müssen diese meine Aussagen zwangsläufig Widerspruch hervorrufen: Einerseits propagiere ich Verzichtsdenken, andererseits Erfolgsmaximierung.

Nun hat Verzicht nicht unbedingt mit Verzicht auf Leistung zu tun. Ich kann Leistung einbringen, weil ich verzichte. Mein Verzicht bei diesen Grenzgängen bezieht sich auf die Technologie, auf Helfer. Ich könnte mit dem Skidoo oder im Flugzeug zum Nordpol fahren, hin und zurück, und ich wäre dort gewesen. Aber das interessiert mich nicht. Es reizt mich nicht, weil es keine Leistung ist.

Ich will bei Grenzgängen von vornherein auf Flugzeug und Motorschlitten verzichten. Nicht nur wegen der Umweltverschmutzung. Wegen des Spiels, dem ich meine Regeln gebe! Wenn wir alle anfingen, freiwillig an diesem Wochenende das Auto stehen zu lassen und statt dessen spazierengingen; wenn wir auf den ununterbrochen laufenden Fernseher, auf das Telefon verzichteten, könnten Werte wie Stille, Harmonie, Ruhe bewußt werden. Wäre das kein Gewinn an Lebensqualität?

Gewinnmaximierung kann nicht nur darin liegen, daß wir von allem immer mehr haben wollen. Wir verbrauchen auf der Erde in einem Jahrhundert die Energie, die in zig Millionen Jahren gespeichert worden ist. Die Gewinne daraus werden nicht genutzt, um neue Energieformen zu entwickeln; wir verbrauchen sie. Für immer. Wir haben einen Lebensstandard erreicht, der wahrscheinlich der höchste ist, den die Menschheit je erreicht haben wird. Sicher, noch funktioniert unser System. Rein wirtschaftlich gesehen, sogar ausgezeichnet. Wenn wir aber nicht lernen, freiwillig zu verzichten, werden wir zum Verzicht gezwungen werden.

Mögliche Fehler kalkuliere ich bewußt mit ein. Eine »fehlerintolerante« Strategie ist unmenschlich.

Grenzgänge müssen nicht sein. Also muß wenigstens die Einschränkung zwingend sein.

Nachdem meine Team-Material-Gewicht-Rechnung stand, der Starttag festgelegt und die Zeitdauer der Expedition umrissen war, konnte ich auch an eine Strategie vor Ort denken. Diese allerdings war abhängig vom Wetter, von unserer Akklimatisation und nicht zuletzt von unserer Gesundheit. Also ließen wir unsere Vorgehensweise weitgehend offen.

Meine Bemühungen beim Ausarbeiten der neuen Strategie galten dem Verhältnis Problemstellung – Lösung. Die Miniaturisierung der Expedition kam dabei nicht nur der Eleganz der Besteigung zugute, sondern auch dem Kostenaufwand.

Eine Expedition, die zehn Tonnen ins Basislager verschiebt – oft gehen dem weite Flugstrecken und Anfahrtswege voraus –, kostet eine Menge Zeit und vor allem sehr viel Geld. Wenn ich mit einem Hundertstel an Gewicht den gleichen, vielleicht sogar schnelleren Erfolg erzielen kann, ist die Großexpedition nicht mehr zu rechtfertigen.

Mit dem Hidden-Peak-Erfolg kam ich in die Lage, mehr Unternehmungen als bisher auf die Beine zu stellen. Ich war nicht mehr gezwungen, zwischen den Expeditionen soviel zu arbeiten (wegen der Finanzierung) wie bisher.

Zur Sicherheit:Die Sicherheit in einer Großexpedition ist vielfach nur eine vorgetäuschte. Ein Berg, der über ein halbes Dutzend Lager erschlossen ist – in jedem Lager sitzen normalerweise einige Alpinisten und Hochträger –, ist zwar »abgesichert«, im Falle einer Katastrophe (Sturm, Lawinen, Erd-

beben) aber nicht sicherer. Die Todesrisiken sind sogar größer.
Eine Minimannschaft ist exponierter als eine Gipfelseilschaft auf dem Podest der Großexpedition. Die einzelnen Bergsteiger einer Kleinexpedition gehen größere Risiken ein als der einzelne in der Großexpedition. Die Summe der Risiken ist bei der Großexpedition aber viel höher.
Es ist also nicht nur widersinnig, einen Grenzgang doppelt, drei- und vierfach abzusichern, weil damit die Gesamtrisiken steigen, es ist ein Widersinn in sich. Ich bin nicht nur der Meinung, daß Sicherung beim Grenzgang vielfach einem Versuch gleichkommt, fehlende Sicherheit auszugleichen. Vor allem sind Grenzgänge ohne Risiken keine Grenzgänge mehr!
Die Sicherheit kann nur von innen kommen. Aus unserem Selbstverständnis, das sich nicht zuletzt auch auf Können, auf Erfahrung, auf Ausdauer gründet. Alle Sicherung nützt nichts, wenn mir die Grundvoraussetzungen, zu denen im Grenzgang auch Instinkte gehören, fehlen. Die Selbstsicherheit ist die Basis jeder Sicherheit. Die Sicherung kann höchstens sporadisch, als Lebensrettung, dazukommen. Als Rettungsanker bei Unvorgesehenem, Schwäche, Zusammenbrüchen.
Abenteuer ist heute in totaler Redundanz nicht mehr möglich. Wenn ich alle technischen Errungenschaften einsetze, alle modernen Sicherungsmöglichkeiten mit ins Spiel bringe, sind weder Ausgesetztsein noch Unmöglichkeiten denkbar. Zum Grenzgang gehört beides. Ohne sie gibt es kein Risiko, keine Risikobereitschaft. Wie es mir trotz dieser Ansprüche

Das Glück ist jene Komponente, die einen großen Wurf begleiten, nicht aber tragen darf.

Verloren-Sein im Eisbruch am Fuße des Hidden Peak.

Es ist weniger wichtig, irgend etwas besonders gut zu lernen, sondern seinen Weg zu finden. Unser Weg steht nicht in unserer Geburtsurkunde. Er ist nicht erlernbar in der Schule. Die Eltern können uns nicht auf ihn bringen. Jeder muß seinen Weg für sich selber suchen.

Alle Arten von Regeln sind mir suspekt – außer die selbstgemachten.

Seite 107: Peter Habeler im CWM am Mount Everest; im Hintergrund der Pumori.

Seite 108/109: Peter Habeler wenige Meter unter dem Südgipfel des Mount Everest.

gelungen ist, bis heute mein Leben zu retten? Wie oft bin ich das inzwischen gefragt worden. Warum hätte ich zugrunde gehen sollen? Ich habe nur mein Leben gelebt.

Ich habe auch Glück gehabt. (Ja, aber selten.) Dabei nicht nur Freude, durchgekommen zu sein, sondern auch ein seliges Aufatmen. Wie nach einer schlimmen Erfahrung, die keinen Schaden hinterläßt.

Jeder, der sich mit einem extremen Ziel auseinandersetzt, ist Ängsten ausgeliefert. Ich bin im Laufe meines Lebens sogar ängstlicher geworden. Auch deshalb, weil ich mit jeder Erfahrung mehr weiß, was an Gefahr, an Unberechenbarem, an Unmöglichem auf mich zukommen kann.

Meist sind diese Ängste unbegründet. Es ist nämlich die Angst vor der Angst, die uns – insbesondere vor dem Aufbruch – quält, die uns alle Möglichkeiten des Scheiterns, auch Umkommens vor Augen führt. Diese Angst werte ich positiv. Sie ist mir ein Regulator für das, was ich darf.

Mut darf nicht getrennt von Angst gesehen werden. Er ist die andere Hälfte der Angst. Mut hat nichts zu tun mit Todesverachtung oder Liebe zum Risiko. Er erwächst mir aus dem Wissen, daß ich mein Spiel nach meinen Regeln spielen kann.

Wenn ich mir für mein Abenteuer eigene Spielregeln entworfen habe, sagt das nicht, daß diese Spielregeln für alle anderen gelten müssen. Ohne Regeln aber gibt es kein Spiel.

Der Bergsteiger und Expeditionsleiter, der in den letzten 25 Jahren nicht nur als Stratege besonders hervorgetreten ist, ist der Brite Chris Bonington. Er hat 1970 eine klassische Expedition zur Annapurna-Südwand geführt und eine neue Art geprägt. Das Neue bei dieser Unternehmung lag nicht nur im schwierigen Ziel – die 3500 Meter hohe Südwand der Annapurna ist eine der steilsten Himalajawände –, es lag in einer neuen Sachlichkeit. Bonington hat sachlogisch entschieden und viele der althergebrachten »Ideale« über Bord geworfen. Er hat damit Erfolg gehabt.

Im selben Stil hat er 1975 die Südwestwand-Expedition am Mount Everest organisiert und geführt. Anschließend hat er – aus der Erkenntnis heraus, daß nach der Durchsteigung der schwierigsten Wand am höchsten Berg auch der Expeditionsstil verändert werden mußte (im selben Jahr wie die Besteigung des Gasherbrum I im Alpenstil) – die Kleinexpedition forciert.

Obwohl heute die meisten Expeditionen zu den höchsten Bergen wieder auf den altbewährten Lagerstil zurückgreifen oder sich Kleinexpeditionen am Berg stillschweigend zu gigantischen Konglomeraten von Gruppen und Grüppchen zusammenschließen, bin ich der Meinung, daß sich die schnell agierende, leichter zu finanzierende Kleinexpedition durchsetzen wird, wenn einmal alle nationalen Gefühle und Clubinteressen befriedigt sein werden.

Nur indem ich weglasse, Ballast abwerfe, die Schleppe verkürze, kann ich elegant laufen und steigen. Und erleben, was ich erleben will: Ausgesetzt-Sein, Auf-sich-selbst-gestellt-Sein, eigene Regeln.

Seinem eigenen Rhythmus folgen zu können, ist mehr wert als der gemeinsame Erfolg.

Wer einmal als »Rädchen« in einer Großexpedition fungiert hat, dem Befehl eines Expeditionsleiters verpflichtet, dem Gipfel verschrieben, weiß, daß die Spiel- und Erlebnismöglichkeiten bei der kleinen, leichten Expedition größer sind. Und um diese beiden geht es. Wenigstens mir.

»Das Mögliche im Unmöglichen suchen – die Realität im Tagtraum.«

»Viele Leute verwandeln ihre Wünsche in Fantasiegebilde, ohne sie dann zu realisieren.«

V
DER GIPFEL SEIN

So hoch (gut, weit, erfolgreich) wie möglich.

Die Grenzen der Belastbarkeit.

Tagtraum ist nicht Luftschloß: Fantasie plus Wissen.

Herausforderung, die von anderen nicht für möglich gehalten wird.

Menschen, die visionslos sind, sind keine Neuerer, nur Ausführer und Abwickler.

Visionäre Unternehmen denken ökologisch, zukunftbezogen und verändern etwas.

Nicht nur »einen Baum pflanzen», »eine Spur hinterlassen«, »Berge versetzen«.

Wer auf den Status quo bedacht ist, hat schon verloren.

Unzufriedenheit im Status quo.

Realisierte Vision hinterläßt kurzfristig ein Loch. Es folgt eine neue Idee, eine neue Tat. Der Tat-Mensch.

Zivilcourage.

Orientierung am eigenen Selbstverständnis.

Vision ist nicht gleich Image.

Ich nähre mein »Messner-Sein« aus Realutopien und sitze nicht auf Lorbeeren.

Abenteuer bedeutet auch: Immer etwas suchen, was noch nicht gemacht wurde.

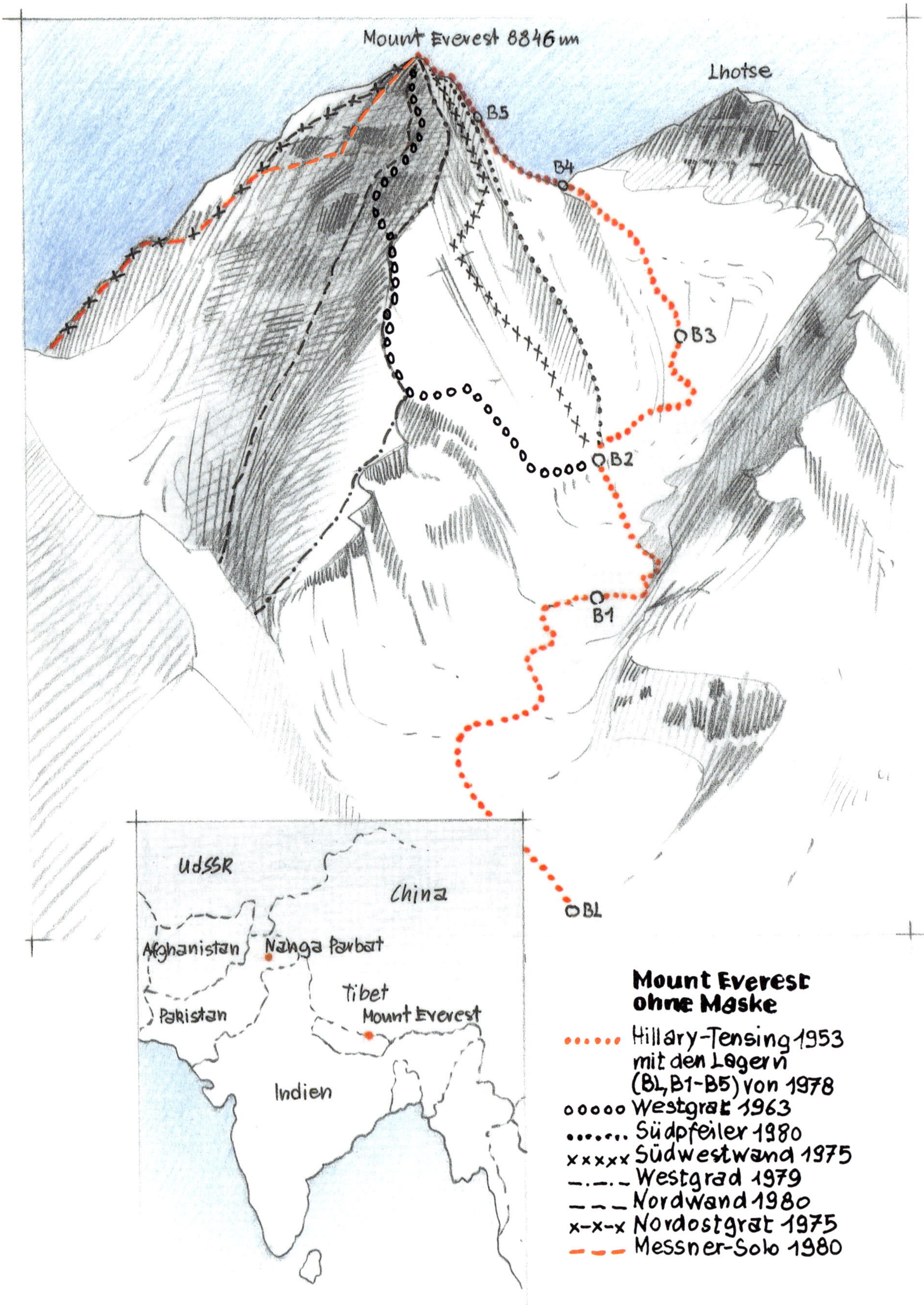
Mount Everest 8846 m
Lhotse
B5
B4
B3
B2
B1
BL
UdSSR
China
Afghanistan
Nanga Parbat
Tibet
Pakistan
Mount Everest
Indien
Mount Everest
ohne Maske
Hillary-Tensing 1953
mit den Lagern
(BL, B1-B5) von 1978
Westgrat 1963
Südpfeiler 1980
Südwestwand 1975
Westgrad 1979
Nordwand 1980
Nordostgrat 1975
Messner-Solo 1980

»Mut zum Risiko provoziert neue Erkenntnisse.«

Links: Der Everestgipfel von Südosten. Links die Südwestwand; rechts in der Mitte der Südsattel mit der Hillary-Route darüber.

DER VORLETZTE SCHRITT

Mai 1972
Kathmandu

Zusammen mit Wolfgang Nairz und Dr. Oswald Oelz bespreche ich nach der tragischen Manaslu-Expedition in Nepal (zwei Teilnehmer sind im Schneesturm umgekommen) die Möglichkeit einer Everest-Besteigung.
Wir beschließen, ein Permit für einen Besteigungsversuch zu beantragen. Ich spiele mit der Idee, die schwierige Südwestwand zu versuchen, die wiederholt und bis dahin vergeblich angegangen worden war.
Mein Tagtraum heißt: Die schwierigste Wand am höchsten Berg der Welt!

September 1975
Salzburg

Während einer Vortragsreise über die erfolgreiche Kleinexpedition zum Gasherbrum I (Hidden Peak) lese ich von der Durchsteigung der Everest-Südwestwand durch eine britische Mannschaft unter der Leitung von Chris Bonington. Die englischen Tageszeitungen bringen den Erfolg auf der Titelseite. Ich bin sehr aufgeregt. Einerseits, weil den Briten dieser großartige Erfolg in der Nachmonsunzeit gelungen ist, andererseits, weil sie damit einen meiner Tagträume realisiert haben.
Nairz, Oelz und ich haben Nachmonsun-Expeditionen zum Mount Everest bis dahin für wenig erfolgversprechend angesehen und deshalb auf die erste Vormonsun-Genehmigung gewartet, die frei war. Diese wird für 1978 erteilt. Im März, April, Mai 1978 wollen wir zum höchsten Berg der Welt.

Der höchste Berg der Welt hat eine besondere Anziehungskraft.

Aber wie? Nachdem die Südwestwand durchstiegen ist und ich inzwischen drei (kleine) Achttausender geklettert habe, entsteht ein neuer Tagtraum: Everest ohne Sauerstoffgerät! Aus eigener Erfahrung und aus der Historie weiß ich (Colonel Norton kam bereits 1924 bis in knapp 8600 m Meereshöhe, ohne dabei ein Sauerstoffgerät einzusetzen), daß der Mensch theoretisch ohne Maske auch höher hinaufsteigen kann, als bisher angenommen.

Herbst 1977
Innsbruck

Die Vorbereitungen zur Österreichischen Everest-Expedition 1978 laufen. Wolfgang Nairz ist der Leiter. Dr. Raimund Margreiter und Dr. Oswald Oelz sind als Ärzte (und Bergsteiger) dabei. Gleichzeitig wollen sie höhenmedizinische Untersuchungen durchführen.
Nachdem ich Peter Habeler gegen den Willen der Expeditionsmannschaft als meinen Seilpartner durchgesetzt habe, wird folgender Plan festgelegt:

Peter und ich sind Teil der Österreichischen Everest-Expedition. Wir klettern im Rahmen dieses Unternehmens, das über die Hillary-Route zum Gipfel will (mit Sauerstoffgeräten, Hochlagern, Hochträgern) als völlig selbständige Seilschaft, wobei wir unsere Route und Logistik selbst bestimmen. Wir beide wollen bewußt auf den Einsatz von Sauerstoffmasken verzichten und vom Lager II aufwärts eine eigenständige Route versuchen.
Ich zahle 30 000 DM für unseren Aufwand in die Expeditionskasse ein (Sponsorgelder, HTV-Filmvertrag). Damit steht Peter und mir das Recht zu, auf das Basislager, die Fixseile, die Hochlager, die Sherpas und die medizinische Betreuung der Gesamtexpedition zurückgreifen zu können.

Winter 1978 Ich bereite mich auf den Everest-Aufstieg vor. Wie seit Jahren nicht mehr wird trainiert. Ich frage mich dabei nicht, wie hart ich arbeiten muß, um mit dem etwaigen Erfolg später viel Geld zu verdienen. Für mich ist der Tagtraum »Everest by fair means« eine fixe Idee. Ich identifiziere mich mit dem Vorhaben, mit dem Everestgipfel, so daß ich mich beim Lauftraining, beim Erwachen am Morgen, in so manchem Traum zu ihm hinaufsteigen sehe. In einer Art Vorausvollzug.
Natürlich stehe ich auch in Abhängigkeiten zu meinen Sponsoren. Die Realisation meiner Idee muß zuerst finanziert werden. Ich gebe auch in diesem Zusammenhang mein Bestes. Obwohl meine Zeit begrenzt ist. Denn ich muß zuallererst trainieren. Wenn ein Vertragspartner mit meinem Einsatz – 1:10 für die Idee – nicht zufrieden ist, muß er sich von mir trennen. Kein Helfer kann mir Training, Vorarbeit und Logistik abnehmen. Niemand sonst als ich, der Idee und Plan entwickelt hat, kann ihn ausführen.
Der vorletzte Schritt meines Bergsteigens soll die Besteigung des Mount Everest ohne Maske sein, eingebettet in das Sicherheitsnetz einer klassischen Großexpedition. Den letzten Schritt – der höchste Berg der Welt im Alpenstil – wage ich noch nicht zu Ende zu denken. Noch sind beides Realutopien. Ehrgeiz haben sie ebenso entstehen lassen wie Empfindungen (Ästhetik, Schönheit einer Tat). »Everest by fair means«. Das ist wie eine Erfindung. Sie ist langsam und als Ganzes entstanden. Intuitiv. Dabei ging es mir weniger um die Grenze der menschlichen Belastbarkeit als vielmehr um die Ausschöpfung einer Möglichkeit. Und ich glaube an meine Erfindung. Ich lebe im Geiste mit ihr. Zuletzt so, als ob es nichts daneben gäbe. Daß fast alle anderen meine Realutopie für unrealisierbar und gefährlich halten, stört mich wenig. Es bestärkt mich in meinem Bewußtsein, etwas Außergewöhnliches zu wagen. Bremsen aber tut es mich nicht.

März 1978 Anreise ins Everest-Basislager (5400 m). Akklimatisation.
Die Zweifel von außen werden massiv. Nur dank meines starken Selbstverständnisses und meiner Zivilcourage kann ich bei meinem Ziel bleiben, Skeptikern, die im Fernsehen, bei Pressegesprächen, beim Anmarsch auftauchen, ohne wesentlichen Identifikationsverlust begegnen.

25. 4. 1978 Nach dem Aufbau von drei Hochlagern beziehe ich am Südsattel (ca. 8000 m) mit zwei Sherpas ein Zelt. Peter Habeler hat vorher schon resigniert aufgegeben.

Im gefährlichen Khumbu-Eisbruch am Mount Everest.

Ein 50 Stunden dauernder Höhensturm (ein Zelt reißt, Kochen und Schneeschmelzen werden unmöglich) zwingt mich zum Abstieg. Ich bin stark mitgenommen, ausgelaugt. Das ganze Projekt ist in Frage gestellt.

7. 5. 1978

Nach ausgiebiger Rast im Basislager Aufstieg zum zweiten Versuch. Unzufriedenheit in der Mannschaft über den Kompromiß Peter Habelers, den Berg jetzt auf die herkömmliche Art besteigen zu wollen. (Ich kann Peter dann doch überreden, einen letzten Versuch ohne Maske zu wagen.)

8. 5. 1978 Peter und ich starten am Südsattel mit dem Vorsatz, so hoch wie möglich zu steigen. Das Lager V auf 8500 Metern wollen wir nicht nutzen. Erfolg können wir nur haben, wenn wir auf jeden Zwischenstop verzichten. (Längerer Aufenthalt in der »Todeszone« bedeutet immer auch Verlust an Konzentration, Wille, Kraft, Energie.)

Wenn jemand bereit ist, jeden Überfluß, jede Bequemlichkeit, die Absicherung gegen Ungewißheit einzutauschen, so schließt das nicht mit ein, daß er das Leben selbst aufs Spiel setzt – auch wenn er weiß, daß er es dabei verlieren könnte.

Wir kommen besser voran als befürchtet. Die Angst vor der Angst war es, die uns gelähmt hat, und nicht eine Ahnung, vielleicht ums Leben zu kommen. Am frühen Nachmittag sind wir am Gipfel. Peter steigt fluchtartig ab, wie von Panik gejagt.

Eine Weile bin ich ganz alleine oben. Ich bin wie in Trance. Es ist, als sei ich aus der Zeit ausgestiegen, um komplexer und neuartig denken zu können. Wenn auch nur ganz langsam. Trotzdem keine Erfolgsstimmung. Mit der Realisation meines Planes ist mir auch die Utopie abhanden gekommen. Sie fehlt mir als tragendes Gefühl. Eine Leere bleibt.

Mai 1978 Abstieg ins Basislager. Heimreise.

Nach unserem Erfolg werde ich kritisiert wie noch nie. Wegen meiner »Risikofreudigkeit«, meines »Partnerverschleißes« (Peter Habeler ging in Zukunft eigene Wege), meiner »Egomanie«. Mein Image wird das eines Verrückten. Was soll ich tun? Es ist mir unmöglich, ständig etwas »Richtiges«, »Vernünftiges«, »Nützliches« zu machen. Dabei dürfte es doch keine Schande sein, immer wieder etwas »Falsches«, »Verrücktes« zu tun, wenn alle anderen etwas »Richtiges«, »Vernünftiges« tun. Vielleicht ist es umgekehrt. Die Welt ist inzwischen so ver-rückt, daß das Normale aus dem Rahmen fällt.

Nicht erst seit der Besteigung des Mount Everest ohne Maske weiß ich, wieviel mehr man als Neuerer erleben kann. Ich muß mich nur immer wieder fallenlassen in meine Tagträume, um weiterzukommen.

Vision und Image sind zum Glück nicht dasselbe. Selten sind es Persönlichkeit und Image. Erfolg hat auf Dauer nur, wer sich mit seiner Sache identifiziert, nicht mit seinem Image.

Die rohe Kraft war es nicht, die mich so weit gebracht hat. Auch nicht die Risikofreude. Die Wahl des richtigen Partners vielleicht.

Grundvoraussetzung ist die Vision. Sie und die Identifikation mit dem Ziel sind es, die unsere Motivation über Monate zu jener Willensenergie anwachsen lassen, die den Körper zum Pfeil machen. Nur angestaute Energie trägt weit. Sie explodiert (oder implodiert) im Tun.

Mit dem Beweis, daß auch der Mount Everest ohne Maske machbar ist, daß also alle Berge im Alpenstil besteigbar sind, habe ich eine allgemeingültige Spielregel postuliert. Das zukunftbezogene Bergsteigen hätte also ökologisch und elegant zu sein. Leider ging diese Aussage unter, und es ist nicht meine Art, immerzu dasselbe zu predigen.

Besessensein heißt nicht frei sein. Es ist ein Gefangensein.

Als Tat-Mensch plante ich bald schon den nächsten Schritt: Die Realisation einer neuen Realutopie, den Alleingang auf den Mount Everest. Ich lege ihn an als den letzten Schritt meines Bergsteigens.

»So mache ich als Visionär aus der Zukunft eine erlebbare Vergangenheit.«

VISION ALS REALUTOPIE

Der Wunsch oder Ehrgeiz, so hoch wie möglich zu steigen, so weit wie möglich zu gehen, wird oft als Rekordsucht verstanden. Ich will diese nicht ausschließen, behaupte aber, daß sie nicht weit trägt. Auch nicht hoch genug. Jedem Grenzgänger geht es viel mehr um die Realisation eines Tagtraums, als um einen Eintrag ins Guiness-Buch der Rekorde.

Jeder Mensch hat Träume. Früher oder später sucht er die Erlebnisse zu diesen Träumen. Oder er resigniert und verdrängt sie. Besser, er identifiziert sich mit ihnen und lebt sie aus.

Mit einem Traum, der ohne reale Umsetzung bleibt, kann ein Grenzgänger auf Dauer nicht leben. Ähnlich geht es Künstlern, Managern, Politikern (letzteren leider zu selten). Sie versuchen, ihre Ideen zu verwirklichen.

Ich weiß, daß Realität und Tagtraum deckungsgleich werden können. Du denkst dir etwas aus, hast also eine Idee, entwickelst dann im Kopf eine Realutopie und bist in einer dritten Phase fähig, diese in der Realität umzusetzen. Das führt nicht nur zu einem gesteigerten Erfolgserlebnis. Oft stellt sich auch ein starkes Gefühl von Einheit ein. Einssein mit Geist, Körper und Kosmos ist es beim Grenzgang.

Alle meine Taten haben als Idee im Kopf angefangen. Solange aber eine Idee nur als vage Vorstellung da ist, hat sie wenig Kraft. Erst wenn sie sich auswächst wie ein Kind im Mutterleib, wenn sie sich zur realisierbaren Utopie verdichtet, kann sie geboren, muß sie verwirklicht werden.

Wenn ich von Tagträumen spreche, meine ich nicht Luftschlösser. Meine Tagträume sind viel realer. Natürlich ist auch ein Tagtraum nur meiner Fantasie entsprungen. Meine Erfahrung und mein Wissen aber lassen den Schluß zu, daß er – theoretisch wenigstens – in die Tat umzusetzen ist.

Jedem Grenzgang geht dieser innere Prozeß voraus. Zumindest bei mir. Und dieses geistige Aufbauen ist – ähnlich wie in der Kunst oder auch in einem Industrieunternehmen – die Basis des späteren Erfolgs.

Ich lasse dahingestellt, wieweit eine Idee als Eingebung, als Willensakt oder Erfindung entsteht, erschaut wird. Einmal als Energie erkannt, wird sie weitergedacht. Bis sie zur Realutopie geworden ist. Ein Gedankenaufbau wird tragend, so daß er draußen verwirklicht werden kann (in Form einer Tat, eines Kunstwerks, als Industrieprodukt).

Nicht das Woher, sondern das Wohin trägt mich auf den nächsten Berg und über mich selbst hinaus.

Rechner sind kleinmütig, zu Grenzgängen nicht fähig. Spieler, die »den Kopf verloren« haben, interessieren mich mehr.

Das Auswachsen einer Idee zu einem inneren Momentum führt, wenn es stark genug ist, zu einem Konzept, das förmlich nach Vollzug drängt. Je stimmiger eine Realutopie, desto klarer das Konzept, desto größer die Erfolgschancen.

Erfolg hängt auf Dauer ab von der Fähigkeit, starke Visionen zu entwickeln, und der Treue sich selbst gegenüber. Von der Geradlinigkeit, mit der wir unsere Realutopien in Taten umsetzen. Meine Grenzgänge bringen mich deshalb zu meinem Ursprung zurück, weil ich dabei ganz ich sein kann. Aus dieser Identifikation schöpfe ich neue Ideen, Energie, neue Kraft. Zwischen Idee und Tat spannt sich die Identifikation wie eine Sehne zwischen die beiden Enden eines Bogens. So funktioniert es bei mir.

Ich bin kein Computer, keine Maschine, kein Beamter. Was haben Schule und Erziehung nicht alles aus mir gemacht! Ich funktioniere aber nicht, wie es Kühlschränke und vorbildliche Staatsbürger tun. Ich tagträume zuerst, bin dann mit einer Idee schwanger und gebe einer starken Realutopie nach. Der Rest ist Alltag. Oft faszinierender Alltag.

Die Grenze des Machbaren ist nur in kleinen Schritten erreichbar. Je näher ich dieser Grenze komme, um so kleiner müssen die Schritte sein.

Obwohl mit beiden Füßen auf dem Boden, bin ich ein Träumer geblieben. Ich habe nie aufgehört, aus Ideen realisierbare Utopien zu entwickeln, und werde meine »Verrücktheiten« erst aufgeben können, wenn mir nichts mehr einfällt. Was andere darüber denken, bleibt sekundär.

Es liegt eine Herausforderung darin, etwas noch nie Dagewesenes zu tun; mehr noch, etwas zu tun, auch wenn es von allen anderen für unmöglich gehalten wird. Das hat nichts mit Rekorddenken zu tun. Auch wenn ich dabei die Grenzen der Belastbarkeit erreiche; das ist es nicht, was ich bei meinen Grenzgängen suche. Es geht vielmehr um das Umsetzen einer Realutopie in die Tat. Dabei bin ich zuallererst Neuerer, nicht nur Ausführer, Abwickler, Grenzgänger.

Bergsteigen müsse Vergnügen bereiten – wie oft habe ich das gehört. Schon als Schüler. Der Vorwurf aber, unsere Kletterfahrten am Sonntag seien anstrengender als die ganze Arbeitswoche, berührte mich nie. Zugegeben, die »Arbeit« ist weniger mühsam als eine schwierige Tour. Außerdem bekomme ich fürs Bergsteigen nichts. Nicht die Mühe aber ist ausschlaggebend und nicht die Entlohnung. Es ist die Begeisterung, die Freude an einer Sache. Und was ist absolute Begeisterung anderes als Besessenheit! Ich verlange sehr viel von mir und betreibe meine Sache freiwillig.

Als Grenzgänger lebe ich *für* meine Unternehmungen, und nicht von ihnen. (Daß indirekt der Grenzgang den Grenzgänger ernährt – ich kann vom Verkauf der »Abfallprodukte« leben –, ist kein Widerspruch, sondern eine Tatsache.) Trotzdem bin ich alles andere als ein Idealist. Ich bin Realist.

Diese meine Sachbesessenheit, die manchem Außenstehenden skurril, ja verrückt erscheinen mag, macht mich immun gegen Selbstzufriedenheit und Selbstgenügsamkeit. Sie läßt mich wach sein, originelle Lösungen finden, Dinge tun, die nur ich mir wichtig mache.

Ich nehme meine Sache oft so ernst, daß ich mich ihr sogar unterordne, daß ich in ihr aufgehe. Dieses Ganz-bei-der-Sache-Sein hat nichts zu tun mit Selbstdarstellung. Es ist die zwingende Folge des Einsseins mit meinem Tun: Konzeption, Verinnerlichung, Selbstverwirklichung. Dabei entsteht ein Zustand des (geistigen und körperlichen) Erregtseins.

Meine Visionen haben immer wieder einen anderen Nährboden. So ist die

Rechts: Ein formschöner Berg: Ama Dablam im Nepal-Himalaja.

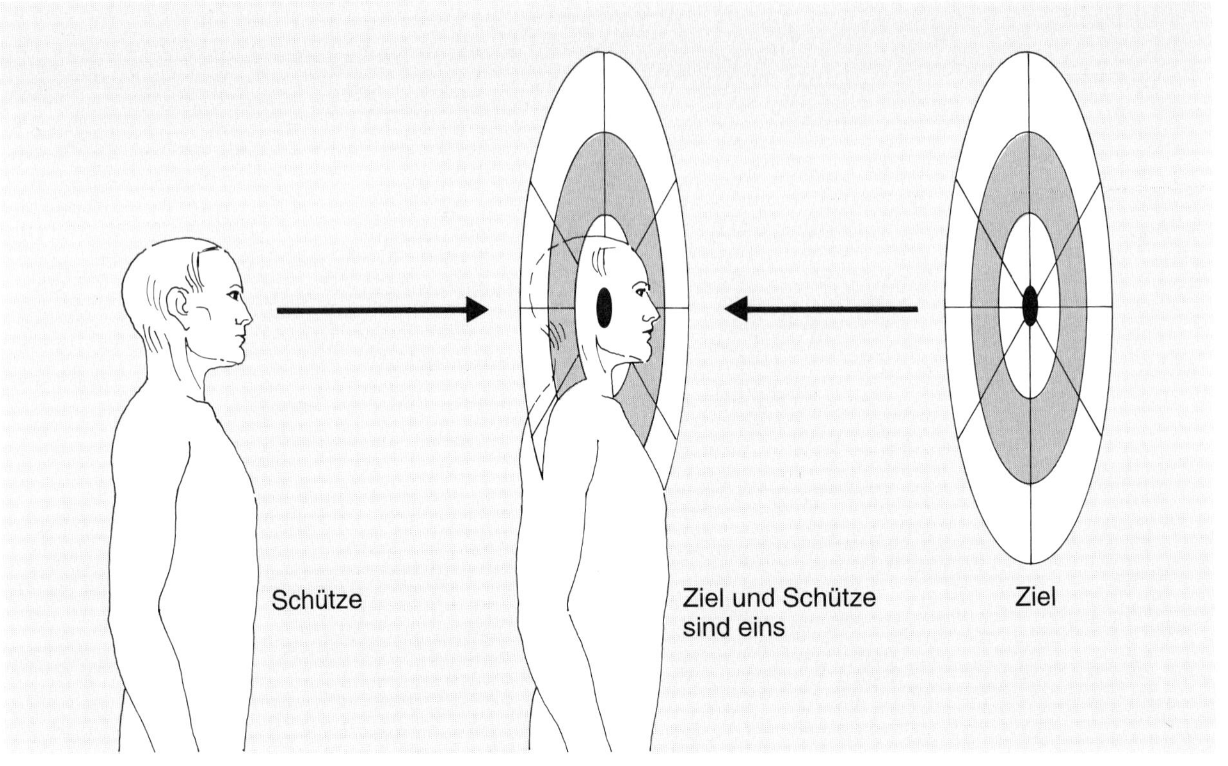

Ziel, Pfeil und Schütze können im Geiste eine Einheit werden.

Bogen und Pfeil zugleich ist nur, wer zuerst Ziel geworden ist.

Ein Grenzgang will sich selber. Wie die Lust. Auch wenn er alles andere ist als Lust.

Kleinexpedition entstanden, weil sie eleganter, billiger, ökologisch sauberer ist als die Großexpedition. Sie ist zukunftbezogen in jeder Hinsicht, und sie hat deshalb das Höhenbergsteigen verändert.

Auch ein Wirtschaftsunternehmen handelt heute ökologisch, wenn es zukunftbezogen »denkt«. Wer etwas verändern will, ändert zuerst sein Bewußtsein, seine Einstellung, dann die Einstellung seiner Mitarbeiter.

Es ist im Leben wichtiger, die Berge in unserem Bewußtsein zu versetzen, als einen Baum zu pflanzen oder eine Spur zu hinterlassen.

Wer Ideen nicht nur hat oder träumt, sondern sie wachsen läßt, zu Realutopien formt, und dazu Kraft, Ausdauer und Stehvermögen einbringt, diese in die Tat umzusetzen, verändert immer etwas. Im Gegensatz zu jenen, die ständig mit dem Status quo zufrieden sind; mehr noch, die darauf bedacht sind, den Status quo zu bewahren (aus Angst, Bequemlichkeit, weil sie nicht bei der Sache sind).

Wer die Realisation einer Realutopie wagt, riskiert zu scheitern. Am Ende aber gewinnt er immer. Er lernt, daß Identifikation mit seiner Sache zur Dominanz des Außergewöhnlichen über das Gewöhnliche führt. Und zu Bescheidenheit gegenüber der Sache. Erfolg kommt von Besessenheit *und* Bescheidenheit. Intuition gehört viel weniger dazu, als allgemein angenommen. Auch nicht Genie.

Sicher, auch Intuition hat einen wichtigen Platz. Visionen aber halte ich für wichtiger. Und Disziplin. Kreativität folgt einem Gärprozeß, und Genie gibt es nicht ohne Fleiß. Intuition ist zerlegbar. Sie basiert auf Studien und Erfahrungen. Es kommt immer darauf an, wie lange ich mit einer Sache gelebt habe.

Wie oft habe ich, ohne mich dazu zu zwingen, einen Grenzgang vorweggedacht. Durch das Lesen von Büchern.

Ich habe die Berichte, Tagebücher, Reportagen meiner Vorgänger nicht gelesen wie Romane, wie Fachliteratur. Ich habe den Stoff vermischt mit Erfahrungen, verinnerlicht. Daraus entstand Intuition. Das ist nicht Genie. Genie gibt es so selten wie Heldentum. (Beides haben sich vielleicht nur ein paar Intellektuelle ausgedacht, um sich darin sonnen zu können.) Nur die Summe aus vielen Erfahrungen und Wissen ergibt Intuition. Der Laie bezeichnet es als Genie.

Viele Außenstehende erklären mein Tun als übermenschlich. Weit gefehlt. Ich bin ein ganz normaler Mensch. Die meisten gesunden Personen würden das, was ich tue oder getan habe, auch können. Sie müßten es nur mit der gleichen Vehemenz wollen, mit der ich es will. Dazu gehört nicht nur das Durch-die-Antarktis-Gehen, das Auf-den-Mount-Everest-Steigen. Das Vorher ist wichtiger. Das Sich-Vorbereiten, das Sich-der-Aufgabe-Unterordnen, das Die-Sache-Sein.

Die Besteigung des Mount Everest ist nur der letzte Schritt. Und vor allem in diesem Zusammenhang gilt: Mein letzter Schritt hängt ab von meinem ersten Schritt. Der erste Schritt muß vom letzten abhängen, denn dort ist die Idee »anhängig«.

Dieses Bild stimmt für jedes Tun. Ob sich eine Idee durchsetzen kann, richtet sich nach einigen Begleitumständen: der Potenz dieser Idee, vielen richtigen Schritten, vor allem dem Glauben an das Ziel. Sie hängt nicht nur vom Ideator ab. Wie oft werden Ideen eingezwängt, kleingemacht, aus den Augen verloren, weil sie im leeren Raum hängenbleiben! Wie viele schöpferischen Kräfte werden vergeudet, weil sich die Ideen nicht Glauben verschaffen können! Sie kommen nicht zum Tragen, weil sie nicht klar genug, nicht reif, nicht »gut« sind.

So sehr ich mich oft jahrelang mit der Verwirklichung einer Aufgabe, die zuerst nur als Idee vorhanden gewesen war und die mich später als konkrete Problemstellung gepackt hatte, identifizierte, so wenig begnügte ich mich nach der Realisierung mit dem Erreichten. Ich wollte immer wieder einen Schritt weitergehen. Nicht aus Unzufriedenheit mit dem Gestern, mit dem Erreichten. Es war vielmehr Hunger nach neuer Tat. Dieser Hunger war und ist mein Motor, neue Ideen zu entwickeln, zu neuen Taten anzusetzen.

Die Erkenntnis, daß jede realisierte Idee kurzfristig ein Loch in meine Hoffnung reißt, habe ich akzeptieren gelernt. Sie bremst mich nicht. Das Loch kann/muß mit neuen Ideen ausgefüllt werden. Eine dieser Ideen kann wieder wachsen, sich zur Realutopie verdichten. Die Tat folgt.

Weil ich wie Goethe, der die Tat an den Anfang der Erkenntniskette stellt, an den Tat-Menschen in uns glaube, muß am Anfang meiner Ideenkette eine Tat gestanden haben. Nicht nur, weil die Tat alle Fragen aufhebt (durch intensives Tun werden alle Fragen beantwortet), auch weil sie sich meinem Erinnern entzieht, habe ich keinen Zugriff zu diesem auslösenden »Schicksalsmoment« meines Lebens. Zudem möchte ich nicht mein eigener Psychotherapeut sein.

Grenzgang bedeutet, etwas zu wagen, was du noch nicht gemacht hast. Neuerer sein bedeutet, etwas in die Tat umzusetzen, was so niemandem gelungen ist. Visionärer Grenzgänger bist du, wenn du etwas denkst, was so noch keiner gedacht hat. Zum Tun gehören Mut, Energie, Zivilcourage. Vor allem das Ruhen im eigenen Selbstverständnis. Wer sich am Selbstverständnis der anderen orientiert, wird, ohne es zu merken, zum Nachmacher.

Wer hoch hinaus will, will es auf eigenen Füßen. Auf die höchsten Gipfel führt keine Seilbahn.

Der wichtigste Gedanke auf dem Gipfel gilt dem Weg nach unten.

Ich greife nur Realutopien auf, an denen ich scheitern könnte.

Bei den größten Herausforderungen bin ich am besten.

Unser Vorrat an Ideen kommt aus der Erfahrung. Der Kreislauf heißt Idee – Tat – Idee.

Seite 123: Die Diamirflanke am Nanga Parbat.

Seite 124/125: Nanga-Parbat-Gipfelbild (1978), mit Selbstauslöser fotografiert; im Hintergrund der Mazenokamm.

Mein So-Sein, mein Messner-Sein, ist in erster Linie genährt von Ideen, Plänen, Realutopien. Weniger von dem, was ich geleistet habe. Ich sitze nicht auf meinen Lorbeeren. Ich warte auch nicht ab. Ich projiziere meine Energien in die Zukunft. Immer wieder. Das, was ich gemacht habe, gehört zu meiner Biographie. Und ich bin auch so, wie ich bin, weil ich diese Biographie habe. Gepackt bin ich vom Jetzt, getragen vom Morgen.

Anders ist es mit meinem Image. (Was geht denn mich mein Image an, könnte ich sagen, wenn ich wirtschaftlich nicht von ihm abhinge.) Mein Image lebt vom Geleisteten. Auch vom Bild, das die Medien von mir gezeichnet haben. Mein Image ist also die Vorstellung, die andere, Außenstehende, von mir haben. Dieses Bild stimmt selten mit meiner Persönlichkeit überein. Ich bin nicht mein Image.

Dieses hat auch wenig mit Visionen zu tun. Die nämlich behalte ich mehr oder weniger für mich. Nur im stillen können sie wachsen, reifen. Zum Tagtraum wird nur, was stark genug ist, als Realutopie ein Eigenleben zu entwickeln. Also nicht mein Image läßt mich wachsen, sondern meine Ideen, meine Pläne, meine Taten.

Als Hermann Buhl – damals der verwegenste österreichische Kletterer – 1953 zum Nanga Parbat aufbrach, war dieser Achttausender für alle deutschsprachigen Alpinisten das höchste Ziel der bergsteigerischen Sehnsucht. Durch zahlreiche Versuche und Tragödien war der »deutsche Schicksalsberg« zu einer begehrten und gefürchteten Trophäe gleichermaßen geworden.

Buhl nun, obwohl als Kletterer seinerzeit unübertroffen, war nicht der robuste Haudegen, dem Anstrengung, Kälte, sauerstoffarme Luft nichts hätten anhaben könne. Er war schmächtig, feingliedrig, sensibel. Vor der Expedition nervös wie ein Rennpferd. Wenn er zu guter Letzt den Gipfel erreicht hat, dann nur deshalb, weil er sich mit diesem Gipfel identifizierte, monatelang trainierte, bis zum Schluß besessen blieb von seinem Ziel. Im letzten Stück, allein steigend, hat Buhl mehr an Willenskraft, Ausdauer, Leidensbereitschaft aus sich herauszuholen vermocht, als sie einem anderen Bergsteiger damals zur Verfügung gestanden hätten.

Ich habe Hermann Buhl immer ob seiner Kletterkunst bewundert. Er aber war nicht mit ihr zufrieden. Er wollte über sie hinaussteigen. Bis zum Gipfel des Nanga Parbat. Weil er die Fähigkeit besaß – in 100 und mehr extremen Klettertouren in den Alpen erworben –, sich auch in seinen Tagträumen zu verausgaben, hat er schließlich sein Ziel, den Nanga Parbat, erreicht. Obwohl ihm dies niemand zugetraut hatte.

Es waren immer wieder schmächtige, kleine, ja sogar kränkliche Grenzgänger (der Kletterer Hans Dülfer, der Nordpolfahrer Wally Herbert), die bahnbrechend Neues taten. Das beweist, daß es auch beim Grenzgang mehr auf die geistig-seelischen Fähigkeiten ankommt als auf die rohe Kraft. Mehr noch, daß eine große Tat abhängt von der Stärke der Vision, die ihr vorausgegangen sein muß. Erst wenn viele von uns eine andere Menschheit denken, werden wir uns ändern.

Auch das Schlagwort »Motivation« darf in diesem Zusammenhang überdacht werden. Ein autonomer Mensch, der tut, was zu tun ist, weil es auch seine Idee ist, weil es auch sein Bestes ist, wird sein Bestes geben. Er braucht also nicht motiviert (oder manipuliert durch Belohnen, Bestechen, Bedrohen, Bestrafen, Belobigen) zu werden. Als kreativer Akteur schafft er mit dem Realisieren von Tagträumen Sinn.

»Ich steige nicht, um auf den Gipfel zu kommen – ich komme auf den Gipfel, nachdem ich gestiegen bin.«

VI
AUF DIE SPITZE TREIBEN

Minimumrechnung als Spielmöglichkeit.
Planung ist antizipiertes Entscheiden.
Theoretisch kann ich alles planen.
Der Computer kann alles durchspielen.
Planen ohne Vorgaben.
Negatives Abstraktionsverfahren.
Wenige Planungselemente.
Wissen, wie es nicht gehen kann.
Eckpunkte: Qualität, Kosten, Zeit.
Flexibilität steht zwischen Planung und Ausführung.
Improvisieren vor Ort.
Entscheiden nach Engpaßsektoren.
Perfektion und Weglaßprinzip.
Abenteuer durch Minimierung von Hilfen und Technologie.
Verzichtabenteuer.
Futuristisch: sauberer, fairer, humaner.
Den Plan fürs Leben offenlassen.
Jeder kann über sich selbst hinauswachsen.
Wettbewerbssituation – menschlicher Instinkt – Ehrgeiz.
Die gesamte Energie ist mehr als die Summe der Einzelenergien.
Selbstvertrauen und Ausgeliefertsein als Motivationshilfe.
»Point of no return«.

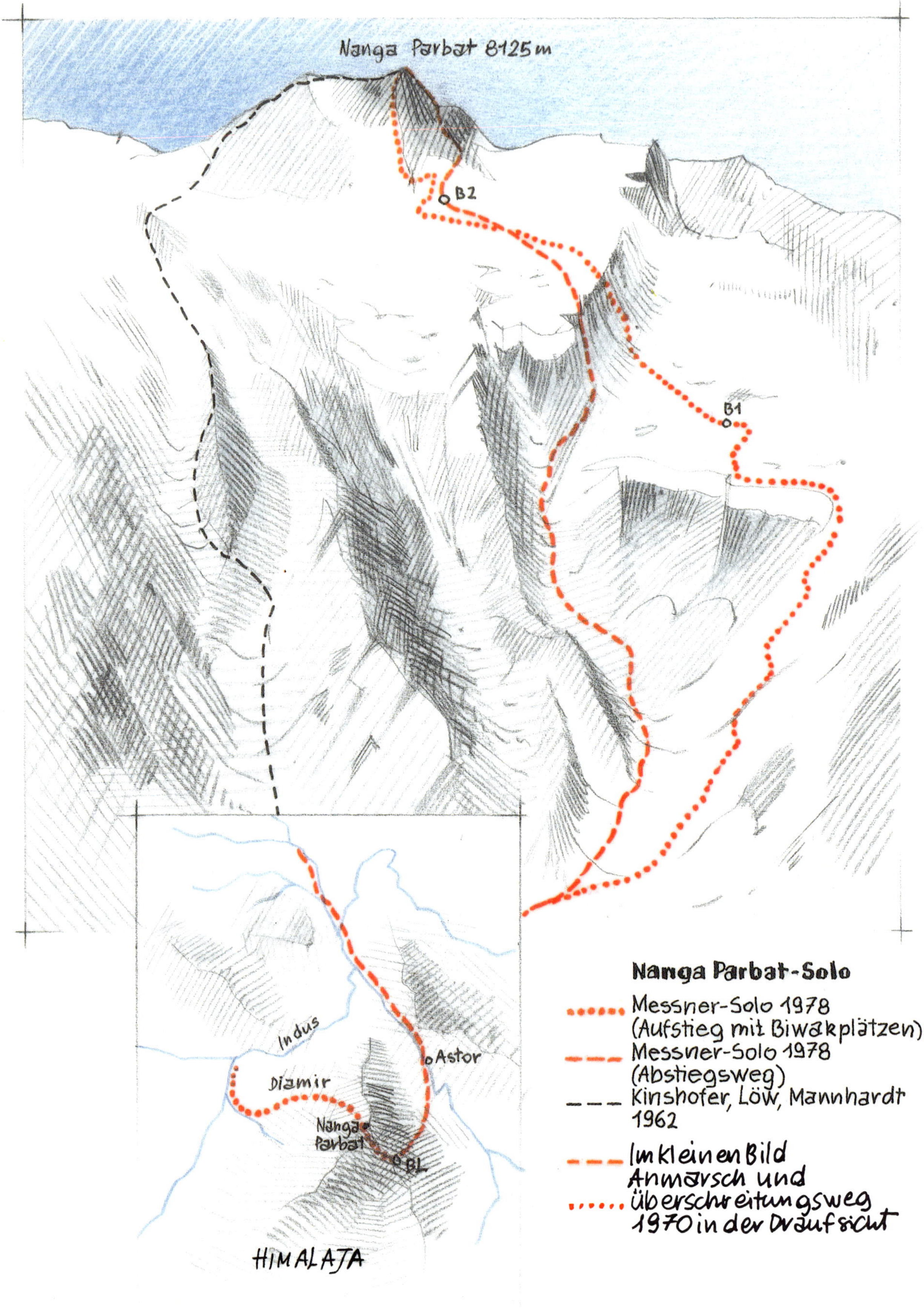
Nanga Parbat 8125 m
B2
B1
Indus
Diamir
Astor
Nanga Parbat
BL
HIMALAJA
Nanga Parbat-Solo
Messner-Solo 1978
(Aufstieg mit Biwakplätzen)
Messner-Solo 1978
(Abstiegsweg)
Kinshofer, Löw, Mannhardt
1962
Im kleinen Bild
Anmarsch und
Überschreitungsweg
1970 in der Draufsicht

Weitere Bücher von Reinhold Messner:

SERIE PIPER

Serie Piper Taschenbuch 3336.
€ 12.90 (D)/€ 13.30 (A)/sFr 22.60

Vom Südtiroler Dorfbuben zum berühmtesten Bergsteiger aller Zeiten: Reinhold Messner über sein Leben, seine Triumphe, Krisen und Selbstzweifel.

Serie Piper Taschenbuch 2646.
€ 12.90 (D)/€ 13.30 (A)/sFr 22.60

In keinem seiner Bücher läßt Messner einen so tiefen Blick in sein Innerstes zu, wie in diesen dreizehn Geschichten, die seine Seele widerspiegeln.

Serie Piper Taschenbuch 3557.
€ 8.90 (D)/€ 9.20 (A)/sFr 15.90

Der streitbare Bergsteiger und Abenteurer Reinhold Messner setzt sich für einen umweltverträglichen Umgang mit der alpinen Gebirgswelt ein.

Serie Piper Taschenbuch 3300.
€ 8.90 (D)/€ 9.20 (A)/sFr 15.90

Hat er nun als erster den Mount Everest bezwungen oder nicht? Reinhold Messner geht dem Mythos um George L. Mallory auf den Grund.

»Erst wenn ich es bei mir selbst aushalte, bin ich den anderen zumutbar.«

Links: Ausblick aus dem Biwakzelt (7400 m) in der Diamirflanke am Nanga Parbat.

ZWEI SIND NICHT ZUVIEL

Ich will einen Achttausender alleine besteigen. Start zum Alleingang am Nanga Parbat, Diamirflanke. Mai 1973
Scheitern auf einer Höhe von etwa 6000 Metern. Obwohl in bester Form, komme ich mit dem Alleinsein nicht zurecht.

Auch mein zweiter Anlauf zu einer Achttausender-Solobesteigung scheitert. Mai 1974
Nach einem Versuch an der Makalu-Südwand (Österreichische Himalaja-Expedition) reise ich nach Pakistan in den Karakorum.
Beim Vorhaben, den Broad Peak alleine zu besteigen, komme ich über den Anmarsch nicht hinaus. Die »kleinstmögliche Achttausender-Besteigung« scheitert an meiner Einstellung. Ich muß akzeptieren, daß der/die Partner die wichtigste Stütze bei Grenzgängen ist/sind. Zwei sind nicht zuviel.

Auch meinen zweiten Anlauf zu einer Nanga-Parbat-Solobesteigung gebe ich auf. Rückkehr schon beim Anmarsch. Ich bin seelisch zu schwach. Mai 1977
Aber ich weiß jetzt, wie es *nicht* gehen kann. Die Minimumrechnung als Spielmöglichkeit genügt nicht. Ich muß zuerst zu mehr Autarkie in allen anderen Lebensbereichen fähig sein.

Anreise zum Nanga Parbat von Westen. Wieder zur Diamirflanke. Expeditionsausrüstung inklusive Proviant und Brennstoff: 60 Kilo. Sogar auf die Landkarte habe ich verzichtet. Ich brauche keine Karte; die Karte ist das Gelände. Juli 1978
Ich habe diesen Schritt – das Höhenbergsteigen in der Reduktion auf die Spitze zu treiben – seit fünf Jahren geträumt. Für die Ausführung habe ich eine klare Strategie: Anreise, zwei Wochen Aufenthalt im Basislager für die Akklimatisation, Aufstieg. Ich will mit dem Minimum an Ausrüstung (Minizelt, Schlafsack, Kochutensilien, Eispickel, Steigeisen) auskommen, am Beginn einer Schönwetterperiode losgehen, über eine neue Route zum Gipfel klettern. Bei geringstmöglichen Kosten strebe ich die höchstmögliche Qualität an.
Weil ich weiß, daß ich 1973, 1974, 1977 aus Angst vor der Angst, im Grenzbereich allein zu sein, gescheitert bin, will ich die erste Wandhälfte so

Die Wirklichkeit an sich bleibt im Verborgenen, nicht erkennbar.

Das Alleingehen nur ist Gehen. Mit der Horde beginnt das Vor- und Nachlaufen. Vor allem das Mitlaufen.

schnell klettern, daß eventuell ein »Point of no return« entsteht. Alles andere bleibt offen. Zufälle will ich bewußt nutzen, bei der Ausführung flexibel bleiben. Meine zehnjährige Himalaja-Erfahrung fließt in dieses Projekt mit ein. Trotzdem gilt: Pläne sind nur Pläne. Sie können meist in der Durchführung nicht eingehalten werden.
Beim Grenzgang kannst du Pläne machen, so viele du willst, sie funktionieren selten oder nie. Die Bedingungen (Wetter, Schneeverhältnisse) und Umstände (Gesundheit) sind nicht vorherberechenbar. Trotzdem, ohne Plan geht es auch nicht. Weder der Nanga-Parbat-Gipfel noch der Nordpol können ohne dezidierte Logistik erreicht werden. Die Improvisation vor Ort aber bleibt ebenso wichtig. Die Fähigkeit, alle Eventualitäten theoretisch im Plan durchzuspielen und trotzdem für alles Unvorhersehbare offenzubleiben, gehört zur Kunst, ein Spiel wie das meine auf die Spitze zu treiben. In diesem Zusammenhang ist der Alleingang leichter als eine Gruppenreise, weil viele Imponderabilien nur von mir allein abhängen.
Wenn ich als Einzelgänger einmal zu einer Entscheidung gekommen bin, kann ich zu ihr stehen oder sie rasch ändern, wenn andere Umstände es fordern. Sie hängt nur von mir ab. In der Gruppe gilt es, gemeinsam zu Entscheidungen zu finden. Flexibel bleiben und bei unvorhergesehenen Gegebenheiten gemeinsam reagieren, bedeutet in der Gruppe Zeitverlust und oft auch Energieeinbuße.
Trotzdem bin ich »Solo-Abenteurern« gegenüber, die fast nie in Gruppen agieren, skeptisch. Der Alleingang muß die Ausnahme bleiben. Die Regel ist die Aktion in der Gruppe.
Warum? Wenn weder Erfolg noch Leistung meine Rechtfertigung sind, sondern Erfahrung, habe ich in einer Gruppenreise mehr Möglichkeiten als der Alleingänger. Die Anstrengungen sind beim Alleingang vielleicht größer. Selbsterkenntnis und Erfahrung nicht. Diese sind zusammen mit anderen intensiver. Wenn einer/eine allerdings nur und immer gewinnen will, wird er/sie den Alleingang vorziehen. Ein simpler Selbstbetrug.
Ich bin überzeugt davon, daß jeder von uns ein Einzelner und Einziger ist. Trotzdem leben wir in Gruppen zusammen und nebeneinander. Der Ausspruch »Two are a crowd« weist oft nur darauf hin, daß jemand mit anderen nicht umgehen kann oder daß er auf Zeugen lieber verzichtet. Zwei sind nicht zuviel. Auch beim Grenzgang nicht.

7. 8. 1978

Nach einem Fehlstart und einem Ausflug auf den Ganalo Peak (zur Festigung meiner Selbstsicherheit) steige ich mit dem ersten Morgengrauen in die Diamirwand ein und schaffe in sechs Stunden 1600 Höhenmeter. Oberhalb des großen Séracs, im rechten Wandteil, beziehe ich mein Biwakzelt, das ich unter eine leicht überhängende Eisstufe gestellt habe (6400 m Meereshöhe).
Ich habe das Unvorhergesehene auf ein Minimum reduziert und bleibe doch bereit, mit dem Geheimnisvollen zu leben. Darin besteht die Kunst: im Lot zu sein. Bei diesem Alleingang kommt es viel mehr auf diese innere Balance an als auf Kletterkönnen. Ich weiß, was auf mich zukommt. Trotzdem ist alles offen.
Ausgeglichen bleiben ist nicht planbar. Ich bin es und weiß, daß Unsicherheiten im Tun ersticken. Also weiter! Einmal unterwegs, sind alle Probleme

zu lösen. »Do it, try it, fix it«, sagen die Unternehmensberater von McKinsey dazu. Als Auftrag an sich selbst.

Die oberen zwei Drittel der Diamirflanke mit den Sérac-Zonen.

8. 8. 1978

Obwohl wenige Minuten nach 5 Uhr früh ein Erdbeben den Nanga Parbat so stark erschüttert, daß alles lose Eis (Tausende von Tonnen) abbricht und mein geplanter Abstiegsweg abgeschnitten ist, gehe ich weiter. Es ist wie eine Flucht nach vorne. »Irgendwo-werde-ich-schon-hinunterkommen-Stimmung«. Eine starke Überzeugung jetzt, ganz hinaufzukommen.
Nachdem ich das Biwakzelt abgebaut und alle Ausrüstung (etwa 15 kg) im Rucksack verstaut habe, steige ich diagonal nach links, wo ich in Gipfelfallinie ein zweites Mal biwakiere (7400 m).

9. 8. 1978

Aufstieg bis zum Gipfel. Wegen schlechter Schneeverhältnisse bin ich sehr langsam. Wiederholt spreche ich mit mir selbst. (Der/die fehlende Partner/in wird in Grenzsituationen offensichtlich durch die Fähigkeit des Menschen substituiert, sich in zwei oder mehrere Persönlichkeiten zu spalten.)
Spät am Nachmittag erreiche ich den Gipfel. Starkes Erfolgsgefühl. Einerseits Genugtuung, es alleine geschafft zu haben, andererseits der Wunsch, die-

sen Erfolg zu teilen. Erfolg wird niemandem geschenkt – nie und nirgends –, geteilt verkleinert er sich nicht.
Abstieg ins (stehengelassene) Biwak auf 7400 Metern Meereshöhe.

10. 8. 1978 Schneesturm. Die Ausweglosigkeit ist total. Undurchdringbar. Ein Abstiegsweg wäre im dichten Nebel nicht zu finden. Der Hang (3000 m hoch) unter meinem Biwak ist jetzt extrem lawinengefährlich. Es gibt keine Rückendeckung. Proviant und Brennstoff reichen maximal für fünf Tage.
Erstmals spüre ich wegen der Minimierung von Ausrüstung und Helfern das erhöhte Risiko. Schlechtwetterperioden am Nanga Parbat können auch zwei Wochen lang andauern. Mit den Schneefällen nimmt die Lawinengefahr unter mir beängstigend zu.
Das Weglaßprinzip widerspricht dem Sicherheitsdenken. Ein auf die Spitze getriebener Grenzgang ist zwar fairer, sauberer, schneller und in einigen Punkten auch sicherer (kein Zeitverlust durch gemeinsame Entschlußfindung; Schnelligkeit ist auch Sicherheit), für den einen Akteur aber gefährlicher. Bei Wetterstürzen, Krankheit oder Fehlern kann eine Korrektur oder ein Ausweichen problematisch, wenn nicht unmöglich sein.
Drittes Biwak auf 7400 Metern.

11. 8. 1978 Ich nutze eine kurze Sturmpause und Löcher im Gewölk (von oben als Nebelfetzen zu erkennen), um mich zu orientieren. Entschluß zum fluchtartigen Abstieg.
Eiligst wird gepackt. Über eine gigantische Rinne links (orographisch) der Mummeryrippe steige ich ab. Blankeis. (Der nie zuvor begangene oder versuchte Weg ist sehr gefährlich. Er ist aber lawinensicher, weil der Schnee hier sukzessive abrutscht.)
Der Abstieg (3000 Höhenmeter) gelingt mir in wenigen Stunden (hohe Eisschlaggefahr!). Mit steigender Geschwindigkeit des Kletterers nimmt in den von Natur aus gefährlichen Zonen wie am Nanga Parbat die Gefahr zwar ab, ausgeschaltet aber wird sie nie.
Mit diesem Alleingang (neue, gefährliche Route, keine wesentlichen technologischen Hilfen, keine Vorarbeit) bin ich meinem Ideal vom futuristischen Grenzgang am Berg am nächsten gekommen. Weil die Gefahr größer war als die Schwierigkeit.
Mit 20 oder 25 Jahren läßt sich jeder auf ein Abenteuer ein, das ihm über den Kopf wächst. Wer hat nicht wenigstens einmal im Leben das alleräußerste Risiko auf sich genommen? Älter werden aber heißt unter anderem auch schwächer, vorsichtiger werden. Trotzdem ein großes Wagnis eingehen heißt, alle Erfahrung in die Waagschale werfen. Vor allem Erfahrung, Instinkte, Wissen haben den Wunsch, bestätigt zu sein.
Wer einen alten Weg erstmals alleine geht, praktiziert einen neuen Stil. Ein neuer Weg im Alleingang ist ein Doppelschritt. Ein gefährlicher Weg im Alleingang ist das Nonplusultra.
Zufrieden jetzt? Nein. Immer noch der Anspruch, einen Schritt weiterzugehen. Mein Bemühen nach Spitzenleistungen (excellent acitivities) ist nicht befriedigbar. Mehr oder weniger hoch, weit, schnell ist dabei nicht so wichtig. Das Was und Wie zählen.

Den Anspruch, alle Achttausender ohne Sauerstoffmaske zu besteigen, habe ich an mich gestellt.

»Ein Berggipfel ist so attraktiv, daß nicht für ihn geworben werden muß.«

PLANUNG UND AUSFÜHRUNG

Mit der Potenz zur Sinnstiftung allein ist es wie mit der Liebe im leeren Raum. Die Umsetzung ist ebenso wichtig. Und schwierig. Wenn ich für meine bescheidenen Erfahrungen zu Fragen der Planung und Ausführung einen Alleingang als Beispiel gewählt habe, dann nicht deshalb, weil er besonders schwierig zu planen wäre; nein, ich wollte damit andeuten, daß die Fähigkeit zum Alleingang weit mehr voraussetzt als Perfektion in Planung und Ausführung.
Neben der entsprechenden Idee und Motivation brauche ich zuerst die Fähigkeit, alleine zu leben, alleine zu sein. Die Einsamkeit ist eines der zentralen Probleme des Menschen, das zwischen dem Hochgefühl der Unabhängigkeit und dem Gespenst des Alleingelassenseins bei Grenzgängen besonders akut werden kann.
Alleinsein und Einsamkeit sind nicht ein und dasselbe. Alleinsein löst – je nachdem, ob es freiwillig oder gezwungenermaßen erlebt wird – gegensätzliche Gefühle aus. Einsamsein ist immer auch begleitet von einem Gefühl des Verlassenseins, Verlorenseins. Diese Verloren- und Verlassenheit führt rasch in das Dunkel der Sinnlosigkeit, in der die Zeit stillsteht.
Um eine Idee in die Tat umsetzen zu können, ist das Gegenteil Grundvoraussetzung: eine positive Endlosigkeit, Hoffnung, Sinnhaftigkeit. Tatenlust ist meist die Folge.
Viele haben gute Ideen, aber nur wenige die Fähigkeiten, diese umzusetzen. Das erlebe ich immer wieder, und nicht nur in der kleinen Schar der Grenzgänger.
Bei meinen Touren waren Ausrüstungs- und Kostenminimierung vielfach auch wesentliche Ideenauslöser. Die Idee lag darin, Planung und Realisation zu erleichtern, was in erster Linie durch Gewichtsersparnis zu erreichen war. Einige meiner bahnbrechend neuen Bergbesteigungen habe ich als Minimumrechnungen angefangen: Mit immer weniger (zuletzt dem Minimum) an Hilfsmitteln (bedeutet auch weniger Gewicht), immer weniger Zuträgern und immer weniger Geld auszukommen, forderte mich als Spielmöglichkeit.
Nicht nur mein Ehrgeiz und meine Ansprüche haben mir diese Minimumrechnung aufgezwungen. Anfangs waren es vor allem meine Lebensumstände. Als Südtiroler ohne nationales Hinterland (italienische Sponsoren unterstützten italienische Expe-

Der Alleingänger kann seine Freuden und Ängste nicht teilen. In kein anderes menschliches Gesicht sehen heißt in der Grenzsituation also der Mangel. Die Schizophrenie ist oft die letzte Rettung. Die Fähigkeit, sich auseinanderzudividieren, in A und B zu teilen. Zwischen A und B Harmonie und Dialektik aufkommen zu lassen, muß gelernt sein.

Wer geworden ist, wer er ist, kann alles, was er will; auch, weil er nur will, was er kann.

ditionen, deutsche deutsche etc.) mußte ich meine Ideen aus einem Minimarkt (Südtirol) finanzieren. Um an die Realisation großer Ziele zu gehen, war ich gezwungen, entweder mit nationalen Expeditionen zusammenzuarbeiten oder meine Ideen mit einem Mini-Budget in Eigenregie zu verwirklichen. Früh schon hatte ich mich für die zweite Variante entschieden.

Kleine, effektive Teams zusammenzustellen und sie durch mehrere schwierige Situationen hindurch zur vollen Entfaltung ihrer Schlagkraft wachsen zu lassen, habe ich parallel zu dieser Minimumrechnung gelernt.

Meine Partner mußten nicht »schweigen und funktionieren«, sie mußten sich nicht mir, sondern wie ich der selbstgestellten Aufgabe unterordnen. Das Motiv bestimmt den Geist eines Grenzgangs. Planungsmodelle und Management-Theorien sind dafür nebensächlich.

Meine Führung, in diesem Zusammenhang öfter als »menschenfressend« kritisiert, und die Karriereplanung meiner Partner, die fast immer von ihrem persönlichen Manager »wahrgenommen« wurde, mußten aufeinanderprallen. Es kam zu mehreren Brüchen. Unsere gemeinsamen Erfolge aber beweisen, daß Geist, Planung und Ausführung bei diesen Expeditionen gestimmt haben.

Sich selber Ideator, Sinn- und Gesetzgeber sowie Schiedsrichter zu sein, ist nicht Privileg, sondern Bedingung des Grenzgängers.

Wie wahr wir bleiben, wenn uns Dritte, Außenstehende, unser Selbstverständnis genommen haben, spiegelt sich wider in den Erfolgen. Auch Grenzgänger werden oft »verheizt«, bevor sie ihren Leistungszenit erreicht haben. Oder sie laufen hinter kurzlebigen Modetrends her. Wie soll einer unterscheiden zwischen Sein und Schein, wenn er seine Interessen nicht selbst wahrnimmt? Nur die Sachbezogenheit schärft den Blick für das Gültige, Echte, Dauerhafte. Es zählt nur, was ist, und nicht, was gerne wäre. Deshalb erscheint mir Idealismus auch in diesem Zusammenhang fragwürdig. Meist entspringt er einer fremdbestimmten Einstellung.

Alle »selbstlosen« Grenzgänger sind mir suspekt. Sie haben keine Ansprüche außer denen, als etwas Besonderes zu erscheinen. Meine Erfahrungen geben mir das Recht, sie als Parasiten zu entlarven. Sie »leben« von geheucheltem Idealismus und meist von der direkten oder indirekten Kritik ihrer »Kollegen«, über die sie sich vorgeben zu erheben.

Ich bin immer ein Macher. Obwohl ich mit meinen Grenzgängen nichts produziere als Erfahrungen, bin ich wie ein Unternehmen: ideenreich, planend, produktiv. Ein Einmann-Industrieller. Meine Touren funktionieren, wie Industrie funktioniert. Nur ohne »Wasserkopf«.

Anfangs war ich dabei auf einen Planungshorizont angewiesen, der mir kleine, schnelle, »billige« Expeditionen aufzwang. Meine Ausführungsstrategie habe ich darauf abgestimmt. Planung ist nichts anderes als antizipiertes Entscheiden. Das heißt, ich ziehe alle denkbaren Umstände – Schwierigkeiten, Wetter, Engpässe – in Betracht, wenn ich eine Expedition auf die Beine stelle. Im fernen Himalaja kann ich nicht ins nächste Geschäft laufen und Vergessenes nachkaufen. Was ich nicht dabeihabe, fehlt. Deshalb ist perfekte Planung so wichtig.

Und wie wird sie perfekt? Erfahrung hilft beim Vorausplanen ebenso wie das konsequente Durchgehen von Checklisten, die im Laufe von 200 Jahren modernen Abenteuers zusammengekommen sind. Gleichzeitig aber gilt: Ich kann theoretisch alles planen, eine Expedition auch im Computer simulieren und in mehreren Varianten

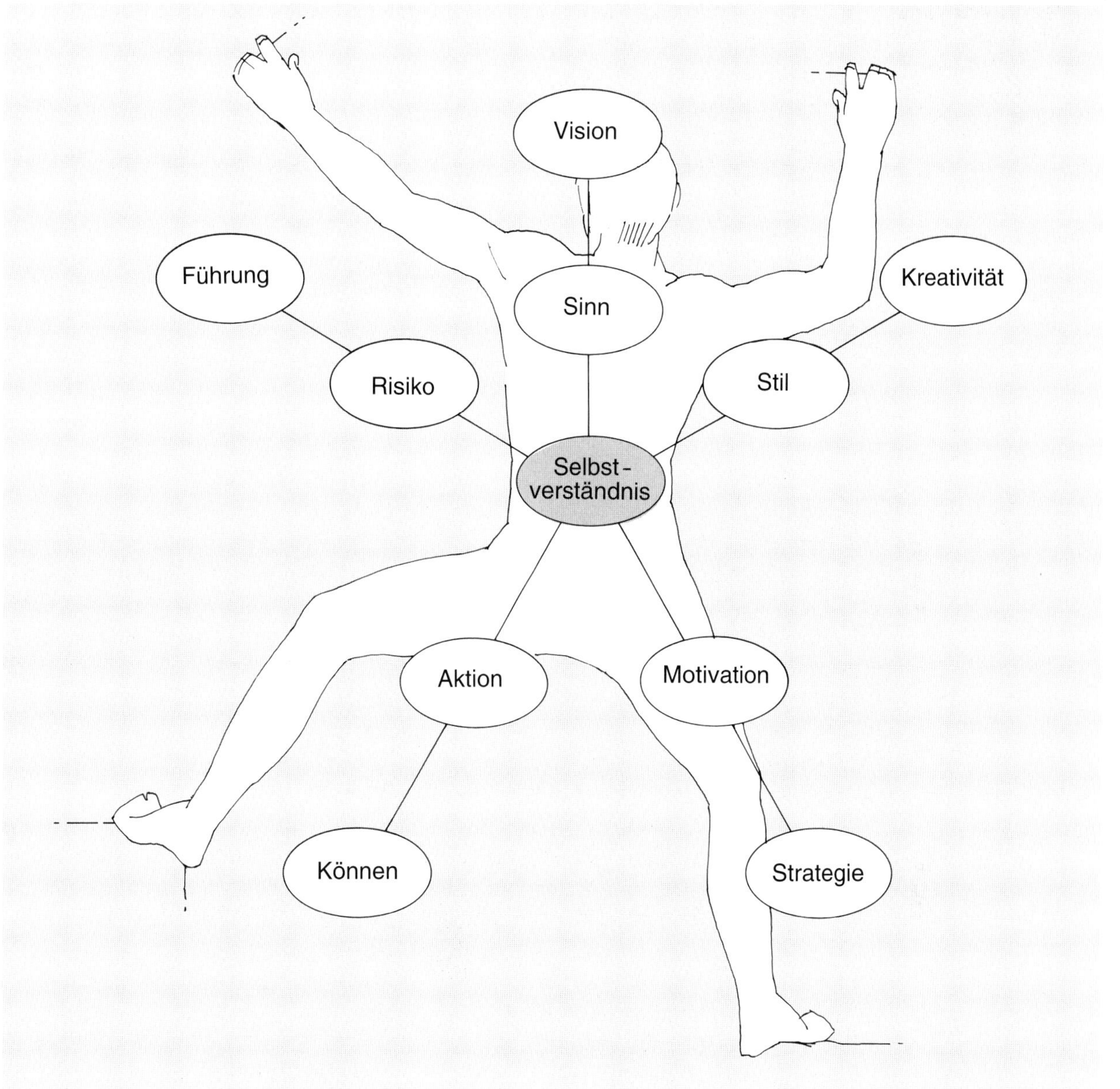

Grenzgänger in Aktion

Kein Roboter »tickt« wie der Grenzgänger in Aktion.

Jede(r) kann ihre/seine Berge versetzen, wenn

- sie/er ihr/sein eigenes momentanes, einzigartiges Potential entdeckt, spürt, ausdrückt (Ideen sofort niederschreiben, verinnerlichen, rationalisieren!);
- dieser Augenblick genützt wird, um Motivation anzulegen für das Tun (seelische Energie wächst mit klaren Gedanken und positiven Gefühlen, so wie körperliche Kraft und Ausdauer mit Training wachsen);
- sie/er die eigenen Überzeugungen einer Kontrolle unterzieht (Erfahrungsaustausch im Gespräch mit Spezialisten, Test in kleinen Schritten);
- das Selbstverständnis wie ein Freudenschrei aus dir heraus will – wage den »Urschrei« (muß ja nicht im Büro oder im Bahnhof sein) und freue dich über die Veränderung, die in dir vorgeht;
- mehrere, die ähnlich »ticken«, sich ermuntern, »unmögliche Probleme« zu lösen.

Das Denken als Totalität der konkreten Zusammenhänge geht dem Tun voraus.

Entscheiden folgt dem Erkennen von Richtig und Falsch. Deinem eigenen Richtig und Falsch. Es setzt den Mut zum Ich, Ja und Nein voraus.

durchspielen – für die Realisation bleibt nur ein Durchgang. Abweichungen muß ich immer und überall begegnen können.

Ein Plan ist zwar nicht dafür da, daß er nicht eingehalten wird, aber er muß umstellbar sein. Wir Grenzgänger können Pläne machen, so viele wir wollen, sie werden zu guter Letzt nie genauso funktionieren, wie wir sie uns ausgedacht haben. Jene aber, die die Fähigkeiten besitzen, einen ausgeklügelten Plan, auch wenn er noch so viele Varianten hat, vor Ort und im letzten Augenblick für das vorher Undenkbare umzugestalten, werden weiterkommen als jene ohne Plan oder ohne Flexibilität.

Der Weltmeister unter den Bergsteigern in diesem Zusammenhang war der Pole Jerzy Kukuczka. Er ist relativ spät zum Himalaja-Bergsteigen gekommen, hat dann aber – in einer sehr kurzen Zeitspanne (nur elf Jahre) – alle 14 Achttausender bestiegen. Nicht nur seine stoische Ruhe und sein Beharrungsvermögen haben ihm diesen Erfolg eingetragen. Vor allem war es die Fähigkeit, vor Ort und im letzten Moment richtig zu entscheiden. Kukuczka war ein Macher, der mehr Flexibilität zeigte als andere Bergsteiger seiner Generation.

Die Flexibilität steht zwischen Planung und Ausführung. Weil ich als Grenzgänger weit weg von jeder Hilfe und Reparaturwerkstätte bin, die Ausführung mit Risiken verknüpft ist, wesentliche Planungsfehler oft nicht mehr korrigiert werden können, muß meine Flexibilität gekonnt sein.

Wer zu lange allein war, redet zuviel.

Was und wieviel nun kann ich offenlassen für diese Flexibilität? Das Improvisieren vor Ort darf nicht die Folge von Schlamperei sein. Es könnte im übrigen meinen Partnern das Gefühl der Sicherheit nehmen. Allen Risiken, Wetterveränderungen, Proviantreserven fließend Rechnung zu tragen, geschieht intuitiv und macht überlegen.

Wenn ich behaupte, daß der Erfolg eines Grenzgangs gleichwertig von Planung wie von Improvisation abhängt, soll dies keine Mengenaussage sein. Es ist eine Qualitätsaussage. Beide, Planung und Flexibilität, müssen gekonnt sein, hundertprozentig.

Jede meiner Expeditionen folgt einigen Eckwerten. Der erste ist die Qualität. Der zweite die Finanzierbarkeit. Dann kommt die Risikobereitschaft. Je älter ich werde, um so mehr lasse ich mich bei meinen Vorhaben von der Qualität leiten: Qualität der Aussage, Qualität der Tat, Qualität der Erfahrung.

Expeditionspläne, die meinen Qualitätsvorstellungen nicht entsprechen, lasse ich fallen. Die anderen trage ich eine Zeitlang als Tagtraum mit mir herum. Ich lasse sie wachsen. Wenn ich ahne – dies ist ein Empfinden zwischen Gedrängtsein und Lust –, daß ein Plan reif ist, erstelle ich eine Kostenanalyse; der Finanzierungsplan ist meist schneller gemacht als erfüllt. Dann eine Logistik. Zuletzt kommt der Zeitplan. Dem folgen die Finanzierung und das Offenhalten meines Terminkalenders.

Zu meinen wenigen Planungselementen (wieviel Proviant, Brennstoff, Ausrüstung für wie viele Leute und Tage; Ausweichmöglichkeiten) kommt immer auch das Wissen, wie es nicht gehen kann. Je mehr Expeditionen vor mir an einem bestimmten »Problem« gescheitert sind, desto besser weiß ich, wie ich es *nicht* machen darf. Wenn ich alle Fehler, die andere beim Versuch, »mein Problem« zu lösen, gemacht haben, vermeide, kann ich durchkommen. Je mehr Fehler der anderen ich kenne, um so weniger werde ich machen. Dieses negative Abstrak-

tionsverfahren erlaubt mir, oft auch ohne Test, mit wenigen Vorgaben also, ein ziemlich genaues Planen.
Gehe ich aber ein Ziel an, das noch nie versucht worden ist (habe ich so gut wie keine Vorgaben), dann plane ich doppelgleisig. Ich beantworte mir zuerst die Frage, wie es gehen könnte. Dann, wie es in keinem Fall gehen kann. Zuletzt entscheide ich nach Engpaßsektoren.
Vor dem Versuch, Grönland von Südosten nach Nordwesten diagonal und der Länge nach zu durchqueren

Der Nanga Parbat von Norden. Links oben der Silbersattel. Darüber und darunter kam es wiederholt zu Tragödien wegen Planungsfehlern.

Je kühner das Spiel, desto seltener gelingt es.

Seite 139: Ausdauertraining in 4000 Metern Höhe für den Achttausender-Hattrick.

Seite 140/141: Der Kangchendzönga von Norden (großes Bild); Gasherbrum IV, III, II (kleines Bild links) und Broad Peak.

Das Hochgefühl beim Grenzgang – Erfolg, der in jedem Augenblick sichtbar ist; Zusammensein, das vital ist; Risiken, die für alle Beteiligten unmittelbar tödlich sein könnten – ist ein archaisches.

(mehr als 2000 km, die längste Strecke, die je ein Mensch ohne besetztes Camp gelaufen ist), entschied ich mich für eine minimale Dauer. Hätte ich die Überquerungszeit auf 200 Tage angesetzt, hätte ich aufgrund des schweren Schlittens (250 kg) länger gebraucht. Die Gewicht-Zeit-Spirale – mehr Gewicht, mehr Zeit – hätte dann die Realisation unmöglich gemacht.

Je weniger Tage, desto leichter der Schlitten, desto größer die Erfolgschancen – auch das stimmt nur bedingt. In 50 Tagen ist Grönland der Länge nach kaum zu schaffen. Es galt, die Minimalzeit herauszufinden, in der diese riesige Insel zu durchqueren und dabei die notwendigen Reserven an Brennstoff und Proviant mitzuziehen waren.

Das Weglaßprinzip ist Grundvoraussetzung für den Erfolg. Genau zu wissen, was ich weglassen darf und in welcher Menge, ist eine Kunst, die von Außenstehenden vielleicht nachempfunden, aber nur schwer erlernt werden kann.

Wenn meine Grenzgänge immer wieder Bewunderung auch bei Laien hervorrufen, dann auch deshalb, weil wir alle ahnen, daß Verzicht – vor allem im Materiellen – zum Menschsein von morgen gehört. Unser Körper, unser wichtigster gemeinsamer Nenner, ist weitgehend gleich. Wenn nun einer mit immer weniger materiellen Hilfen immer weiter zu kommen versucht, weist er damit in unsere Zukunft.

Ich stelle dies fest, obgleich ich mir bewußt bin, daß dies überheblich klingt. Einen Anspruch in dieser Richtung haben meine Grenzgänge nicht. Mir sind mit meinen Erfolgen auch keinerlei Allmachtsfantasien zugewachsen. Aber mein Spiel als Grenzgänger hat mich mehr und mehr auf ein geistiges Potential aufmerksam gemacht, das ich in vielen wecken möchte. Daneben habe ich in den letzten zwei Jahrzehnten eine Perfektion im Weglassen erreicht, die mich, mehr als meine physischen Voraussetzungen, wiederholt einen Schritt weitergebracht hat.

Heute hängt die Qualität von Grenzgängen weniger mit der Zielsetzung zusammen als vielmehr mit der kontinuierlichen Minimierung von Hilfen und Technologie. Ich bin nicht grundsätzlich ein Gegner der Technik. Ohne sie könnten wir nicht in so großer Zahl auf dieser Erde leben. Und wir in den reichen Industrieländern nicht so komfortabel. Aber ich benütze sie dort nicht (oder nur begrenzt), wo mein Tun praktisch unnütz ist. Und meine Grenzgänge sind unnütz.

Ich bin zum Verzicht-Grenzgänger geworden und überzeugt davon, daß nur dieser Weg Zukunft hat. Futuristisch ist ein Unternehmen nur, wenn es ökologisch sauber, energiesparend und human arbeitet. Ich erwarte deshalb hohe Ansprüche in ökologischer und humaner Hinsicht von allen Unternehmen.

Trotz aller Planung – einen Plan fürs Leben habe ich noch nicht. Ich werde ihn auch im nächsten Jahrzehnt offenlassen. Aber ich weiß, daß ich weiterhin weglassen werde. Ich habe gelernt, mit so wenig wie möglich Sauerstoff auszukommen. Beim Versuch, Grönland im Winter zu durchqueren, haben wir freiwillig aufs Licht verzichtet. In der gefürchteten »Wüste des Todes«, der Takla Makan in China, werde ich mit einem Minimum an Wasser leben müssen.

Indem ich immer mehr von den grundsätzlich notwendigen Lebensvoraussetzungen ausknipse, kann ich immer weitergehende Erfahrungen machen. Allein darin liegt heute der Sinn meiner Reisen. Vielleicht liegt darin auch ein Sinn darüber hinaus.

»Ich richte mein Leben nicht ein – ich bin, und zwar jetzt und nur einmal, auch auf Erfolg aus.«

VII
ERFOLG MULTIPLIZIEREN

Die »Eroberung des Nutzlosen«.

Expedition ist auch Investition.

Selbsttragendes Prinzip.

Jede Reise muß sich selbst tragen.

Bessere Strategie ergibt bessere Kosten-Nutzen-Analyse.

Einfachere Lösungen für denselben Nutzen.

Vermarktung als integraler Teil der Expedition.

Selbstverständnis als Werbeträger.

Sponsoring und seine Grenzen.

Kosten minimieren oder Nutzen maximieren.

Gesetz der komparativen Kosten.

Die Zeit dort einsetzen, wo ich am besten bin.

Energierückfluß.

Lustprinzip.

Selbstzweck.

Egoismus.

Lust wächst nicht mit Einsparen.

Moral und Ethik.

Lernprozeß.

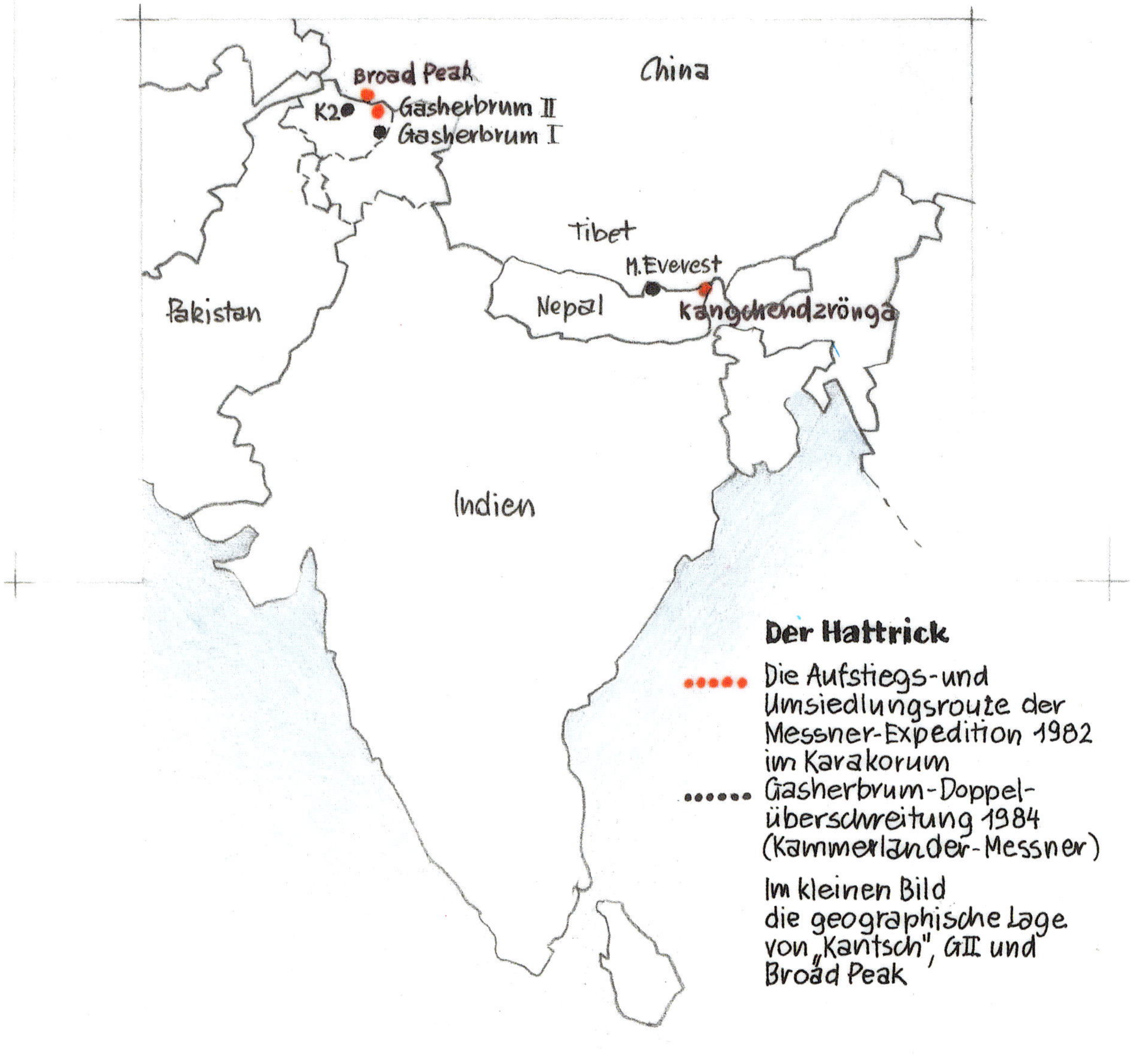

Der Hattrick

Die Aufstiegs- und Umsiedlungsroute der Messner-Expedition 1982 im Karakorum

Gasherbrum-Doppelüberschreitung 1984 (Kammerlander-Messner)

Im kleinen Bild die geographische Lage von „Kantsch", GII und Broad Peak

»Großer Respekt vor einem Ziel fordert das Beste meiner Persönlichkeit heraus.«

Links: Tiefblick aus 6000 Metern Höhe auf den Gletscher.

DREI SCHRITTE AUF EINMAL

Oktober 1991

Nach dem Alleingang auf den Mount Everest von Norden (August 1980) und einer Shisha-Pangma-Expedition (Mai 1981) ist mein Ehrgeiz im Höhenbergsteigen befriedigt. Die Idee, drei Achttausender im Rahmen einer einzigen Reise zu besteigen, kommt von einem jüngeren Bergsteiger: Friedl Mutschlechner. Die »Eroberung des Nutzlosen«, als das der Franzose Lionel Terray das extreme Bergsteigen bezeichnet hat, macht plötzlich wieder Sinn.
Drei Achttausender hintereinander zu besteigen, bedeutet nicht nur Anstrengung in Serie, sondern auch multiplizierten Erfolg. Damit hätte ich bisher nicht nur neun verschiedene Achttausender bestiegen; die Möglichkeit, alle 14 Gipfel der Erde über 8000 Meter Meereshöhe zu erreichen, würde denkbar. Eine völlig neue Kosten-Nutzen-Rechnung bietet sich an: Einmaliges Training, einmalige Akklimatisation, einmalige Finanzierung für drei Ziele; die Auswertungsmöglichkeiten wären vielfältig.
Jede Expedition ist auch eine Investition. Über eine Zeitspanne von 20 Jahren sind solche Reisen nur machbar, wenn sie sich selbst tragen. In der Kombination von Büchern, Vorträgen und als Berater von Sportartikelherstellern (Zusammentragen von Testergebnissen vor Ort) bin ich zehn Jahre lang fähig gewesen, mit meinen bergsteigerischen Erfolgen auch meinen wirtschaftlichen Erfolg zu steigern. Eine bessere Strategie (durch Schnelligkeit, Leichtigkeit) hat jeweils auch eine bessere Kosten-Nutzen-Analyse ergeben. Ein weiterer Schritt in dieser Hinsicht verspricht der Achttausender-Hattrick zu werden.
Weil ich die Vermarktung als integralen Teil einer Expedition verstehe, entwickle ich ein Selbstverständnis (wenn auch ein kritisches) als Werbeträger, suche aber trotzdem weiter nach den einfachsten Lösungen.

Januar 1992

Zehn Jahre lang habe ich gelernt, die Kosten zu minimieren; mit dem Hattrick bietet sich die Gelegenheit, den Nutzen zu maximieren. Das merke ich schon bei der Finanzierung: Verleger wollen das Buch, Magazine die Reportage über die Besteigung in Serie.
Ich richte die Expedition nicht nur darauf aus, nachher »abzusahnen«. Ich handle nach wie vor nach dem Lustprinzip. Ich stehe zum Abenteuer als Selbstzweck. Auch will ich weiterhin das machen, was ich am besten kann.

Nur Starke (er)tragen Unrecht.

Wenn ich in den letzten 20 Jahren mehr als jeder andere das Bergsteigen geprägt habe, resultiert das nicht aus der Tatsache, daß ich besser gewesen wäre als alle anderen. Nein, ich habe mich vielmehr stärker für meine Wertvorstellungen eingesetzt. Meine Bilder waren eingängiger, sie waren allgemeinverständlicher. Daß sich diese Erfolge auch wirtschaftlich umsetzen ließen, war Bedingung für mein Tun und logische Folge zugleich. Der wirtschaftliche Erfolg war ebenso wichtig wie der bergsteigerische. Aber er ist es nicht, wofür ich lebe.
Der Begriff »Grenzgang« ist für mich gefüllt mit Tagtraum, Neugierde, Risiko, Wildnis. Geld kommt darin nur in der Kostenrechnung vor. Das Umgekrempelt-Werden dabei entspricht einem Lernprozeß. Er ist der wahre, der wichtigste Gewinn. Nicht Geld, Moral oder allgemeine Wahrheiten. Es gibt in diesem Zusammenhang keine Wahrheiten, sondern nur Machbarkeiten. Mir geht es nach wie vor zuerst darum, die richtigen Dinge zu tun. Dann, meine Sache richtig zu machen. In Planung, Ausführung, Auswertung gut zu sein, entspricht dem Ernst des Spiels.

April 1982 Anmarsch zum Kangchendzönga (8598 m). Aufstieg über die schwierige Nordwand.

5. 5. 1982 Der Sherpa Ang Dorje, Friedl Mutschlechner und ich erreichen den Kangchendzönga-Gipfel. Abstieg bis in ein letztes Hochlager (zwei Biwakzelte) in etwa 8000 Metern Meereshöhe.

6. 5. 1982 Der Sturm (Jetstream) zerreißt gegen 5 Uhr früh beide Zelte. Lebensgefährliche Situation. Dramatischer Abstieg bis ins Basislager (Friedl hat Finger und Zehen erfroren. Ich leide an einem Lungenödem oder einem Amöbenabszeß in der Leber; vielleicht an beidem).

Mai 1982 Rückmarsch nach Kathmandu. Friedl reist in die Universitätsklink nach Innsbruck. Ich erfahre Hilfe bei einem amerikanischen Arzt in Nepal.

Juni 1982 Zur Erholung fahre ich nach Ladakh, um in der Höhe (3000 – 6000 m) meine Akklimatisation nicht zu verlieren. Leichte Bergtouren bis auf 6000 Meter.

24. 6. 1982 Reise nach Rawalpindi (Pakistan), wo ich den Hattrick mit zwei einheimischen Bergsteigern fortsetzen will.

2. 7. 1982 Daß der erste Flug (Rawalpindi – Skardu) auf Anhieb klappt, erscheint mir wie ein Wunder. In Skardu packen wir – Sher Khan, Nazir Sabir und ich – 25 Trägerlasten.
Mein früherer Expeditionskoch Rosi Alí ist glücklich, mitzumachen. Als zweiten Basislagermann wähle ich Karim, einen kleinen, aber zähen und liebenswerten Kerl aus Hushe in Baltistan, aus.

3. 7. 1982 Fahrt nach Dassu.

4. 7. 1982 Der Anmarsch (Dassu – Tschakpo) beginnt.

Concordia auf dem Baltoro-Gletscher. Die vier Träger, die zum Broad-Peak-Basislager müssen, wecken mich um 4 Uhr früh. Um 5 Uhr hetzen Nazir und ich hinter ihnen her, überholen sie und gehen zügig bis ins Basecamp unterm Broad Peak. Wir warten fünf Stunden auf die Träger und beobachten inzwischen drei Bergsteiger einer deutschen Gruppe, die in 6500 Metern Höhe ihr zweites Lager errichten. 12. 7. 1982
Nachdem wir die vier Container mit Verpflegung deponiert haben und die Träger bezahlt sind, eilen wir nach Concordia und weiter über die Mittelmoräne Richtung Abruzzi-Gletscher, wo wir Sher Khan mit den anderen Trägern treffen.

Es schneit. Trotzdem ist die Stimmung unter den Trägern gut. Im Schneetreiben und Nebel gehe ich voraus. Der Steig ist auch unter 10 Zentimetern Neuschnee deutlich zu erkennen. 13. 7. 1982
Um 10 Uhr Ankunft im Basecamp (5000 m).

Am Vormittag bauen wir unser Basislager aus. Essen und Ausrüstung werden sortiert. Wenigstens einen Monat lang können wir es hier aushalten. 14. 7. 1982

20 Zentimeter Neuschnee. 15. 7. 1982

Geplanter Aufstieg. Auch im Halbschlaf bin ich bereit, auf die Uhr zu sehen und loszumarschieren. 17. 7. 1982
Um 3 Uhr früh ist es so warm, daß wir es vorziehen, abzuwarten. Dicke schwarze Wolken hängen in den Gletscherbecken. Schade um diese Nacht.

Lastentransport ins Lager I. Kurz nach 4 Uhr gehen wir los. Das Wetter ist gut, die Luft warm. 18. 7. 1982
Der Weg durch den Eisbruch macht keine Probleme. Wir richten ein Depot ein (5800 m, Zelt) und steigen ab. Fürchterliche Hitze, weicher Schee, offene Spalten. Um 15 Uhr nähern wir uns dem Hauptlager.
Gebot: Allein dürfen Rosi Alí und Karim nicht durch den Eisbruch gehen.

Basislager. Regen. Das Wetter ist trostlos. 19. 7. 1982
Am Abend wird es klar. Der Wind hat gedreht, ein gutes Zeichen. Ich überlege, in dieser Nacht aufzubrechen. Aber noch sind unsere Schuhe feucht. Nicht alles ist perfekt vorbereitet.

Allen Hoffungen zum Trotz ist das Wetter unbeständig. Am Abend wieder Nordwind und Kälte. Wir packen. So, als ob es richtig losginge. 20. 7. 1982
Das Wetter muß halten!

Aufbruch um 4 Uhr früh (Rosi Alí, Karim, Sher Khan, Nazir Sabir und ich). Der Schnee ist hart. Wir kennen den Weg. Im Depot bauen wir zwei Zelte auf, richten uns ein. 21. 7. 1982
Wir drei Bergsteiger packen und sortieren die Ausrüstung. Gemeinsam mit den beiden Balti-Trägern wollen wir bis 7000 Meter aufsteigen, von dort den Gipfel erreichen.

22. 7. 1982 Wieder Aufbruch um 4 Uhr früh (die Strahlungshitze untertags kann fürchterlich sein!).
Ich bin voraus, spure den Weg rechts des ersten Turmes hinauf und stoße am geschwungenen Schneegrat zum ersten Turm auf Fixseile einer amerikanischen Expedition. Es kostet mich mehr Energie, die Seile aus dem Schnee zu reißen, als frei zu steigen. Den beiden Trägern aber sind sie eine Hilfe. Und vor allem wird so der Rückweg abgesichert.
Über zwei weitere Steilstufen erreichen wir den Beginn des Eisbruchs. Es ist heiß, der Schnee weich. Die beiden Träger wollen zurück. Ich entlasse sie. Unter dem großen Sérac bauen wir unser Dreimannzelt auf (etwa 6600 m). Der Sérac ist stabil.

23. 7. 1982 Aufbruch gegen 5 Uhr früh. Der Schnee trägt nicht. In einer Rechtsschleife und über einen langen Schneehang erreichen wir die zweite Schulter (6800 m). Dort finde ich das Zelt einer seit zwei Wochen verschollenen Zweierseilschaft aus Österreich. Niemand ist drin. Das Zelt steht da, als ob es nur für wenige Stunden verlassen worden wäre.
Den weiteren Aufstieg bis zum Fuß der Gipfelpyramide (7560 m) gehen wir im Sturm. Unruhige Nacht.

24. 7. 1982 Hohe Wolken, starker Wind. Aufbruch um 6 Uhr früh. Ich steige rechtshaltend an, quere, überlasse vor einer Spalte Sher Khan die Führung.
Nach einer Stunde finden wir einen einzelnen Skistock, dann einen Toten. Er steckt im Biwaksack.
Nebel, Sturm, keine 10 Meter Sicht. Wir gehen weiter. Unschlüssigkeit. Wo ist der Gipfel? Es reißt wieder auf. Über Sinkiang hohe Wolken, Nebel.
Zwei Stunden lang spure ich den Gipfelhang hinauf. Über einen Messergrat erreichen wir den Gipfel. Kein Ort zum Bleiben. Nur Schnee und Nebel.
Sofortiger Abstieg (Gesicht zur Wand ist Befehl!). Öfter verlieren wir die Aufstiegsspur.

25. 7. 1982 Sturm. Früh um 6 Uhr meldet Sher Khan, der kocht, 5 Meter Sicht. Also abwärts!
Lawinengefahr. Um die Mittagszeit reißt es auf. Die Sonne bricht durch. Wir klettern durch weichen Schnee bis zum Lager, wo Rosi Alí und Karim warten.

26. 7. 1982 Abstieg ins Basislager. Meine Partner aus Pakistan sind stolz auf den schnellen Erfolg. Obwohl zufrieden mit diesem Aufstieg, lassen sie sich für eine Broad-Peak-Besteigung begeistern.
Es ist leicht, anderen Vorstellungen bewußt zu machen, die in ihrem Unterbewußtsein da sind. Zwei Achttausender hat nie ein Pakistani hintereinander bestiegen. Wie motivierend es sein kann, der Erfolgreichste zu sein!
Am Nachmittag packen wir.

27. 7. 1982 Sher Khan führt Karim und zwei Träger zum Broad-Peak-Basislager.

28. 7. 1982 Der Höhenmesser steigt: Hohe, dünne Zirren ziehen über den Himmel. Ein Schlechtwettereinbruch steht bevor.

Die drei Gipfel des Broad Peak.

Der Vormittag im Gasherbrum-Basislager vergeht mit Warten auf die Träger. Erst gegen 16 Uhr tauchen sie auf. Wir können nur das Allernötigste mitnehmen. Das Packen wird zum Abwägen.

29. 7. 1982

Endgültiger Umzug ins Basecamp am Broad Peak. Langer Tag. 25 Kilometer Schottermarsch.

30. 7. 1982

Herrliches Wetter. Obwohl Wolken am Himmel stehen, ist es angenehm warm, trocken, sommerlich.
Wir bauen das Basislager auf und packen für den Aufstieg.

31. 7. 1982

Aufbruch um 4.30 Uhr früh. Zu dritt beziehen wir in 6400 Metern Meereshöhe das erste Biwak.

1. 8. 1982

Später Aufbruch. Trotzdem bin ich um 10 Uhr schon am geplanten Lagerplatz (7100 m).
Nazir Sabir und Sher Khan sind hochmotiviert. Ich brauche sie weder zu sichern noch anzutreiben. Sie glauben an meine Wertvorstellungen. Sie haben vom Alpenstil bisher nur gelesen. Jetzt erfahren sie ihn. Dazu der Energierückfluß von der erfolgreichen Gasherbrum-II-Besteigung, der sich jetzt bemerkbar macht.

Das Aneinanderreihen von logisch gedachten Thesen ist nicht mein Weg.

»Little Karim«, einer der tüchtigsten Balti-Hochträger, lief in zwei Tagen vom Basislager nach Askole, um die Träger für die Heimreise zu holen.

Es wird heiß. Wir bleiben. Ich verderbe mir den Magen. Schlechte Nacht. Wir sind ein gut eingespieltes Team. Dabei bin ich nur der Finanzier unserer beiden Besteigungen. Nicht der Leiter. Ich mache den anderen keinerlei Vorschriften, erzähle ihnen Geschichten: von der ersten Besteigung des Berges (1957), die unseren jetzigen Stil erst denkbar gemacht hat (vier Mann damals, drei Lager, Fixseile, 2000 kg Expeditionsgepäck).

2. 8. 1982 Aufbruch um 4. 45 Uhr früh. Um 9 Uhr sind wir in der Scharte zwischen den beiden Gipfeln. Um 11.05 Uhr endlich der Hauptgipfel! Der letzte Grat ist endlos. Es ist windig, kalt. – Abstieg bis ins frühere Lager III (7100 m).

3. 8. 1982 Abstieg ins Basislager.
Es ist jetzt leicht, im Hattrick die Expedition der Zukunft zu sehen. Diese rückblickende Sinngebung ist eine typische Folge des Erfolgs. Beim Start existierte eine Idee, dann aber gab es Umwege, Rückschläge, Experimente, Risiken. Nur durch Probieren, Zufälle und Beharrlichkeit kam die »einzig richtige Lösung« heraus.

Durch diesen Hattrick bin ich als Höhenbergsteiger aufs neue motiviert: »Alle 14 Achttausender« wird zur fixen Idee.
1986 erst, nach wiederholtem Scheitern, sollte ich damit erfolgreich sein. 16 Jahre lang immer wieder zu scheitern und neu anzufangen – auch das war der Schlüssel zu diesem Erfolg. Ich experimentierte lange – was den Stil, die Finanzierung, die Partner angeht –, um meine aussichtsreichste Arbeitsmethode zu finden. Am Ende mischte ich die Stile, kombinierte verschiedene Taktiken.

»Ein gelungener Grenzgang ist selten. Und unnütz. Wie Gold.«

KOSTEN-NUTZEN-ANALYSE

Die Tatsache, daß wir unsere Grenzgänge gerne als »die Eroberung des Nutzlosen« hinstellen, besagt nicht, daß sie außerhalb aller Kostenrechnungen oder Nutzenanalysen stehen. Jede Expedition ist auch eine Investition. Sie kostet Zeit, Geld, vor allem Energie. Nur die Energie holen wir uns meist gleich wieder zurück.

Jedesmal, wenn ich von einem Achttausender zurückgekehrt bin, hatte ich die Gewißheit, mich neu entdeckt zu haben. Ich fühlte mich stärker als zuvor. Es war manchmal, als wäre ich neu geboren.

Solange jemand als Amateur reist, seine »Grenzabenteuer« mit dem Urlaub kombiniert, muß er sie nicht vermarkten. Dasselbe gilt für den Millionär. Anders der Vollzeit-Grenzgänger, der sich immer weiter vorwagt.

Jede meiner Reisen muß sich selbst tragen. Sonst kann ich auf Dauer nicht als Grenzgänger leben. Deshalb habe ich gelernt, mein Image zu vermarkten, meine Reisen auszuwerten. Weil aber Grenzgänge – vor allem die wahren, jene an der Grenze des gerade noch Machbaren – mit Freizeit gleichgestellt werden, bestehen viele Vorurteile uns Grenzgängern gegenüber. Ich behaupte umgekehrt, ich hätte den Einstieg in mein Leben gefunden. Deshalb kann ich in aller Ruhe meinen Weg gehen. Sollte mir allerdings jemand dieses Abweichen von den vorgezeichneten bürgerlichen Berufsschienen als Aussteigermentalität auslegen wollen, dann antworte ich ihm: Ich bin gerne ein Aussteiger, weil ich mich weigere, mich zur Eindimensionalität verdammen zu lassen.

Ich weiß, ich bin ein Privilegierter. Nicht, weil Grenzgänge lukrativ wären, nein, nur weil ich meine »Verrücktheiten« ausleben kann. Die Mehrzahl der Menschen kann es leider nicht. Wie viele verlieren sich in Alltäglichkeiten und tun nicht das, was sie gerne möchten! Ich wäre so unglücklich wie sie, wenn ich auf meine Form der Selbstäußerung verzichten müßte.

Ich fühle mich den Festgenagelten, den Gebundenen gegenüber nicht überlegen. Nur privilegiert bin ich, weil ich das tue, was ich am besten kann. Was wir tun, ist nur mit unserer persönlichen Lebensfreude zu rechtfertigen, nie und nimmer mit Nutzen schlechthin.

Bei einem Treffen mit führenden Bergsteigern auf Juval schockiert

Du bist doch kein Taugenichts, wenn dein Tun dir Freude macht. Arbeit und Spaß sind miteinander zu vereinbaren.

Wer das, was andere als Arbeit verherrlichen, als Spiel liebt, ist deshalb noch kein Arbeitsverderber.

Die »Eroberer des Unnützen« unter den Grenzgängern waren immer die Ausnahme.

mich deren Selbstgefälligkeit. Die glauben wirklich noch, es sei gut für die Menschheit, wenn sie auf die Achttausender klettern! Es ist dieser Auserwähltheitsdünkel, der mich von den meisten Alpinisten fernhält.

Unser Nutzen hat Kosten. Erstens wirtschaftlicher Art. Jedem Grenzgang geht intensives Geldverdienen voraus. Wie soll ich Jahr für Jahr zwei bis drei Expeditionen durchführen können, wenn ich sie vorher nicht finanziert habe? Das selbsttragende Prinzip dabei – der Grenzgang ernährt den Grenzgänger – gehört zu meinem Selbstverständnis. Ich lebe wirtschaftlich von den »Abfallprodukten« meines Tuns. Ich habe völliges Verständnis für all jene, die meine Person als Geldverdiener nicht in Einklang bringen können mit meiner Person als Grenzgänger. Ich aber bestehe nicht aus zwei Hälften. Das scheint nur so. Zusammen ergeben sie meine Persönlichkeit.

Wer sich seinen eigenen Sinn erfindet, muß damit leben, daß ihn die »Guten« und »Gerechten« schlechtmachen.

Der Geldkreislauf eines Grenzgängers wird erst selbstverständlich, wenn man selbst dieser Grenzgänger ist. Wenn ich erfolgreicher geworden bin als andere in meinem Spielfeld, dann auch deshalb, weil ich besser als andere gelernt habe, meine »Abfallprodukte« (Erzählungen, Vorträge, Erfahrungen, Wissen) zu verkaufen. Als Vortragsredner, Buchautor, Werbeträger bin ich heute fähig, innerhalb von wenigen Monaten soviel Geld zu verdienen, daß ich den Rest des Jahres unterwegs sein kann, ohne an Gelderwerb denken zu müssen. Und das ist wieder Voraussetzung für den Erfolg draußen.

Wer am Mount Everest nicht bei der Sache ist, sondern beim Gewinn, kommt nicht weit. Vorausfinanzierung heißt deshalb der Schlüssel. Dadurch habe ich den Rücken frei für jene Grenzgänge, die zwar auch scheitern könnten, die mir im Falle von Erfolg aber einen gesteigerten Marktwert garantieren. So kann ich, wieder zurück, weitere Expeditionen auf die Beine stellen.

Zehn Jahre lang habe ich gebraucht, um mich aus dem hektischen Kreislauf der Expeditions-Vorfinanzierung durch Versprechen in die Zukunft und der Auswertung als Schuldentilgung herauszulösen. Mein Rhythmus heute: Idee – Finanzierung im freien Markt – Ausführung – Auswertung.

Der entscheidende Schritt, um vom ersten System ins zweite zu kommen, gelang mir mit der Kleinexpedition. Ich hatte plötzlich den wirtschaftlichen Schlüssel in der Hand, mit wenig Geld viel zu erreichen. Die bessere Strategie ergab auch eine günstigere Kosten-Nutzen-Rechnung. Obwohl ich diese Analyse vorher nicht angestellt hatte, sie war nachher bestechend klar.

Die Vermarktung ist integraler Teil einer Expedition. Wer dies als »Fulltime-Grenzgänger« nicht wahrhaben will, belügt sich selbst oder seinen Club, eine Fan-Gemeinde, seinen Mäzen. Auch in der Vermarktung zeigt sich, wer ein Profi ist und wer nicht.

Das heißt nicht, daß ich eine Expedition nur durchführe, wenn sie auch wirtschaftlich ein Erfolg zu werden verspricht. Eine Expedition muß nur finanzierbar sein. Sie muß nichts abwerfen. Immer erst nachher, mit meinem Mehr an Erfahrung, Mehr an Ausstrahlung kann ich Geschichten dazu, Bilder, meine Glaubwürdigkeit auf den Markt tragen.

Mein Finanzgebaren habe ich inzwischen generell meinen privaten Marktgesetzen angepaßt: Ich stecke mein Geld nicht in »wirtschaftliche« Unternehmen, ich stecke es in meine Träume. Ob das meine Burg, mein Bauernhof oder meine Grenzgänge sind. Die Kosten suche ich dabei so

niedrig wie möglich zu halten, den Nutzen messe ich ausschließlich in Lebensqualität. So sehen meine Investitionen aus.
Gewinn- und Verlustrechnungen in Geldeinheiten liegen mir nicht. Um meine Träume realisieren zu können, verkaufe ich einen Teil meiner Zeit, meiner Energien. So habe ich den Rest der Zeit ganz für mich, Energie für meine Träume. Ich versuche dabei auch, mir selbst treu zu bleiben. Es liegt mir nicht, mich anzubiedern.
Wie lange habe ich gebraucht, bis ich zu jenem Selbstverständnis als Werbeträger gefunden habe, das heute einen Teil meines wirtschaftlichen Erfolges ausmacht! Dabei weiß ich genau, daß mit jeder Werbung, die im Zusammenhang mit meiner Person betrieben wird, meine Glaubwürdigkeit leidet. Ich verliere mit jedem Dollar, den ich als Werbeträger einspiele, an Kredit bei meinen Lesern, Zuhörern, Fans. Mein Kapital Glaubwürdigkeit kann immer nur mit neuen Taten, Erfolgen, Erfahrungen aufgefüllt werden.
Ich bemühe mich, nie mein gesamtes Kapital auszugeben, sondern von den Zinsen dieses Kapitals zu leben. Sponsoring ist heute in der Kunst und im Sport zur Selbstverständlichkeit geworden. So wie die Mehrheit der Zeitschriften, Zeitungen, Fernsehprogramme nicht machbar wären, wenn es die Werbung nicht gäbe, so ist es

Arena von Verona: Vorbereitung für einen »14 x 8000 Meter«-Vortrag.

Einen Grenzgang will ich nur finanzieren können; er muß nichts abwerfen. Er ist sich selbst genug. Der Spieler aus Leidenschaft ist weder Gladiator noch Schausteller. Er spielt bedingungslos, auch mit seinem Untergang, aber nie selbstlos.

Die Verzweiflung, am Leben zu sein, und die Freude zu leben können das Denken ablösen.

Broad Peak, Gasherbrums, Chogolisa vom Gipfel des K2 gesehen.

Rechts: Betender Lama vor dem »Kantsch«.

Es ist mir wichtig, selbst zu entscheiden, wieviel Freiheit ich für den notwendigen Gelderwerb aufgebe.

mit Konzerten, Sportveranstaltungen, Grenzgängen.

Sponsoring aber hat seine Grenzen. Da ich Nichtraucher bin, habe ich nie Zigarettenwerbung angenommen. In keiner Form. Camel-Trophy und Marlboro-Freiheit sind mir ein Greuel. Obwohl ich im Zusammenhang damit und anderen Rauchwaren die höchstdotierten Angebote erhalten habe. Auch in Zusammenhang mit Alkohol will ich in Zukunft vorsichtiger sein.

Nicht ich suche nach Sponsoren. Ich entscheide bei entsprechenden Anfragen, ob ich die Zusammenarbeit mit einem interessierten Unternehmen, einem bestimmten Produkt annehme oder nicht. Ich habe am Beginn meiner Werbeträgerzeit Fehler gemacht. Ich brauchte damals jede Lire, um jene Träume zu realisieren, die ich nur in jungen Jahren realisieren konnte, und »verkaufte« mich für wenig.

Forscher und Bergsteiger, die am Beginn dieses Jahrhunderts oder in den fünfziger Jahren, als die höchsten Berge der Welt erstmals bestiegen wurden, aktiv waren, wurden unterstützt aus den Staatskassen, von Vereinen, von Mäzenen. Diese Zeit ist zum Glück vorbei. Es ist nicht richtig, wenn öffentliche Gelder ausgegeben werden, auf daß einer seinem ganz persönlichen Tagtraum nachjagen kann.

Weil öffentliche Geldquellen mehr und mehr ausgeblieben sind, haben wir gelernt, andere Lösungen zu finden. Wir finanzieren fast alle unsere Expeditionen aus dem freien Markt. Werbeagenturen suchen Werbeträger. Es gibt einen Vortrags- und Buchmarkt zum Thema Grenzgang. Die Gesetze des Marktes sind für alle gleich. Wer gelernt hat, die Kosten zu minimieren und/oder parallel dazu den Nutzen zu maximieren, kommt zurecht.

Wenn ich parallel zum Erscheinen eines Buches eine Vortragsreise mache, kann ich beides besser verkaufen. 1982 war die Besteigung eines einzigen Achttausenders nicht mehr inter-

Indem ich handle, ohne darüber nachzudenken, tue, was ich tun will, lösen sich Vorher und Nachher auf.

Seite 157: Die Lhotse-Südwand vom Basislager aus.

Seite 158/159: Aufstieg in der Lhotse-Südwand. Kleines Bild links: Die italienische Mannschaft 1975. Rechts: Die internationale Mannschaft 1989 (im jeweiligen Basislager).

Grenzgänge haben keinen Preis, und es winken keine Preisgelder. Für die entsprechenden»Abfallprodukte« gibt es einen Markt, und es gelten die üblichen Marktgesetze.

essant genug für ein breites Publikum. Die Kombination mehrerer Achttausender war günstig in der Finanzierung und auswertbar, wie mein Erfolg damals gezeigt hat. Das Gesetz der komparativen Kosten gilt für mich genauso wie in der Wirtschaft.

Die Reise selbst aber ist wie ein Stück Leben außerhalb des Marktes. Sie folgt anderen Gesetzmäßigkeiten: Sinnstiftung, Motivation, Erfolg. Bei schwierigen Unternehmungen mache ich möglichst alles selbst: bei den Vorbereitungen, bei der Finanzierung, natürlich bei der Ausführung und auch bei der Auswertung. Wenn ich trotzdem die Organisation meiner Vortragsreisen einer Konzertagentur, das Verhandeln mit Sponsoren Werbefachleuten und den Kontakt zum Publikum Journalisten überlasse, dann auch deshalb, weil ich nicht alles machen kann. Auch setze ich meine Zeit dort ein, wo ich am besten bin. Ich will nicht Tage verlieren mit unliebsamen Beschäftigungen. Nicht über das unbedingt notwendige Muß hinaus. Dort, wo ich mich am wohlsten fühle – im Leben in der Wildnis –, bin ich auch am effektivsten.

Im Laufe der Jahre schlug sich mein Erfolg als Grenzgänger mehr und mehr in einem wirtschaftlichen Erfolg nieder. Dabei bin ich auch als Auswerter dem Lustprinzip gefolgt. Ich tue, sogar wenn es ums Geldverdienen geht, nur, was mir liegt. Ich nutze dabei den Energierückfluß, um neue Grenzgänge vorzubereiten und die alten mit Elan auszuwerten.

Lust wächst nicht beim Einsparen. Lust wächst am Erfolg, am Können, am Sich-fallen-Lassen in seine eigene Begeisterung. Ich stehe zur Aussage, daß mein Tun Selbstzweck ist. Vielleicht bin ich auch ein Stellvertreter für all jene, die meine Grenzgänge gerne machen würden, aber gehandicapt sind, weil entweder die Zeit, die Mittel oder das Können nicht ausreichen, sie in die Tat umzusetzen. Aber das ist sekundär.

Weil ich zu meinem Egoismus stehe, bin ich häufig als einer verurteilt worden, der außerhalb jeder Ethik und Moral lebt. Dabei ist Moral nur eine von Menschen erfundene Maßeinheit im Verhalten von Personen untereinander, die oft jeden Anspruch an sich selbst ausklammern. Die Vorstellung, daß ich alles darf, was ich kann und will, wenn ich dabei die Kreise der anderen nicht störe; weitergehend, wenn ich dabei das Gleichgewicht des Kosmos nicht störe, ist mein Credo.

Mein Egoismus ist dabei nicht verwerflicher als der des Technikers, der ein Auto baut, der des Künstlers, der ein Bild malt, der des Arztes, der seinen Patienten helfen will. Wie jeder andere bin ich Teil einer großen Gemeinschaft. Auch wenn ich dann und wann aus dieser Gemeinschaft weggehe, um mich allein oder in kleiner Gruppe durch die Wildnis zu schlagen. Meine Grenzgänge haben mir gezeigt, daß wir Menschen ähnlich sind, ähnlich handeln und ähnlich denken. Daß sich viele anders geben, als sie sind, ist kein Gegenbeweis. Sie verstecken sich hinter einer Maske oder einem Moralkodex und betonen ununterbrochen ihre ethischen Werte, ohne sich an sie zu halten. Auch das ist wieder nur menschlich.

Ich glaube nur, was ich sehe. Beim Grenzgang kann keiner die Maske aufbehalten. Der Erkenntnisprozeß, den jede Reise auslöst, betrifft nicht nur mich, er betrifft auch das Verhalten, das Sein der anderen. Und weil im psychophysischen Grenzbereich alle ihre Maske ablegen, erfahren wir viel über uns. Auch alles Allzumenschliche. Und das soll nicht von Nutzen sein?!

»Wenn etwas gelungen ist – hinterher – erscheint es jedem einfach. Jeder ist also der Star.«

VIII
STAR UND MANNSCHAFT

Jeder, mit Ausnahme des Alleingängers, ist Teil einer Seilschaft, eines Teams.

Seilschaftssystem nach anarchischem Vorbild ist dem Führungssystem nach altem Muster überlegen.

Falsche Vision: Gruppe steht hinter der Fahne.

Zwei oder mehrere, die in ihrem Fach jeweils die Besten sind, kommen ohne Freundschaft weit.

Seilschaften sind meist zeit- und zielgebunden.

Kameradschaft und Freundschaft sind Zufälle.

Seilschaft hat Fluidität – kommt zusammen, trennt sich wieder.

In meinen Seilschaften ist vor- und nachher jeder frei (Buch, Vorträge, Werbung usw.) zu tun, was er will.

Seilschaft im richtigen Augenblick lösen.

Voraussetzungen für eine starke Seilschaft: Vertrauen, Können, gleiches Ziel, Identifikation mit dem Projekt.

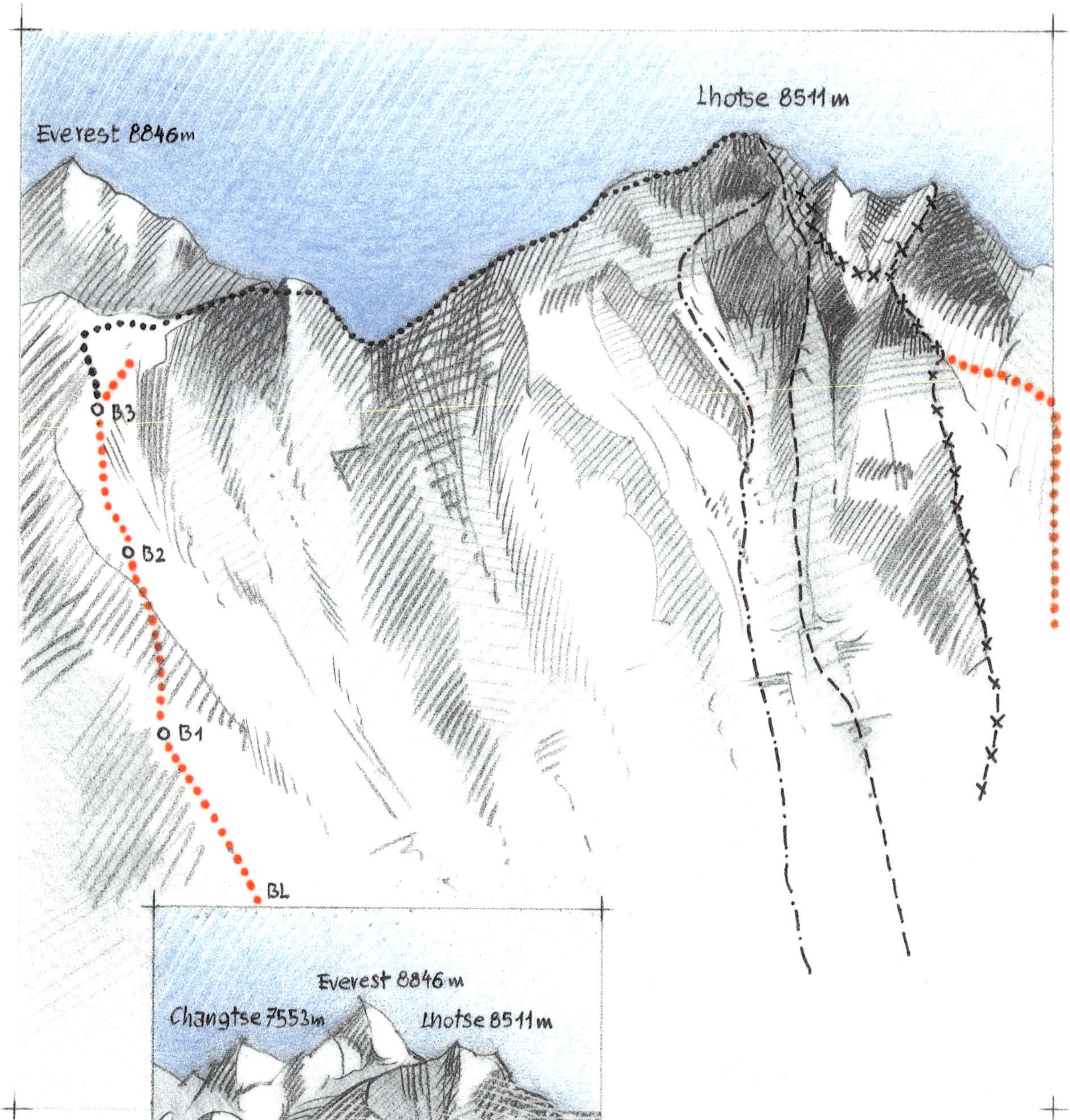

Lhotse-Südwand

- links: gescheiterter Versuch 1975
- rechts: gescheiterter Versuch 1989
- Jugoslawenroute (1981 bis 8.000 m)
- Tschechenroute auf den Lhotse-Shar (1984)
- gescheiterte polnische Versuche (+ Kukuczka 1989)
- Direttissima, Sowjet-Bergsteiger 1990

»Die wiederholte Einsicht, sich getäuscht zu haben, höhlt den stärksten Willen aus.«

Links: Lager III (1989) in der Lhotse-Südwand mit den Pfeilern der Gipfelwand dahinter.

DIE WAND DER WÄNDE

April/Mai 1975

Expedition zur Lhotse-Südwand. Als großes Team von italienischen Spitzenbergsteigern wollen wir unter der Leitung von Riccardo Cassin die »schwierigste Achttausenderwand« klettern: die Südwand des Lhotse. Wir kommen, im linken, flachsten Wandteil nur bis 7800 Meter Meereshöhe.
Wir sind zu viele. Offensichtlich leiden die anderen unter demselben Dualismus wie ich: Sie gehören gerne zur Mannschaft; jeder aber will sich gleichzeitig als Star profilieren. Ich komme zur Einsicht, daß kleinere Einheiten mit hochmotivierten Mitsteigern erfolgreicher sind als große Teams.

März 1989

Eine Klettergeneration später organisiere ich selbst eine Expedition zur Lhotse-Südwand (inzwischen von Bergsteigern aus Japan, Slowenien, Polen, der Tschechoslowakei versucht). Wieder ist es eine bunte Mannschaft: Franzosen, Polen, ein Spanier, Südtiroler. Die meisten sind daheim Stars.
Ich selbst will nicht bis zum Gipfel. Meine Rolle sehe ich diesmal anders als 1975. Als eine Art Katalysator in der Mannschaft möchte ich die stärksten Seilschaften zum Gipfelgang motivieren.

24. 3. 1989

Start der Expedition. Zum Packen der persönlichen Ausrüstung bleiben mir nur wenige Stunden.
Es ist ein großer Unterschied, ob du selbst bis zum höchsten Punkt willst oder anderen eine Expedition organisierst: Der Streß ist geringer, wenn du nicht den Gipfel zum Ziel hast. Als ob er einen Druck ausübte auf unser Gemüt. Er macht eine Reise ungemütlich. Diese Lhotse-Expedition scheint für mich erholsamer zu werden als alle meine 29 Achttausender-Expeditionen, bei denen ich des Gipfels wegen aufgebrochen war.

25. 3. 1989

Ankunft in Kathmandu. Alle sind müde und irgendwie abwesend. Der Lhotse mit seiner Südwand ist weit weg. Wir werden die einzige Expedition dort sein.

26. 3. 1989

Wir sortieren Material, kaufen Essen und Küchengeräte. Die Treibstoffknappheit in Nepal macht sich bemerkbar. Es sind kaum Taxis aufzutreiben, die Fahrer fordern den fünffachen Tarif.

Christophe Profit und die französischen Teilnehmer sind eingetroffen. Erstmals reden wir über Taktik. Ob es möglich ist, im Alpenstil und »direttissima« zum Gipfel zu kommen? Ich glaube es nicht.

27. 3. 1989 Ein erster Charterflug mit Ausrüstung geht nach Lukla.

28. 3. 1989 Der Flug nach Lukla wird wegen Regens abgesagt. Wir haben einen Tag verloren, nicht aber die Chance, »die Wand« zu durchsteigen.

29. 3. 1989 Wieder werden alle Flüge nach Lukla gestrichen.

30. 3. 1989 Unser Charterflug ist abgesagt. Die Situation wird ernst. Enric Lucas, der Spanier, wird nervös. Er versteht nicht, warum ich nicht mehr tun kann als alle anderen auch. Als Reinhold Messner habe ich in Nepal keinerlei Vorteile und vor allem keinen Einfluß aufs Wetter.
Krzyzstof Wielicki bleibt ruhig und erzählt vom Versuch einer Südwand-Durchsteigung 1987. Es war im Herbst, und bei 8200 Metern war Schluß.
Wir lernen uns allmählich kennen, tasten uns gegenseitig ab. Ist die Bereitschaft, im anderen sein Spiegelbild zu erkennen, nicht die Voraussetzung für ein starkes Team?

31. 3. 1989 Wieder kein Flug. Die lokalen Probleme – kein Benzin, schlechtes Wetter, unbrauchbare Infrastruktur – werden Tag für Tag schlimmer. Die Mannschaft wird nervös. Es gelingt mir nicht, die Gruppenbildung unter den Teilnehmern zu verhindern.

1. 4. 1989 Alle sechs Lukla-Flüge werden wegen Nebels gestrichen. Ich schicke die Mannschaft mit Sirdar (Sherpa-Führer) und Begleitoffizier im Auto nach Jiri. Von dort sind es acht Tage bis ins Basislager, von Lukla knapp fünf.
Unser Charterflug mit Ausrüstung soll anderntags um 9 Uhr starten.

2. 4. 1989 Mit einer gecharterten Maschine bringe ich 56 Gepäckstücke nach Lukla. Unsere Sherpamannschaft ist da. Das Wetter ist gut. Die Lhotse-Südwand ist wieder denkbar.
Ich verteile Ausrüstung an die Sherpas und sende die ersten Lasten nach Namche Bazar.

6. 4. 1989 Essensrationen werden gepackt, Haken gezählt, Lasten gewogen. Als ob ein Berg ausgemessen werden könnte. Von Jiri kommend, sind die anderen in Lukla eingetroffen.
Die Spannung in der eintrudelnden Mannschaft ist abgeklungen. Es herrscht Erwartungshaltung.

7. 4. 1989 Marsch nach Tengpoche. Der Aufbruch gestaltet sich langsam. Als ginge es rund um die Welt. Dabei gilt es nur, 100 Lasten abzuwiegen und gerecht zu verteilen. Träger und Yaktreiber greifen sich jeweils die handlichsten und leichtesten Gepäckstücke. Wenig Hilfe von der Mannschaft. Ich erwarte nicht, daß die Gruppe »hinter der Fahne« steht. Ich erwarte nur Solidarität.

8. 4. 1989

Marsch nach Chuckung. Die Strecke ist nicht lang, für die meisten von uns trotzdem mit Kopfschmerzen und Husten verbunden. Der Höhenunterschied von 1000 Metern ist fast zuviel bei unserer spärlichen Akklimatisation.
In Dingpoche treffen wir mit dem Polen Artur Hajzer, der vom Mount-Everest-Basislager kommt, zusammen. Er macht auf mich einen sympathischen Eindruck: handfest und offen – kein Zweifel, ein starker Bergsteiger.

9. 4. 1989

Ankunft im Basislager (5250 m, die Stelle von 1975). Streit mit Krzyzstof Wielicki, der im Graben zwischen dem Hang und der Moräne lagern möchte. Diese Stelle wurde bei einer Lawinenkatastrophe 1975 völlig mit Eisbrocken gefüllt. Dazu ist sie total verdreckt.
Wir tragen alles ungefähr 50 Meter höher, wo wir uns zwischen mannshohen Granitblöcken einrichten. Wind. Sand zwischen den Zähnen.

10. 4. 1989

Aufbau des Basislagers. Persönliche Egoismen werden versteckt. Die Rechtfertigung beginnt. Ratlosigkeit breitet sich aus. Nur wenn jeder einzelne sich organisiert und einrichtet, wie es ihm gefällt, kann das Basislager gemütlich werden. Und ohne friedliches Basecamp wird ein Ausharren unter der Wand zur Qual. Es kostet dann viel zuviel Energie.
Ich brauche für mein Tun keine idealistische Rechtfertigung. Es muß nur mir nützlich sein. Ich weiß, was ich will. Wieviel leichter ist es, eine regionale oder nationale Expedition zu organisieren als eine internationale. Hier gibt es so viele Mentalitäten wie Teilnehmer.
Losso, der unter der Höhe leidet, kehrt zur Erholung nach Chuckung zurück.

Oben: Der Mount-Everest-Gipfel links über der Nuptse-Mauer und der Lhotse von Süden.

11. 4. 1989 | Der Südtiroler Hans Kammerlander sowie die beiden Polen Krzyzstof Wielicki und Artur Hajzer gehen zum Einstieg. Sie errichten auf etwa 5800 Metern ein Lager. Die Sherpas Purba und Ang Kami helfen tragen.
Unguter Wind. Jeder will im Basislager für sich sein, und jeder denkt an die Auswertung eines Erfolges, der noch völlig in der Luft hängt.
Die Franzosen steigen zur besseren Akklimatisation nach Dingpoche ab.

12. 4. 1989 | Immer noch eine »Wir-wissen-nicht-was-tun-Stimmung«.

13. 4. 1989 | Alle sind im Basislager zurück. Grundsatzdiskussion. Nach langem Hin und Her fällt die Entscheidung: Alle wollen zuerst zusammenarbeiten.
Wir einigen uns auf eine Taktik mit zwei Spitzenteams. Im rechten Wandteil soll eine Route vorbereitet werden. Alles andere erscheint in dieser Saison zu gefährlich. Wir sind im falschen Augenblick an der richtigen Wand. Diese rechte Route soll als Aufstiegs-, Flucht und Akklimatisationsweg genutzt werden. Jeder soll aber am Ende frei sein, dort hochzusteigen, wo er will.

14. 4. 1989 | Schöner, windstiller Tag. Endlich Vormonsunwetter!
Die Franzosen Christophe Profit, Bruno Courmier und Sylviane Tavernier steigen am Nachmittag, nach stundenlangem Sortieren von Ausrüstung, ins erste Hochlager auf.
Meinem Stil entspricht diese Art Bergsteigen nicht.

16. 4. 1989 | Es ist windig. Der Berg trägt bis 7000 Meter einen Wolkenhut. Typisches Lhotse-Wetter. Trotzdem werden Seilsicherungen (von Hans und Artur) bis etwa 6700 Meter gelegt (Krzyzstof und Enric helfen dabei).
Auf der kleinen Scharte zwischen Lhotse und Island Peak finde ich die ideale Stelle für Lager I: Morgensonne, fließendes Wasser ab Mittag und kaum Wind. Dorthin verlege ich das endgültige Lager I. Roland Losso, Michele Arizzi und Fulvio Mariani (unser Kameramann) bleiben im Lager I. Die Spitzenmannschaft muß (leider) vorerst noch zurück ins Zwischenlager.
Am Abend bin ich wieder im Basecamp.

17. 4. 1989 | Gutes Wetter. Die Spitzenmannschaft (Hans Kammerlander, Artur Hajzer, Krzyzstof Wielicki, Enric Lukas) steigt bis 6400 Meter, wo sie in einer Riesenspalte ein Zwischenlager errichtet. Fulvio Mariani filmt. Zwei Sherpas helfen, das untere Zwischenlager nach Lager I zu transportieren.

18. 4. 1989 | Hans, Artur und Krzyzstof steigen von ihrem Zwischenlager zum geplanten Lager II auf. Sie deponieren Seile. Fulvio und Michel Arizzi tragen Lasten ins Zwischenlager. Enric steigt ins Basislager ab. Er fühlt sich nicht wohl. Mittags geht Christophe nach Lager I. Er will mit Michel die Führung übernehmen.
Bis in den späten Nachmittag beobachte ich Hans, der oberhalb von Camp II Seile verankert. Die beiden Polen sind im Abstieg.

19. 4. 1989 | Christophe bleibt am Berg, um sich zu akklimatisieren. Enric und seine Freundin Anna sowie Sylviane steigen nach Chuckung ab. Sie wollen dort duschen, sich erholen.

Da ich keine Befehle ausgebe, sondern nur Vorschläge für ein gemeinsames Vorgehen, bilden sich zwar Seilschaften, aber keine gemeinsame Taktik heraus. Die Gruppen wachsen weder zusammen noch über sich hinaus.

Roland und ich gehen bis 6700 Meter, wo wir das endgültige Lager II einrichten. Fulvio steigt ins Lager II auf. 21. 4. 1989
Die Begeisterung in dieser Expedition erschöpft sich in Wehmutsklagen und Ausflügen nach Dingpoche. Hans und die beiden Polen sind die Ausnahme. Und Fulvio Mariani, wie immer, der einen guten Film machen möchte.

Auseinandersetzung mit Enric Lucas, der sich nicht integrieren will. Eine Expedition braucht Loyalität, wie ein Familiengefüge. Addition aller Energien. Sonst fällt sie auseinander. 22. 4. 1989

Die Seilschaften sind untereinander in eine Art Wettbewerb getreten. Dabei dominieren Abwarten und Sich-nicht-Verausgaben-Wollen. Nicht der Ehrgeiz, das gleiche Ziel zu erreichen. 23. 4. 1989

Fulvio, Krzyzstof und Hans steigen vom Lager II bis 7000 Meter auf. Nebel. Schneetreiben. Sie beginnen die Traverse nach links. 24. 4. 1989
Michel und Bruno im Lager I weigern sich, Filmausrüstung vom Zwischenlager ins Lager II zu tragen. Sie steigen ins Basecamp ab und erklären, daß sie nach Hause reisen werden. Ihr Selbstvertrauen scheint angeschlagen. Alles andere sind Ausreden. Ich versuche nicht, sie zu halten. Wer sich mit einem Projekt nicht identifizieren kann, wird zum Bremser.

Hans und Krzyzstof klettern, Seilsicherungen legend, bis auf 7200 Meter. 25. 4. 1989

Die Erkenntnis, daß ich als Katalysator keine Kraft habe, wenn ich nicht auch selbst bis zum Gipfel will, kommt zu spät. Bei allen meinen bisherigen Bergexpeditionen (ungefähr 50) habe ich den Gipfel erreicht, wenn überhaupt einer hinaufkam. Wenn ich nicht bis zum höchsten Punkt ging, kam auch sonst keiner hinauf. 26. 4. 1989

Zögerliches Weiterkommen in der Wand. 27. 4. 1989

Das Vorankommen in der Wand stockt. Winterliches Wetter. 28. 4. 1989

Aprilwetter am Berg. Ähnlich die Stimmung in der Mannschaft. 29. 4. 1989

Bereits früh am Morgen Zirren am Himmel. Hans steigt vom Basislager ins Lager II auf. Krzyzstof erreicht Lager II vom Lager I aus. 1. 5. 1989
Um die Mittagszeit schneit es im Lager II. Die Wolkendecke sinkt immer tiefer. Wind im Basecamp. Hans und Krzyzstof finden in Lager II ein eingeknicktes Zelt vor, die Schlafsäcke sind naß.

Herrliches Wetter. Niemand ist in der Wand. 4. 5. 1989
Am Mittag gehen Artur und Christophe ins Lager II.

Wie befreiend sind doch Ausdrücke des Ärgers, der Wut, der Verzweiflung über sich selbst!

Seilschaft in der Lhotse-Südwand (Versuch 1989).

6. 5. 1989 Christophe und Artur steigen weiter. Lawinengefahr (Schneebretter). Mittags errichten sie ein Zwischenlager. Artur klettert am Nachmittag ein Stück höher. Roland verläßt die Expedition. Er begleitet Anna (starke Erkältung) ins Tal.

7. 5. 1989 Nach einer stürmischen Nacht haben sich die Verhältnisse in der Wand gebessert. Christophe und Artur verlassen um 8 Uhr ihr Zwischenlager und queren nach links. Um 10 Uhr nähern sie sich dem »Dreieck« (300 m unter dem Polenlager IV, 1987) und drehen um. Sie steigen bis ins Basislager ab. Erstmals diskutieren wir im Basecamp über einen gemeinsamen Plan für den Aufstieg zum Gipfel: Artur und Krzyzstof wollen ihre Route von 1987 im Alpenstil versuchen, die anderen zu dritt einen Anlauf über den vorbereiteten Weg wählen.

8. 5. 1989 Mit einigen Sherpas schleppe ich Ausrüstung, Essen, Gas für den Gipfelaufstieg Richtung Lager III. Gute Stimmung in der Restmannschaft. Wenn das

Wetter so bleibt, haben zwei Seilschaften eine Chance, den Gipfel zu erreichen. Aber ich vermisse jenen Respekt vor der Wand, der antreibt.

Die Gipfelgruppe steigt nicht wie geplant ein. Enric kommt (allein) aus dem Tal zurück. 9. 5. 1989

Wieder einmaliges Wetter. Mit zwei Sherpas erreiche ich Lager III. Das Zelt ist zerstört. Wir müssen die Fixseilkette (7100 m) erneuern. 10. 5. 1989
Zurück. Stürmische Nacht.
Hans geht allein ins Lager II.

Hans und Christophe steigen ins Lager III auf. Die Wand ist am späten Vormittag schon in Nebel gehüllt. 12. 5. 1989
Die Polen kommen auf ihrer Route überraschend schnell voran. Über einen scharfen Eisgrat erreichen sie eine Höhe von etwa 6500 Metern.

Schlechtes Wetter. Hans und Christophe kommen ins Basislager herunter. Enric, der hinter ihnen war, ebenfalls. Artur und Krzyzstof klettern weiter (von 6500 auf 6800 m). Schneefall. 13. 5. 1989

Artur und Krzyzstof klettern weiter, Richtung Lager IV von 1987. Sie erreichen naß, müde und spät eine Plattform auf etwa 7050 Metern. 14. 5. 1989
Schlechtes Wetter. Es schneit fast den ganzen Tag.

Herrliches Wetter. Der Schnee zerrinnt langsam. Artur und Krzyzstof rasten. Sie wollen Zelt, Schlafsäcke und Kleider trocknen. 15. 5. 1989
Am Nachmittag schneit es wieder. Schneerutsche und Wind in der Wand.

Artur und Krzyzstof bleiben in ihrem Biwak (7050 m). Zuviel Schnee. Lawinengefahr. Am Vormittag steigt Artur ins alte Lager IV (1987), um nach Proviant zu suchen. 16. 5. 1989

Zirren am Himmel. Krzyzstof und Artur versuchen, von ihrem Biwak zu unserem Lager III zu queren, um sich so zu retten. Christophe und Enric gehen am Nachmittag ins Lager I. Die Polen errreichen todmüde Lager II und bleiben. 17. 5. 1989

Krzyzstof und Artur steigen ins Basecamp ab. Christophe und Enric gehen ins Lager II, das völlig kaputt ist. 18. 5. 1989

Der letzte Versuch von Christophe und Enric läuft an. Sie steigen ins Lager III auf. Enric gibt auf. 19. 5. 1989
Ich beginne, den Rückmarsch zu organisieren.
Am Nachmittag erkennt Christophe die Aussichtslosigkeit eines Alleinversuchs. Zuviel Schnee. Er steigt bis ins Basislager ab.

Wir holen den Rest der Ausrüstung aus der Wand. Die Versuche sind zu Ende. Ein starkes Team entsteht nicht mit der Vision eines einzelnen. Es basiert auf gemeinsamem Bewußtsein. Alle müssen dasselbe wollen. 20. 5. 1989

»Mit einem Team, das nur gewollt wird, kommst du nicht weit.«

SEILSCHAFT ALS ZWECKGEMEINSCHAFT

Ich komme dorthin, wohin ich will. Für meine Ziele suche ich meinesgleichen als Partner.

Erfolgreich kann ich im Team nur sein, wenn meine Partner sich für das gemeinsame Ziel begeistern. Wir Grenzgänger arbeiten in immer kleineren Gruppen. (Auch zwei sind eine Seilschaft, ein Team.) Und meine Teams sind definiert durch die gemeinsame Zielsetzung. Dementsprechend wähle ich meine Partner aus, oft mir fremde Menschen.

Beim Bergsteigen war es einfach für mich, Seilschaften zu bilden. Ich kannte viele gute Kletterer. Wir paßten zusammen, oder wir wollten unbedingt dieselbe Nordwand durchsteigen. Also kletterten wir gemeinsam. Es sind dabei Freundschaften entstanden und kurze Zweckgemeinschaften.

Freundschaft in einer Seilschaft ist ein Plus. Ich gehe lieber mit einem Freund in eine schwierige Situation als mit einem Fremden.

Je älter ich aber wurde, um so mehr sind meine Freunde unter den möglichen Kletterpartnern geschwunden. Einige waren umgekommen, andere ausgestiegen. Die meisten Bergsteigerfreunde in meinem Alter gehen inzwischen einem bürgerlichen Beruf nach. Sie sind so sehr mit ihrer Aufgabe beschäftigt, daß sie meine Grenzgänge nicht mitmachen können. Es fehlt ihnen an Zeit. Oft an der dafür notwendigen Energie neben dem Beruf (Trainingsaufwand, Vorbereitung).

Im Eiswandern war ich 1986 ein Neuling. Einen Freund, der mit dem Eiswandern vertraut war, hatte ich nicht. Ich habe deshalb einen Partner mit Erfahrung und aus meinem Sprach- und Kulturkreis gesucht. Ich wollte am Südpol nicht mit fremden Menschen in einer fremden Sprache kommunizieren. Deshalb habe ich den erfahrensten Mann kontaktieren lassen, den es in dieser Sparte im deutschen Sprachraum damals gab. Über einen gemeinsamen Freund habe ich erreicht, daß Arved Fuchs auf mich zukam. (Dieses Vorgehen hat einen rechtlichen Hintergrund. Bei einer so schwierigen Expedition könnte der Einladende im Falle eines Unfalls als Anstifter belangt werden.)

Es gab gute Norweger, gute Kanadier, auch einen Engländer, die alle diese Art des Grenzgangs besser beherrschten als sämtliche deutschsprachigen Polfahrer. Arved Fuchs ist Deutscher. Die gemeinsame Sprache war eine Grundvoraussetzung in unserer Partnerschaft. Das gemeinsame Ziel die wichtigste.

Zwei, drei oder auch mehr Menschen, die mit der gleichen Vehemenz das gleiche wollen, bilden ein Team. Auch Arved und ich waren ein Team. Dabei gleichwertige Partner. Ich halte nichts von alten Führungsmustern, in denen ein Seilschaftsführer, ein Expeditionsleiter – mit welcher Legitimation auch immer – Befehle erteilt und die anderen zu gehorchen haben. Trotzdem bleibt, davon bin ich überzeugt, immer einer der »Leitwolf«. Er nimmt von den anderen nicht nur Information, sondern auch Energie. Die Führungspersönlichkeit hat in der Summe mehr Erfahrung, mehr Ausdauer, mehr Ausstrahlung als alle anderen. Deshalb geben die anderen die Führung meist auch selbstverständlich an sie ab. Es geschieht stillschweigend.

Wie die Führungspersönlichkeit bestimmt wird – und zwar immer wieder neu –, grenzt an Riten. Dieses Gruppenverhalten ist archaisch. Wenn sich einer die Führung zu nehmen versucht, ohne im Team als Führer ausgewiesen zu sein, ohne entsprechende Qualitäten also, wird er nicht als Führer anerkannt. Es funktioniert ähnlich wie im Wolfsrudel. Ich habe Momente erlebt, in denen durch einen Unfall, durch einen Schreck, durch Krankheit die Rollen gewechselt wurden. In Sekundenschnelle. Derjenige, der bis dahin den Ton angegeben hatte, von allen anderen Kräfte absog, war plötzlich nicht mehr der Leader. Ein anderer bestimmte. Der »starke Mann« von vorher mußte jetzt an die neue Führungspersönlichkeit Energie abgeben. Ein gefährlicher Moment für jeden Leader, der zurückgeben, abgeben muß.

In meinen Expeditionen war ich meist von Anfang an ein Leader. Erstens, weil ich nur Expeditionen mache, die mir zuwachsen. Ich entscheide dann über das Ziel und das Wie, und zwar bevor ich Partner suche. Ich plane also bis zu einem bestimmten Punkt alleine. Wenn ich merke, so möchte ich es machen, tue ich mich mit Partnern zusammen, so vielen, wie wir es gemeinsam für notwendig halten. Es kann sein, daß der erste Partner mir alle weiteren ausredet. In die Antarktis wollte ich zu dritt gehen. Arved Fuchs hat mir einen dritten Mann ausgeredet. Ich habe nachgegeben.

Ab dem Moment, in dem wir uns zusammentun, sind wir ein demokratisches Team. Ein Leader wird nicht übernommen, gewählt oder festgeschrieben. Er bleibt oder wird es nur dank eindeutiger Überlegenheit.

1970, bei meiner ersten Achttausender-Expedition, war ich Mitglied. Als eingeladener Teilnehmer hatte ich meinen Anteil zu bezahlen und einen Vertrag zu unterschreiben. Der Expeditionsleiter – er war auch der Organisator –, der in diesem Vertrag Rechte und Pflichten festgelegt hatte, war am Berg führungsschwach. Wir planten den Gipfelgang auf eigene Faust. Nachher verbot uns Mitgliedern eine Art »Maulkorbvertrag« eine eigenständige Berichterstattung.

Aus dieser Erfahrung heraus habe ich auf Expeditionsverträge immer verzichtet. Nie habe ich mit einem meiner Partner einen Vertrag abgeschlossen. Jeder in meinen Teams konnte und kann tun, was er will. Auch ist jeder vorher und nachher frei zu verkaufen, was er will. Unterwegs sprechen wir alles gemeinsam durch.

Wer auf dem Papier der Leader ist, bleibt sekundär. Viele Expeditionen (in Pakistan, Grönland, Nepal) müssen genehmigt werden. Und jedesmal muß ein Expeditionsleiter angegeben sein. Wenn ich meinen Namen in die entsprechenden Listen unter »Leader« eintrage, heißt das noch lange nicht, daß ich die Expeditionsleitung unterwegs auch innehabe.

Mut zum Egoismus ist Voraussetzung für ein ausgeglichenes Leben – besonders das eines Leaders.

Im menschlichen Bewußtsein gibt es verschiedene Wahrheiten, Wirklichkeiten und damit auch Welten nebeneinander.

Durch Handeln hebe ich die Frage nach dem Warum, nach dem Vor- und Nachher auf.

Die zweite und schwierigste Hälfte der Lhotse-Südwand. Sie birgt, obwohl durchstiegen, noch viele Rätsel.

Ich respektiere die Gesetze der Natur, und auf dem Gipfel hatte ich nie das Gefühl, stärker als der Berg zu sein.

Unentdeckt ist weniger die Erde als der Mensch. Alle Wege, die noch nicht gegangen sind, alle Spiele, die noch nicht gespielt wurden, sind auch potentielle Einstiegsmöglichkeiten in unsere Psyche.

Krzyzstof Wielicki und Artur Hajzer im Basislager nach ihrem Versuch in der Lhotse-Südwand. Die beiden gehören zu den besten polnischen Höhenbergsteigern.

Ganz Ich-Sein-Können und doch Miteinander-Sein ist gerade beim Bergsteigen in der Gruppe möglich.

Im Winter 1992 in Grönland zum Beispiel wollte ich sehen, wie es ist, wenn drei Leute – zwei mit derselben Sprache und einer mit einer anderen – zusammen laufen. Ob dieser stillschweigende Führerwechsel trotzdem funktioniert. Er funktierte.

Auch in der Arbeitswelt muß es so sein. In kleinen Gruppen, also in Teilbereichen eines Unternehmens, gibt es immer eine dominante Führerpersönlichkeit. Sie befiehlt zwar nicht, aber sie leitet. Ihr Wort hat mehr Gewicht.

Wir haben Hemmungen, das Wort »Führer« zu benutzen. Dabei sollten wir Grenzgänger darüber hinaus darauf achten, welche Sprache wir sprechen. Der »Siege«, »Angriffe« und »Blitzkriege« gibt es in den Bergbüchern genug. Wir Abenteurer müssen wegkommen von der Kriegssprache: Gipfel werden nicht »erobert«, Wände nicht »angegriffen«, Eiswüsten nicht »besetzt«. Wir laufen auch nicht irgendwelchen politischen oder ethischen Werten hinterher. Wir realisieren höchstens eine Idee. Und die Gruppe steht nicht »hinter der Fahne«, sondern vor einem gemeinsamen Ziel.

Das Vorurteil, tausendfach wiederholt, daß eine Seilschaft nur Erfolg haben kann, wenn sie aus Freunden besteht, ist so tief verankert, daß viel Schindluder mit der »Bergkameradschaft« getrieben wird. Natürlich kann auch eine Gruppe von Freunden weit kommen. Wenn Können, Erfahrung und Wille in einem solchen Team in etwa gleichmäßig verteilt sind, werden die Erfolgschancen durch die Freundschaft gesteigert. Aber auch zwei oder mehrere, die in ihrem Fach die Besten sind, kommen weit, ohne Freunde zu sein.

Ich habe meine Expeditionen meist auf Zweckgemeinschaften aufgebaut. Die jeweilige Seilschaft war zeit- und zielgebunden, nicht von vornherein als Seilschaft fürs Leben gedacht. Unter meinen besten Freunden gibt es keine so starken und erfahrenen Grenzgänger, daß ich mit ihnen bis ans Ende der Welt gehen könnte. Meine Freunde

sind mir wichtig, weil wir Gemeinsamkeiten haben. Die Fähigkeit, Grenzgänge durchzustehen, ist dabei nicht vorrangig.
Im Laufe meiner Kletter- und Expeditionsjahre kam es manchmal zu Freundschaften während und auch nach den gemeinsamen Reisen. Diese Freundschaften waren aber nicht von vornherein beabsichtigt. Sie waren Zufall. Die vor allem von Alpinisten hochgelobte Kameradschaft während der Tour war fast immer da.
Wenn ich mich manchmal gesträubt habe, das Wort »Kameradschaft« zu gebrauchen, dann auch deshalb, weil es so verbraucht ist. Weil vielfach falsche Inhalte dahinterstehen. Wenn vom »Kameraden«, vom »Aufeinander-Eingehen«, vom »Aufeinander-Angewiesensein« gesprochen wird, wird sehr oft geheuchelt.
Heinrich Harrer zum Beispiel hat sein Erinnerungsbuch zum 50jährigen Jubiläum der Erstbegehung der Eiger-Nordwand »der Seilschaft« gewidmet. Er wollte damit der Kameradschaft als Lebenshilfe allgemein ein Denkmal setzen, und er nannte drei Beispiele, die ihm zu dieser wichtigen Erkenntnis verholfen hätten.
Erstens die Seilschaft in der Eiger-Nordwand. Die zwei Österreicher Heinrich Harrer und Fritz Kasparek waren 1938 in der Wand, als die Deutschen Ludwig Förg und Anderl Heckmair nachkamen, sie überholten. Es kam, wie in den Originalberichten von 1938 und 1939 geschildert, zu einem Wortwechsel. Nur widerwillig und wegen des schlechten Wetters taten sich die beiden Seilschaften zusammen. Wenn sie in der Wand zusammenblieben, dann auch deshalb, weil es nicht anders ging (schlechte Wetterbedingungen, große Schwierigkeiten). Nur gemeinsam, zu viert, hatten die Österreicher eine Chance, lebend aus der »Mordwand« herauszukommen.
Die Erstbegehung der Eiger-Nordwand bleibt eine der Pionierleistungen des Alpinismus. Und die vier Bergsteiger können wenig dafür, wenn Hitler den Zusammenschluß der beiden Seilschaften als Symbol für den »Anschluß« Österreichs ausschlachtete. (Nicht nur Bergsteiger, auch Politiker haben die Seilschaft immer wieder idealisiert, um mit dem entsprechenden Ideal Emotionen zu wecken.)
Später ist von der Viererseilschaft aus der Eigerwand wenig übriggeliebben. Nicht nur, weil Förg im Krieg gefallen und Kasparek in den Anden Südamerikas verunglückt ist. Auch Heckmair und Harrer sahen sich kaum mehr. Sie sind in Seilschaft nicht mehr zusammen geklettert.
Als zweites Beispiel für die »Seilschaft als Lebensbündnis« erwähnt Harrer seine Flucht mit dem Tiroler Peter Aufschnaiter aus dem indischen Internierungslager nach Tibet und Lhasa. Diese Reise aber führte Harrer nur teilweise zusammen mit dem Tibetkenner Aufschnaiter durch. Bei »Sieben Jahre Tibet«, einem der aufregendsten Abenteuer dieses Jahrhunderts, bildeten Aufschnaiter und Harrer zeitweise eine Zweckgemeinschaft; von Freundschaft kann in diesem Zusammenhang keine Rede sein. Sie trennten sich bei ihrem Marsch, kamen wieder zusammen. Auch sie waren teilweise gezwungen, zusammen zu reisen, weil es einer allein nicht schaffen konnte. Später blieb nichts übrig von dieser »Seilschaft«.
Als drittes Beispiel führt Harrer seine Ehe an. Auch in diesem Zusammenhang fragt sich ein kritischer Beobachter bei einem mehrfach verheirateten Mann wie Heinrich Harrer, ob und wieweit diese »Seilschaft fürs Leben« einer Wunschvorstellung oder einem

Wer sich an sich und seinem Tun freut, muß seine Gefühle nicht mit Bosheiten, Aggressivität oder Rachsucht füttern, um (schaden)froh sein zu können.

Helden gibt es nur in der Fantasie derer, die gerne solche wären.

Alle die »Selbstlosen«, die für andere durch Wüsten laufen, Berge versetzen oder arbeiten, sind mir suspekt. Wer die Rechtfertigung für sein Tun bei den anderen sucht, hat sich selbst gegenüber ein schlechtes Gewissen.

Peter Habeler, der sich nach dem gemeinsamen Everest-Erfolg zum »einsamen Sieger« hochstilisierte, im Basislager.

Verdrängungsmechanismus entspringt. Einer Gemeinschaft, die zeit- und zielgebunden ist – die Seilschaft –, muß nicht ein ethischer Wert der Kameradschaft aufgesetzt werden. Die Zweckbestimmung reicht. Eine Seilschaft darf im richtigen Augenblick gelöst werden. Man muß auseinandergehen können. Erzwungenermaßen kann niemand auf Dauer und in Frieden zusammenbleiben.

Ich habe bisher 60 Reisen mit Expeditionscharakter durchgeführt. Dabei bin ich mit mehr als 200 Menschen lange und in schwierigen Situationen unterwegs gewesen. Niemals hat es – ob Zweckgemeinschaft oder Freundschaft – während der Grenztouren ernstliche Schwierigkeiten mit meinen Partnern gegeben. Auch wenn die Situation hoffnungslos war. Das Zusammenbleiben-Können war der halbe Erfolg. Wir haben uns zusammengerauft. Immer wieder haben wir Kompromisse, eine gemeinsame Lösung gefunden. Bis die Tour zu Ende war.

Wenn es zu Brüchen zwischen mir und meinen Partnern gekommen ist, dann ausschließlich *nach* den Expeditionen, nach großen Erfolgen. Und dies vermutlich nur deshalb, weil sich meine Partner schwertaten, als Stars neben mir bestehen zu können. Einige haben sogar Kapital daraus geschlagen, indem sie mich zum Unmenschen stempelten oder indem sie die Fakten verfälschten.

Ich nehme gerne einen wesentlichen Teil der Schuld auf mich, wenn ich es anderen schwermache, sich neben mir zu profilieren. Ich möchte dabei nur berücksichtigt haben, daß nicht ich

mich an den anderen profiliere. Nicht nur Arved Fuchs und Peter Habeler profitierten von mir. Sie profilierten sich an meinem Image. Den eigenen Profit im Auge und hinter dem Schutzschild einer verlogenen offiziellen Kameradschafts-Ideologie, versuchten sie und einige andere, »über meine Leiche« zu gehen.

Ich habe mich dagegen gewehrt, ohne die entsprechende Zweckgemeinschaft im nachhinein zu verurteilen. Die Enttäuschung mit Partnern aber führte zum Wunsch, alles alleine zu machen, es ganz alleine zu Ende zu führen, mehr selbst zu schöpfen. Und dieser Wunsch ist nach meinen Alleingängen noch stärker geworden. Dabei steht bei mir weniger das Bedürfnis im Vordergrund, »alles« zu können, als vielmehr ein starkes Bedürfnis nach Autonomie und Autarkie. Daß ich mit meinen Alleingängen die letzten Tabus der Himalaja-Päpste gebrochen habe, hat mich zwar bekannter gemacht, es hat aber nicht zu meiner Beliebtheit in Bergsteigerkreisen beigetragen. So wurde ich auch im privaten Leben immer mehr zum Alleingänger.

Allzulange habe ich mich an alles mögliche geklammert und so mich selbst und diejenigen erschöpft, an denen ich mich festhielt. Dabei habe ich vor allem den Fehler gemacht, im Lebenspartner den Sinn des Daseins zu sehen.

Das Faktum Einsamkeit ist ein wesentliches Problem des Menschen. Die Einsamkeit ist aber nicht negativ oder positiv, sie gehört wertfrei zum Menschsein. Viele von uns fürchten sie. Seit Anfang seiner Existenz muß

Arved Fuchs, dessen Manager Holger Hansen eine Rufmordkampagne gegen mich anzettelte, während wir in der Antarktis unterwegs waren.

Beim Alleinsein merkst du, wie du dich liebst. Die Einsamkeit ist der klarste Spiegel.

Seite 179: Arved Fuchs erreicht das vorbereitete Lager.

Seite 180/181: Antarktis 1990: Sastrugi-Feld und eines der etwa 80 Lager.

Ein Team funktioniert ausgezeichnet, solange es um Leben und Tod geht. Keine Regel des Zusammenlebens wird dann verletzt.

Wer es als Leader schafft, ein Team um sich zu versammeln, in dem jeder mit der gleichen Vehemenz dasselbe Ziel verfolgt, ist erfolgreich, unschlagbar.

sie den Menschen beschäftigt haben. Wie der Tod. Einsamkeit und Tod sind auch nahe miteinander verwandt. Auch wenn viele von uns diese Realität nicht wahrhaben wollen. Ich denke positiv an den Tod, weil ich auch Einsamkeit positiv empfinde.

Dabei kann ich auch »in Seilschaft« leben. Und ich habe immer wieder Partner gefunden. Manche Seilschaften haben über Jahre, ja Jahrzehnte gehalten. Einige andere sind nach einem einzigen Unternehmen auseinandergebrochen. Was soll's.

Bei jeder neuen Seilschaft muß es zu einem Sich-aufeinander-Einlassen kommen. Im Gegensatz zu einer Partnerschaft, die von vornherein auf Distanz aus ist – jederzeit auflösbar, bindungslos –, bin ich während des Grenzgangs eingebunden in mein Team. Bedingungslos. Natürlich erweisen sich Täuschung und Manipulation dabei oft als hilfreich im Weiterkommen, und ich setze sie ein. Ganz wie im richtigen Leben. Der Geschickteste vermag den Täuscher zu täuschen. Weiter kommt dabei aber die ganze Gruppe. Der Egoismus ist nicht gegen die anderen gerichtet, sondern auf das gemeinsame Ziel hin.

Grundvoraussetzung für Erfolg bleibt aber ein friedliches Miteinander. Während eines Unternehmens ist neben Können, der Identifikation mit dem gemeinsamen Ziel auch Vertrauen gefragt. Vielleicht bin ich in diesem letzten Punkt besonders empfindlich. Wenn das Vertrauensverhältnis zu einem Partner auch nur im geringsten gestört ist, kann ich später nicht mehr mit ihm. Mir und dem anderen einreden, daß es trotzdem einen Konsens geben könnte, ist nicht meine Sache. Eine »kaputte« Seilschaft hält nicht. Wie eine kaputte Ehe. Du kannst vielleicht den anderen eine Zeitlang belügen, dich selbst nicht.

Obwohl ich mich immer bemüht habe, nicht nach alten Expeditionsmustern vorzugehen, habe ich auch unangenehme Erfahrungen gemacht. Jeder denkt an sich selbst zuerst, und ein Team ist so gut wie das schwächste Glied. Der Schwächere bestimmt das Tempo. Beim großen Bergsteigen ist diese Problematik weniger gegeben. Wir starten in einem Basislager, steigen hinauf und kommen wieder dorthin zurück. In Schwingbewegungen nähern wir uns dem Gipfel. Wir akklimatisieren uns, bereiten vor. In dieser Phase stellt sich mehr und mehr heraus, wer die Stärksten in einem Team sind. Und die Stärksten gehen zusammen, am Ende normalerweise zum Gipfel. Es kann auch einer 1000 Meter unter dem Gipfel warten, der andere steigt weiter und kommt wieder zurück.

Bei meiner ersten Achttausender-Expedition zum Nanga Parbat untersagte mir der Expeditionsvertrag nicht nur eine eigene Berichterstattung. Uns allen wurde Gehorsam abverlangt. Nach der Expedition waren Honorare für genehmigte Vorträge und Bücher an die Expeditionsleitung abzuführen. Ich meinerseits habe später meinen Partnern niemals einen ähnlichen Vertrag untergeschoben, obwohl ich die Expeditionen finanzierte.

Bei der Antarktis-Durchquerung war es anders. Wir mußten zusammenbleiben.

Trotzdem habe ich keinen Anspruch auf kritiklose Treue über die Expedition hinaus. Ich erwartete aber Ehrlichkeit. Mit Partnern, die mich später betrügen oder ausbeuten, kann ich keine weitere Unternehmung planen. Für die Identifikation mit meinem Projekt schenke ich den Partnern mein Vertrauen. Ich erwarte das ihre. Wenn dieses Vertrauensverhältnis gestört ist, gibt es auch keine Seilschaft als Zweckgemeinschaft mehr.

»Für eine Sechstagewoche und den Achtstundentag fühle ich mich zu jung.«

IX VINCITURUS VINCERO

Selbstmotivation.

Motivation kommt von innen.

Sie ist auf einzelne Menschen zugeschnitten.

Motivation unterschiedlicher Charaktere.

Motivation geht über Gefühle.

Tricks, den anderen meine Ziele unterzuschieben, als ob es ihre wären.

Im kleinen Team kommt es auf jeden einzelnen an; keiner kann zurückgelassen werden.

Wer nicht bleiben will, geht.

Ohne Streit auskommen als Kompromiß.

Leistungsdruck – Leistungswille.

Niederes Momentum mit oberflächlicher Motivation.

Unterschiedliche Fähigkeiten, unterschiedlich gefordert als Gäransatz.

Übermotivation führt zu Lähmung.

»As far as possible« als Spiel.

Motivation ist auch Manipulation.

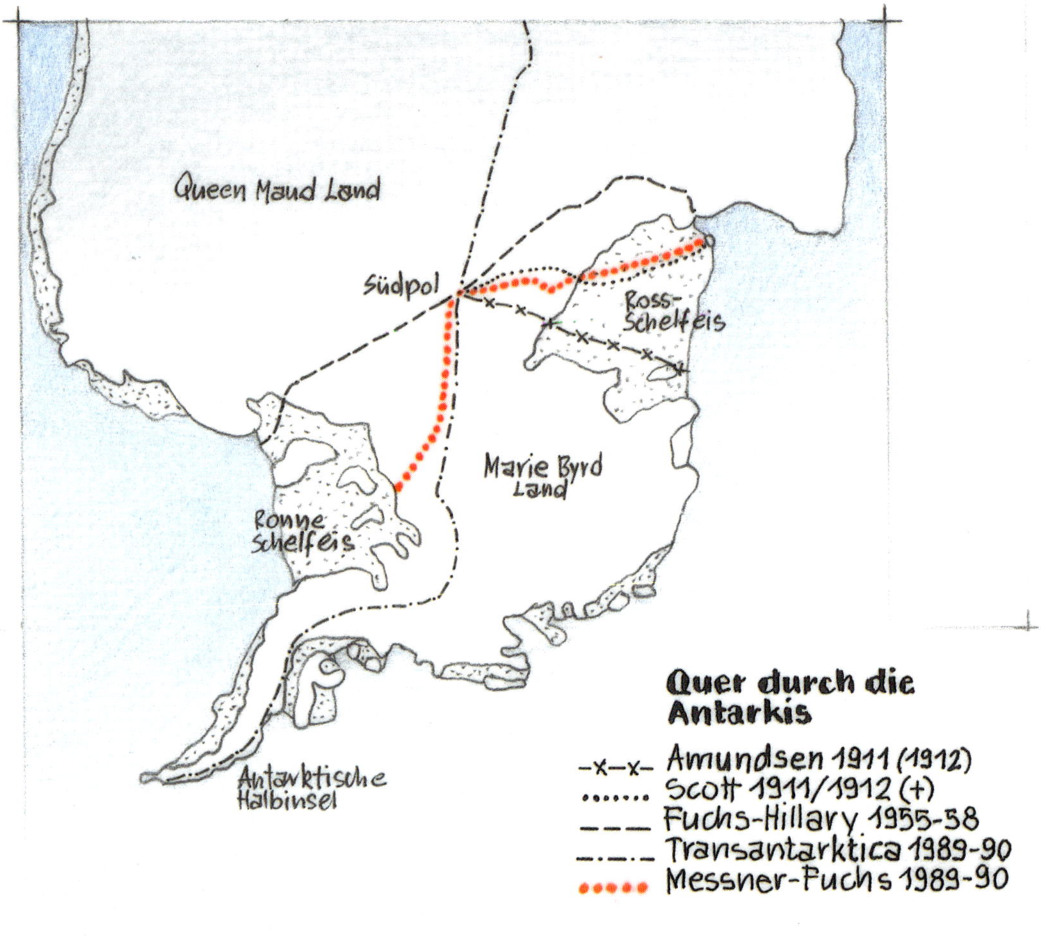
Queen Maud Land
Südpol
Ross-Schelfeis
Marie Byrd Land
Ronne Schelfeis
Antarktische Halbinsel
Quer durch die Antarkis
-x-x- Amundsen 1911 (1912)
Scott 1911/1912 (+)
Fuchs-Hillary 1955-58
Transantarktica 1989-90
Messner-Fuchs 1989-90

»Wirklichkeiten konstruieren und den Partnern verdeutlichen, ja vermitteln als kollektive Realität.«

Links: Segel (Parawings), in der Antarktis begrenzt eingesetzt, sollten bei der Grönland-Längsdiagonale 1993 zum Erfolg beitragen.

NUR DER SCHNEE BLEIBT KALT

Herbst 1980

Nach dem Höhepunkt meiner zweiten Lebensphase als Grenzgänger – »as high as possible« (Mount-Everest-Alleingang ohne Fremdhilfe und Sauerstoffmaske) – entsteht eine vage Vorstellung von einer anderen Dimension des Grenzgangs: »As far as possible«. Eine Antarktis-Durchquerung, die ich ins Auge fasse, wird 1982 auf unbestimmte Zeit verschoben, nachdem ich mich entschlossen habe, alle 14 Achttausender zu besteigen.
Wieweit ich dabei fremdbestimmt bin, entzieht sich meinem Urteilsvermögen. Nicht nur das Leistungserlebnis, auch der Leistungsdruck – von außen und innen –, dem wir alle unterworfen sind, zwingt uns, anderen und uns selbst immer wieder etwas zu beweisen: wie mutig, wie ausdauernd, wie »gut« wir sind. Es bleibt für jeden einzelnen schwierig, Leistungsdruck und Leistungswillen auseinanderzuhalten.

Dezember 1986

Wenige Monate nach der Lhotse-Besteigung (mein letzter Achttausender) reise ich mit zwei Freunden, der Hilfe des berühmten Piloten Giles Kershaw und Adventure Network in die Antarktis, um den Mount Vinson (höchster Berg der Antarktis, einer der »seven summits«) zu besteigen. Die Idee einer Antarktis-Durchquerung wird zur Realutopie.
Vor Ort teste ich das Laufen mit Skiern und Fellen, das Ziehen verschieden schwerer Schlitten. In einer Stunde komme ich mit einem 100-Kilo-Schlitten knapp 4 Kilometer weit. In acht Stunden reiner Laufzeit pro Tag kann ich also 30 Kilometer zurücklegen. In 100 Tagen – so lange dauert der antarktische Sommer – 3000 Kilometer. Die Strecke, über die Sir Ernest Shackleton 1914 seine Antarktis-Durchquerung geplant hatte (gescheitert, weil sein Schiff »Endurance« bei der Anreise zwischen Eisschollen zerdrückt worden war) ist also theoretisch in gut drei Monaten zu bewältigen.
Nachdem mir Adventure Network logistische Unterstützung zugesagt hat (Anreise, Fliegen von zwei Depots), lege ich die Eckpunkte meiner Strategie fest: zwei bis drei Mann, 100 Kilo schwere Schlitten, Marsch ohne Hunde oder Zugmaschinen vom Ronne-Schelfeis über den Südpol nach McMurdo. Ich vernachlässige das Bergsteigen. Es entsteht ein für die Antarktis-Durchquerung starkes Momentum. »Vinciturus vincero«, das als Motto in meiner

Das Abschätzen aller Wahrscheinlichkeiten ist schwieriger als das Unterwegssein selbst.

Motivation ist nicht eintreibbar, nicht einpeitschbar, nicht injizierbar; nur sekundär erreichbar mit Prämien, nur tertiär erreichbar mit Vorträgen.

Burg steht (Umgangslatein, 1548), lege ich neu aus: »Wer sich selbst zum Sieg bestimmt, wird siegen.« Eine schöpferische Ungeduld entsteht.

Man kann am eigenen Erfolg ersticken, an der Einsamkeit, an nicht erwiderter Liebe, vielleicht sogar an Idealen. Aber niemals am Enthusiasmus, wenn er in die Waagschale der Tat geworfen wird. Ich muß nur das scheinbar Nicht-Mögliche wagen, um Kräfte zu mobilisieren, von denen ich nichts ahne. Ich muß Partner finden und viel Geld auftreiben. Allein die Kosten für die Flüge werden auf 400000 $ veranschlagt.

Weil den Bergsteigern das Eiswandern fremd ist, suche ich nach willens- und überzeugungsstarken Persönlichkeiten aus anderen Bereichen des Abenteuers. Der norddeutsche Seemann Arved Fuchs, Navigator mit Arktiserfahrung, kann sich nach anfänglicher Skepsis mit meinem Plan identifizieren. Die Frage: Wie führen wir uns selbst? stellt sich nicht, nachdem wir uns entschieden haben, nur zu zweit und als gleichwertige Partner zu starten.

Vor dem Aufbruch im Oktober 1989 wissen wir beide, daß wir etwa 30 Kilometer pro Tag laufen müssen; daß wir spätestens am 15. Februar 1990 in McMurdo sein müssen; daß die längste zurückzulegende Etappe ohne Zwischendepots (Südpol – McMurdo) 1500 Kilometer lang und schwierig sein wird (Berge, Gletscher mit Spalten).

November 1989

Nach einem verspäteten Start (Anreiseschwierigkeiten) und verlegtem Startpunkt (nicht Eis- sondern Kontinentrand am Weddel-Meer) bringen wir es in den ersten Wochen auf keine 20 Kilometer Tagesleistung. Wegen Schlechtwetter, Sturm, »white out«, stumpfem Schnee, Sastrugis (Eisrippen) ist das Schlittenziehen anstrengender als vorhergesehen. Dazu plagen Arved Blasen auf der Fußsohle und Konditionsmängel.

Wir können uns nur Tag für Tag auf einen Kompromiß in der Taktik einigen. Statt, wie notwendig, acht bis zehn Stunden täglich zu laufen, will Arved, um sich zu schonen, daß wir nur vier Stunden unterwegs sind. Bei Rückenwind, so hofft er, sollen wir mit unseren Segeln 50 bis 100 Kilometer am Tag zurücklegen und aufholen können.

Da der Segelwind ausbleibt, einigen wir uns nach einer Woche auf sechs Laufstunden täglich. Arved klagt wegen Überanstrengung. Ich fühle mich nicht ausgelastet. Trotzdem kein Streit deswegen.

Dezember 1989

Nach drei Wochen weiß ich, daß wir bei der gegebenen Geschwindigkeit die Antarktis-Durchquerung nicht schaffen werden. Arved resigniert. Er gibt sich mit dem Erreichen des Südpols zufrieden. (»Für die Leute zählt nur der Pol.«) Für mich jedoch zählt die Durchquerung.

Ich muß also Arved stillschweigend dazu bringen, das gleiche zu denken. Er darf dabei die Selbstachtung nicht verlieren und muß an Kondition gewinnen. Letzteres gelingt mir nicht. Ihn zu trainieren, indem ich zuerst Minuten, später Viertelstunden lang mehr laufe als vereinbart, bringt nur ein oder zwei zusätzliche Kilometer pro Tag und Mißtrauen.

Mein Vorschlag, die Schlitten so umzupacken, daß wir bei verschiedenem Schlittengewicht auf die gleiche Geschwindigkeit kommen, löst zuerst Skepsis aus. Ich vermittle den Sinn meiner Taktik, indem ich das Positive für Arved betone: »So werden wir schneller und können noch vor Neujahr den Südpol

Rechts: Mit Arved Fuchs vor der US-Südpolstation, wo wir offiziell nicht willkommen waren.

UNITED STATES WELCOMES YOU
TO THE SOUTH POLE

Mensch sein heißt für mich auch begrenzt sein, in der Kraft, Klarheit, Motivation.

erreichen.« Ich weiß: Würden wir erst 1990 ankommen, müßten wir aufgeben. »Dies bedeutete für dich, daß du dann als erster Mensch Nord- und Südpol innerhalb eines einzigen Jahres zu Fuß erreicht hast.« Ein Rekord! Erst dieses Sich-Hervortun-Können – von Arved anfangs als Messnersche Rekordsucht belächelt – beflügelt ihn. Dieser Rekord steht nur ihm offen, mir nicht. Nachdem Arved im Frühjahr 1989 im Rahmen einer internationalen Expedition unter Leitung von Robert Swan den Nordpol erreicht hat, will er jetzt rechtzeitig am Südpol sein. Mehr nicht.
Da ich trotz des schwereren Schlittens so schnell gehe wie vorher und als Vorausmann das Tempo mache, schaffen wir in den sieben Stunden, die Arved zuvor für meine sechs Stunden gebraucht hat, bis zu 28 Kilometer pro Tag. Dabei läuft er jetzt noch weiter hinterher. Aber er tut es freiwillig. Meine Manipulation: Tag für Tag fördere ich sein Stolz-Sein-Können – stolz auf den zweiten Pol, der innerhalb eines Jahres winkt; stolz auf die Ausdauer, nach mehr als 50 Tagen Nordpol-Schinderei die Strapaze in der Antarktis durchzustehen. Dieser Stolz wirkt Wunder.
Die Tricks, die ich anwende, um Arved zu motivieren, gelten meinem Ziel: der Gesamtdurchquerung. Ich weiß, es kommt auf jeden von uns gleichermaßen an. Keiner darf zurückbleiben. Einer allein kommt nicht weit.

31. 12. 1989

Am Silvestertag erreichen wir den Südpol. Gerade noch rechtzeitig, um weitermachen zu können. Mit einer Flasche Rotwein arrangiere ich ein kleines Fest für Arved und seinen Rekord: die zwei Pole innerhalb eines Jahres.

Januar 1990

Die Hoffnung, vom Südpol zum Ross-Meer bei Rückenwind Segel einsetzen zu können, beflügelt Arved, weiterzumachen. Auch ich bin jetzt zuversichtlich. Aber unsere Hoffnungen werden enttäuscht. Bedingt durch die schwereren Schlitten, den stumpfen Schnee und die größeren Schwierigkeiten (Spalten, Eisbrüche) sinkt unser Tempo wieder unter einen Durchschnitt von 20 Kilometern pro Tag. Wegen des nahenden Winters und des Auslaufens der »Barken« (das Schiff für unsere Heimreise) in Baja Terra Nova (italienische Forschungsstation nördlich von McMurdo) am 15. Februar sind wir in einer hoffnungslosen Situation.
Arved plädiert dafür, die Schlitten leichter zu machen und die Überquerung in Gateway (zwischen Kontinent und Ross-Schelfeis) abzubrechen. Ich weigere mich, jetzt schon aufzugeben. Auch weise ich auf die Kosten und Schwierigkeiten hin, die beim Versuch entstehen würden, uns in Gateway ausfliegen zu lassen. Ich hoffe auf ein Wunder und treibe meinen Partner immerzu an.
Als nochmals günstiger Wind aufkommt, machen wir Boden gut, kommen aber nicht so weit wie notwendig. Auch weil Arveds Ausdauer nicht ausreicht, zu segeln, bis der Wind aufhört. Ich bin verzweifelt. Die Wut aber, die manchmal in mir hochkocht, wenn Arved kilometerweit zurückbleibt, behalte ich für mich oder brülle sie in die weiße, kalte Eiswelt hinaus, wenn er so weit zurück ist, daß er mich nicht hören kann. Umgekehrt hat Arved auch mich mit seinen Wutausbrüchen verschont. Ihm gegenüber kann ich (fast) immer ruhig, zuversichtlich sein. So bleibt er meinen subtilen Manipulationen gegenüber empfänglich. Kalt bleibt nur der Schnee.

Befehlen liegt mir nicht. Ich erwarte aber, daß meine Mitstreiter ihrem eigenen Willen gehorchen können.

In der Antarktis funktioniert eine Taktik wie im Himalaja (wer nicht mitkommt, bleibt im Basislager zurück) nicht. Wir müssen ohne Streit auskommen, Kompromisse schließen, zusammen weiter.
Ende Januar, bei Gateway, plädiert Arved nochmals dafür, die Expedition abzubrechen. Ich greife zu meinem letzten Trumpf: Er soll das Zelt bekommen, das Argos-Gerät (ein satellitengestütztes Ortungsgerät, das unsere Position nach außen meldet) und warten, bis er geholt wird. »Ich bezahle deinen Flug, aber ich *gehe* nach McMurdo!« Ich weiß: Diese meine Aussage führt entweder zum Ende der Expedition, oder sie zwingt ihn, das Letzte an Selbstmotivation aus sich herauszuholen. Ich habe Glück und gewinne.
Arved will weitergehen.

Februar 1990

Trotz Neuschnee, »white out« und Hunger (wir haben vorsorglich die Nahrungsmittel rationiert) laufen wir bis an die Grenze der Belastbarkeit. Häufig mehr als 30 Kilometer pro Tag, die ich Arved nicht nur zumute, sondern auch zutraue. Er zeigt jetzt Leistungswillen und Leidensfähigkeit.
In dieser Phase erkläre ich ihm immer wieder, was es bedeuten würde – auch finanziell –, zu spät zu kommen. Obwohl ich die Expedition alleine finanziert habe, helfen diese Informationen, die Motivation meines Partners zu steigern. Auch stelle ich in Aussicht, daß einer der Sponsoren die Flüge für unsere beiden Lebensgefährtinnen nach Neuseeland übernehmen könnte, wenn wir rechtzeitig dort ankämen. (Ich habe sie später aus eigener Tasche bezahlt.)
Das wichtigste aber bleibt mein Vorauslaufen. Da das Zelt in meinem Schlitten liegt, muß Arved nachkommen. Ich verstehe mich dabei nur als Antreiber, nicht als Expeditionsleiter. Ich mag feste Rangordnungen nicht und weiß, daß die Vorliebe für Hierarchien meist im umgekehrten Verhältnis zum wahren Persönlichkeitswert steht.
Obwohl Arved und ich zwei völlig unterschiedliche Charaktere sind und aus gegensätzlichen Sparten des Natursports (Bergsteigen und Seefahrt) kommen, ergänzten wir uns bei der Antarktis-Durchquerung ideal. Wir paßten nicht zusammen, trotzdem summierten sich unsere unterschiedlichen Fähigkeiten. Dabei war ich nicht nur getragen von Leistungswillen, ich war getrieben auch von Leistungsdruck (viel Geld stand auf dem Spiel; Verantwortung den Sponsoren gegenüber; breite Öffentlichkeitserwartung).
Neben Beharrlichkeit, ja Sturheit bringt mich die Freude über das tägliche Vorankommen weiter. Ich genieße das Weit-Gehen.
Die beste Zerstreuung und gleichzeitig der stärkste Ansporn ist es, etwas mit Hingabe zu tun. Wenn nach unserer Ankunft (13. 2. 1990; günstiger Wind hat in den letzten Tagen unser Vorankommen wie durch ein Wunder beschleunigt) gleich neue »Herausforderungen im Eis« von mir Besitz ergreifen, so auch deshalb, weil ich ein begeisterter Fußgänger bin. Arved hingegen ist Seefahrer, und er wird sich hüten, je wieder eine Strapaze wie die in der Antarktis auf sich zu nehmen.
Ich möchte nicht behaupten, daß meine Ungeduld zum Erfolg geführt hat; so wie Arved nicht sagt, daß sein Phlegma das entscheidende Momentum war. Unsere urspüngliche Taktik ging nicht auf, und so erfanden wir Tag für Tag eine neue, 90 Tage lang. Ich habe Arved kennengelernt; er mich. Um so größer die Enttäuschung nachher über den von Dritten provozierten Streit.

Im Grenzbereich zwischen Durchkommen und Umkommen läßt jeder seine Maske fallen. Man begegnet sich mit dem einzig wahren Gesicht.

»Wer andere mitreißen will, muß sich selbst glauben.«

MOTIVATION – LEISTUNGSDRUCK

Der Unterschied zwischen Sportler und Grenzgänger wiederholt sich zwischen Wissenschaft und Abenteuer. Der Sportler klettert, obwohl es gefährlich ist. Der Grenzgänger, weil es gefährlich ist. Der Wissenschaftler, der in die Antarktis reist, obwohl es gefährlich ist, wird alles tun, um den potentiellen Gefahren auszuweichen. Der Grenzgänger will ihnen begegnen.

Ein Wahlspruch – »Vinciturus vincero« (Latein, volkstümlich) –, in meiner Burg Juval in Südtirol 1548 über die Haupttüre im großen Saal gepinselt, war einer der Beweggründe, dieses desolate Anwesen 1983 zu erwerben. »Victurus vicero« (klassisches Latein) kann verschiedentlich übersetzt werden: »Wer zum Sieg bestimmt ist, wird siegen.« Aber auch: »Wer sich selbst als Siegender sieht, wird siegen.« Oder: »Diejenigen, die sich zum Sieg bestimmen, werden siegen.«

In all diesen Übersetzungen und vermutlich auch im Originalsinn dieses lateinischen Spruches klingt die klare Aussage an, daß Motivation ein Momentum aus dem Inneren ist. Es gibt keinen stärkeren Anreiz für die eigene Begeisterung als die Selbstbestimmung. Wer nicht besessen ist von dem, was er tut, wird wenig Lust dabei empfinden. Ebensowenig Erfolg haben. Begeisterung und Erfolg gehen Hand in Hand: im Sport, in der Wissenschaft, in der Kunst. Dasselbe gilt für die Arbeit, soweit sie noch als solche zu bezeichnen ist, wenn wir sie in dieses Lustprinzip einbinden.

Diese bestimmende Dimension der Selbstmotivation schließt Seele, Geist und Körper mit ein. Sie steuert den Willen, schürt ein »inneres Feuer«, läßt uns ganz aufgehen in unserem Tun. Nur so entsteht das, was »Flow« genannt wird: Du bist in deiner Hingabe ganz Konzentration, angenehm entspannt, energiegeladen, denkst an nichts anderes mehr. Die Dimension Zeit wird aufgehoben. Diese Selbstmotivation hat weder mit Egoismus noch mit Idealismus zu tun – sie steht außerhalb von beidem.

Ich bin kein Idealist. Ich versuche, Realist zu sein. Darüber hinaus bin ich Egoist. Ich bekenne mich zu meinem Egoismus. Und jemand, der das, was er tut – als Straßenkehrer, Verkäufer, Bundeskanzler oder TV-Moderator – nicht mit Begeisterung tut, soll mir keine Vorwürfe machen. Er soll sein Leben ändern. Wir dürfen alle zu unserem Egoismus stehen, wenn wir Ansprüche an uns selbst und nicht nur an die anderen stellen. Es ist nicht mehr oder weniger tugendhaft, sein Leben zu leben, als irgendwelchen Idealen nachzuhängen.

Die massive Kritik in Zusammenhang mit meiner Antarktis-Expedition darf auch als Antwort auf meine Selbstmotivation verstanden werden. Verständnis hatte ich dabei für jene »Schreibtischtäter«, die ihre Zeit daheim oder im Büro absaßen, aber viel lieber mit mir durch das »ewige Eis« gelaufen wären. Da sie weder eine aufkeimende Selbstkritik noch die Aufforderung, ihr Leben zu ändern, bewußt wahrnahmen, mußten sie auf mich mit Aggressionen reagieren. Nicht, weil ich ein »Übermensch« wäre, sondern weil ich sie durch meine Aktionen provozierte. Da ich mein Leben immer wieder in Frage stellte, stellte ich auch ihr Leben in Frage.

Wer sein Erwachsenenleben lang nichts anderes tut, als an einer Maschine zu sitzen, den ganzen Tag, die ganze Woche über, elf Monate im Jahr, nur um Frau und Kind ernähren und am Abend vor dem Fernseher sein Bier trinken zu können, der wird sich ununterbrochen fragen: »Warum sitze ich an dieser Maschine? Was hat denn das Leben überhaupt für einen Sinn? Soll das schon alles gewesen sein?«

Ganz anders derjenige, der sich mit seinen ureigensten Mitteln auszudrücken vermag. Ihm stellt sich die fatalistische Frage nach dem Sinn des Lebens nicht, ihm fließt ständig neue Kraft zu. Daraus entsteht »Flow«.

Motivation fällt nicht vom Himmel. Sie steckt in uns allen. Es kommt nur darauf an, sie zu wecken. Jede Motivation ist auf den einzelnen zugeschnitten. Wollen wir also andere mit unserer Begeisterung anstecken, motivieren, müssen wir auf sie eingehen. Wir müssen diese anderen Menschen vorher kennen.

In der Antarktis habe ich zuerst mit psychologischen Tricks versucht, meinem Partner Freude zu vermitteln. Ich konnte ihm Schlittengewicht abnehmen, einige Arbeiten, um ihm das Leben leichter zu machen. In der zweiten Hälfte wurden meine Tricks härter. Es ging darum, in den letzten 20 Tagen 800 Kilometer zurückzulegen. Das war schier menschenunmöglich. Trotzdem, es klappte. Arved hat wohl immer wieder gesagt: »Das tue ich nicht; ich kann das nicht; ich bringe mich nicht um; ich bin nicht verrückt!« Aber mit dem Zelt in meinem Schlitten konnte ich ihn zwingen, nachzukommen.

In der ersten Woche nach Gateway habe ich in den Rastpausen gewartet. Bis mittags. Arved hat dann die neun Laufstunden, die ausgemacht waren, auf acht heruntergehandelt. Ich ließ mich immer wieder bremsen, und wir hinkten unserem Soll hinterher. Am Ende blieb ich hart. Es nützte nichts, wenn ich nachgab. Ich wollte durchkommen, und er auch.

Also bin ich vorausgegangen. Immer so, daß ich Arved bei den Rastpausen sah. Wenn er sich näherte, bin ich wieder gegangen. Bis zum Abend. Er kam oft todmüde zum Zelt, aber er kam. Ich fand meine Methode mies, und ich fragte mich, warum ich einen Menschen so quälte. Es ging nur um meinen Ehrgeiz, ums Durchkommen!

Wille ist trainierbar wie Muskelkraft. Mehr noch steigert er sich durch Begeisterung für eine Sache.

Natürlich ist Motivation immer auch Manipulation. Es stellt sich deshalb die Frage, wieweit wir andere für unsere Ziele beeinflussen dürfen. Es ist mir oft und immer wieder gelungen, meinen Partnern mit Tricks, mit gutem Zureden meine Ziele unterzuschieben, als wären es die ihren. Vortäuschung falscher Tatsachen ist ein Betrug. Sie gehört aber zur Überlebensstrategie. Sie hilft, die Motivation des anderen so zu manipulieren, daß sich dessen Verhalten zum eigenen Vorteil verändert. Jeder Leader tut das.

Wenn man bürgerliche Maßstäbe ansetzt, durchbreche ich mit diesem Verhalten die Grenzen des Erlaubten. Daher ecke ich bei vielen auch an. Für diese Leute bin ich ein »rotes Tuch«, weil ich mich nicht um Konventionen schere und damit sogar erfolgreich bin. Ich passe vielen nicht ins Welt-

Wenn man mir Erfolgszwang unterstellt, so ist dies bezeichnend für die Menschen unserer Zeit, für die nur das Ergebnis einer Anstrengung zählt, und nicht der Lernprozeß selbst.

Machapuchare in Nepal. Die Motivation ist wie ein großer Berg: Sie reicht tief ins Unterbewußte hinein; sie ist hoch und klar wie der Gipfel.

bild. Aber ich respektiere Grenzen, den anderen, auch wenn ich ihn manipuliere; die Gesetze der Natur.
Darüber hinaus glaube ich an die Kosten-Nutzen-Analyse und sonst nur, was ich sehe. Der »wahrhaftige Mensch, hilfreich und gut« ist mir nie begegnet. Die moralischen Systeme in einer Welt von Egoisten sind mehr oder weniger gelungene Versuche, seinen eigenen Egoismus auf Kosten anderer zu verstecken. Auch wenn es immer vorteilhafter wird, sich als wahrhaftiger, hilfreicher und besser darzustellen, als man in Wirklichkeit ist, werde ich weiterhin versuchen, meine

Erfahrungen und mein So-Sein ungeschminkt vorzutragen.
So manche meiner Expeditionen wäre gescheitert, hätte ich nicht zu rhetorischen Tricks gegriffen. In der Antarktis oder in Grönland kann keiner zurückgelassen werden. Wenn einer aufgibt, müssen alle aufgeben. Wenn einer keine Lust mehr hat, kostet das auch die anderen ihren Erfolg. In einem kleinen Team kommt es auf jeden einzelnen an.
Die vielen unkalkulierbaren Risiken, die das eigentliche Abenteuer ausmachen, zu bedenken, ist weniger wichtig als die Motivation (und Manipulation) der Partner. Nicht alle sind beeinflußbar über den Willen, den Verstand. In den unterbewußten Ebenen aber, die wir kurzfristig beeinflussen können, liegt der Speicher für den Erfolg.
Wenn ich bei der Mount-Everest-Solobegehung nach oben gegangen bin, obwohl ich mir nach einem Spaltensturz vorgenommen hatte, nach unten zu steigen, war die Motivation stärker als der kurzfristige Entschluß, aufzugeben. Ein Gegenbeispiel: Als ich 1973 versuchte, den Nanga Parbat alleine zu besteigen, war ich bestens vorbereitet. Deshalb wollte ich bei der ersten Krise in der Wand aufwärts gehen. Es gab keinen rationalen Grund, umzukehren. Obwohl ich aufwärts steigen wollte, stieg ich abwärts. Ich ließ es zu. Denn ich bin nicht so stur, daß ich meine Ratio über meine unterbewußten Entschlüsse stelle.
Unsere Seele hat mehrere Stockwerke. Einige dieser Etagen versuchen die Psychologen und Psychotherapeuten in den Griff zu bekommen. Es gibt aber Stockwerke, von denen wir noch nichts wissen. Motivation ist wie angestaute, konzentrierte Energie. Sie speichert sich in der langen Zeit des Wartens, des Hoffens, der Hingabe. Erst wenn ein Ziel mit Leidenschaft gefüllt ist, verselbständigt es sich. Unsere Motivation sucht dann ein Ventil, egal um welchen Preis.
Motivation spielt sich mehr über Gefühle ab als über die Ratio. Die Gehirnhälfte, die ich dafür ansprechen muß, ist eine andere als jene, die Plan und Logistik erarbeitet.
Bei größeren Expeditionen im Himalaja ist es einfach. Ich kann vor dem Aufstieg zu einem Achttausendergipfel die motivierten Partner herausfinden. Weniger motivierte können ein Stück weit mitklettern oder im Basislager warten. Wer überhaupt nicht bleiben will, geht. Ich habe nie jemand gezwungen, bei einer Himalaja-Expedition bis zum Ende auszuharren. Oft ist der eine oder andere früher nach Hause gegangen oder im Basislager geblieben, ohne sich für den Gipfel zu interessieren.
Anders war es in der Antarktis. Ich hätte zwar ab Gateway die Expedition auch alleine zu Ende führen können, wollte aber aus zwei Gründen meinen Partner Arved Fuchs bis zum Ende dabeihaben: aus Sicherheitsgründen und weil wir zu zweit losgegangen waren. Ich wollte vor unserem »Publikum« nicht dastehen wie einer, der »über Leichen geht«. Wir sind 92 Tage lang ohne einen ernsthaften Streit ausgekommen. Auch weil jeder fähig war, die Motivationsschwäche oder den Motivationsschub des anderen aufzufangen.
Je größer die Gruppe, um so diffiziler das Zusammenspiel. Es braucht sehr viel Fingerspitzengefühl, um unterschiedliche Charaktere zu motivieren. Bei uns Grenzgängern zählen in erster Linie die Selbstmotivation und die Fähigkeit, einen Partner aus einer momentanen Lethargie, aus seiner Müdigkeit, aus seiner Hoffnungslosigkeit herauszuholen.

In zwei entgegengesetzten Richtungen ist Erlösung zu finden: im Verzicht und im Schaffen. Zwei Menschen, die entgegengesetzt angelegt sind, beflügeln oder bremsen sich.

Mitläufer sind wie Mitesser. Sie verstehen sich auf die Kunst, bei kleinstmöglichem Einsatz größtmögliche Beachtung zu heischen.

Seite 195: Mit Hans Kammerlander am Grenzkamm bei der Aktion »Rund um Südtirol«.

Seite 196/197: Blick auf die Grenzberge im Süden (Dolomiten) und im Gespräch mit Südtirolern.

Ich nehme an, daß die Hoffnung auf Ruhm und Geld auf Dauer nicht ausreicht, einen Menschen bis zu seiner persönlichen Leistungsgrenze zu fordern.

Motivation hängt zusammen mit Begeisterungsfähigkeit, mit Sinngebung, mit Visionen – und zwar aus dem Akteur selbst heraus.

Wieweit nun unsere Selbstmotivation als Begeisterung für die Sache von innen kommt oder auf Leistungsdruck von außen beruht, ist schwer auseinanderzuhalten. Und nicht meßbar. Ich weiß, daß wir alle die Anerkennung der anderen suchen und brauchen. Wir sind also bis zu einem gewissen Punkt fremdbestimmt. So gesehen, sind wir immer unter Leistungsdruck, soweit wir die anderen, die Außenstehenden, in irgendeiner Art beachten. Rational lehne ich den Leistungsdruck ab. Aber ich weiß, daß die stärkste Motivation aus meinem Innersten kommt, aus der Seele. Und dorthin sehe ich nicht.

Ich kann meine Erfolge nicht nur mit meinem Leistungswillen erklären. Ich gebe einfach meiner Begeisterung nach und nicht selten auch der Erwartung der anderen. So sehr ich mich bemühe, nicht unter Leistungsdruck zu geraten, es wird mir nie ganz und auf Dauer gelingen, alle Fremdbestimmung abzuschütteln. Mit einer oberflächlichen Motivation allerdings erreiche ich nur ein niederes Momentum; mit zu wenig Energie am Ende vielleicht, um eine Grenztour durchzustehen.

Nicht selten kommt es in meinem Tun zu einer Übermotivation. Ob durch Leistungsdruck hervorgerufen oder durch die knapper werdende Zeit bei zunehmendem Alter, bleibt dahingestellt.

Übermotivation aber führt zur Lähmung, zur Verkrampfung, nicht selten zur Katastrophe. Wanda Rutkiewicz zum Beispiel, die erfolgreichste Bergsteigerin der letzten zwei Jahrzehnte – sie hatte mehr als die Hälfte aller 14 Achttausender bestiegen –, wollte Anfang der neunziger Jahre den Rest der von ihr noch nicht erreichten Achttausendergipfel in Serie erklettern. Unter großer Aufmerksamkeit der Öffentlichkeit war sie gestartet. Dabei hatte sie nicht mehr die Schnellkraft und Ausdauer einer Dreißigjährigen. Sicher, sie war erfahren, motiviert. Aber sie stand unter Zeitdruck. Und vermutlich deswegen – der Druck, der auf ihr lastete, war wohl zu groß, lähmte sie – ist sie im Frühling 1992 an der Nordseite des Kangchendzönga umgekommen. Nach einem Biwak in einer Schneehöhle ist sie offensichtlich gestorben. Obgleich für den Gipfelaufstieg zu müde und zu langsam, wollte sie die Besteigung des dritthöchsten Berges der Welt erzwingen. Diese Tragödie ist ein Irrwitz: Wille und Erfahrung reichten aus, sie so hoch steigen zu lassen, daß sie niemand mehr herunterholen konnte.

Wenn das Spiel, so weit wie möglich zu laufen, so hoch wie möglich zu steigen, zu einem zwanghaften Muß wird, ist es ein doppelt gefährliches Spiel. »As far as possible« ist auch in der Wirtschaft gefährlich, im Sport, in der Politik. Immer, wenn es zu ernst genommen wird. Es gibt Grenzen, die wir zu respektieren haben. Wer diese Grenzen überspringen will, spielt als Industrieller unter Umständen mit der Zerstörung der Umwelt, als Sportler nicht selten mit Drogen, als Grenzgänger mit dem Tod.

Arved Fuchs und ich hatten in der Antarktis schließlich Erfolg, obwohl wir als zwei grundverschiedene Charaktere nicht zusammenpaßten. Wir hatten Erfolg, weil wir es immer wieder verstanden, unsere unterschiedlichen Fähigkeiten zu summieren. Ob Motivation oder Manipulation, wir gaben nicht auf, uns zu fordern, uns einzubringen. Es brodelte zwar zwischen uns, aber ohne Streit. Dieser Gäransatz hat schließlich zum Erfolg geführt, wobei Bremser- und Antreiberrolle gleichermaßen wichtig waren. Als einzelne wären wir in der Antarktis beide gescheitert. Als Team kamen wir zu Fuß weiter als alle anderen vor uns.

»Aktivsein im Dasein hebt die Frage nach dem Warum des Lebens auf.«

X
DAHEIM IM SELBSTVERSTÄNDNIS

Unterschiedlichste Fähigkeiten sind Voraussetzung, um die Aktivität Grenzgang in Bewegung zu halten: Finanzierung, Teamwork, Ausrüstung erfinden und testen, Kletterkönnen, Training, Durchstehen, Auswerten in Form von Vorträgen, Büchern, Berichten, Dokumentarfilmen.

Herausfinden, was und in welchem Lebensabschnitt mir entspricht.

Bin Ideator, Stratege, Akteur, Schiedsrichter in einer Person.

Generalunternehmer ist Systemintegrator und Verantwortlicher zugleich.

Bin nie nur Know-how-Träger.

Spezialistenwissen und Generalistenwissen können besorgt werden.

Auch der Partner muß selbstbewußt sein.

Vorgabe von Aufgaben.

Unwichtige und wichtige Dinge koordinieren.

Zuletzt bin ich immer selbst schuld, wenn etwas nicht klappt.

Das Abenteuer fängt ausschließlich im Kopf an.

Realisation ist Umsetzen einer Idee in die Tat.

Die Kunst dabei ist die richtige Schrittfolge.

Idee und Tat werden eins, Denken und Handeln identisch.

Selbstverständnis als Resultat.

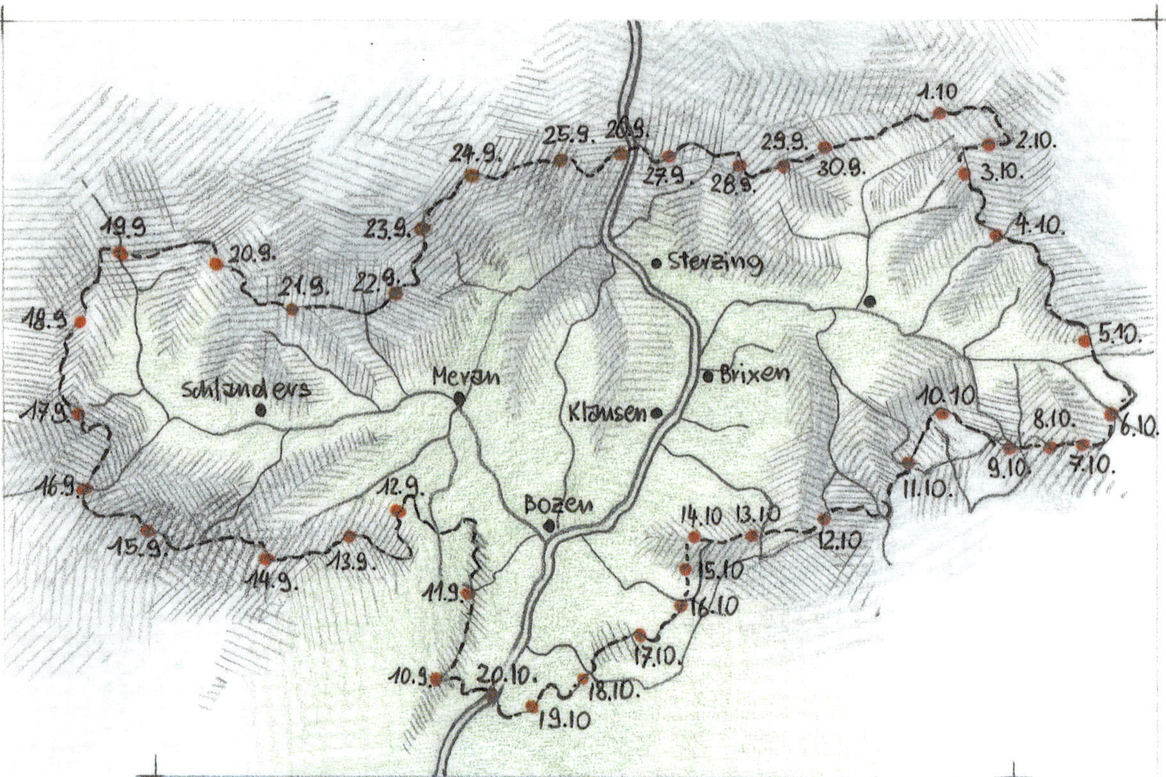

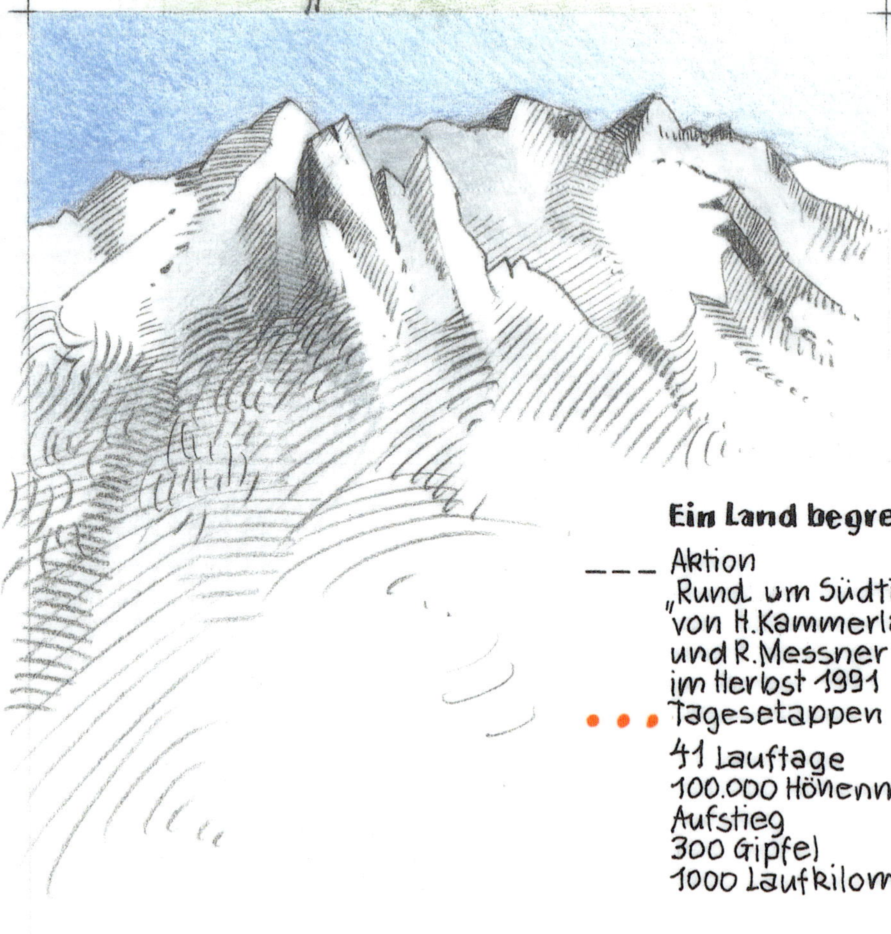

Ein Land begreifen

--- Aktion „Rund um Südtirol" von H. Kammerlander und R. Messner im Herbst 1991

• • • Tagesetappen

41 Lauftage
100.000 Höhenmeter Aufstieg
300 Gipfel
1000 Laufkilometer

»Die Tat verstehe ich als ›offenen Lernprozeß‹, nicht als Heldentum.«

Links: Auf dem Gletscher vor der Müller-Hütte (Stubaier Alpen).

MIT DEN BEINEN DENKEN

Herbst 1984

Seit Monaten bin ich dabei, mich neu einzurichten. Meine abgesicherte Existenz (Haus in Villnöß, verpachtetes Sportgeschäft, eigene Alpinschule) engt mich mehr und mehr ein. Ich weiß noch nicht, wie ich mich verändern werde, ich weiß nur, wohin.
Dabei will ich in Südtirol bleiben. Obwohl ich nirgendwo sonst auf soviel Kritik und Mißgunst stoße wie »daheim«. Ich bin Südtiroler, auch wenn ich mich den Vorstellungen, wie mich andere Südtiroler gerne hätten, nicht anpasse.
In Juval (1000 Jahre alte Burgruine) habe ich einen Platz gefunden, an dem ich mich ausbreiten und entfalten kann. Ich kann planen, gestalten, träumen. Mein Vorsatz, mit vierzig eine bürgerliche Existenz zu haben, war falsch gewesen. Sie entspricht nicht meinem Wesen. Also bleibe ich ein moderner Halbnomade: sechs Monate im Jahr daheim, sechs Monate unterwegs.
Dieses mein Unterwegssein hat nur wenige Richtlinien: Erstens gehe ich dorthin, wo die anderen nicht sind; zweitens lasse ich mich von der Neugierde leiten; drittens versuche ich, bis zur Grenze zu gehen; viertens riskiere ich, verändert oder nicht wieder zurückzukommen; und fünftens folge ich dem Weg meines Herzens. Ich gehe nicht dorthin, wo mich die Medien, meine Fans oder Vertragspartner (Verleger, Sponsoren) gerne sähen. Ich gehe dorthin, wo ich immer auch scheitern könnte. Das Erkennen neuer Wege bleibt eine meiner übergeordneten Zielsetzungen.
Ich bin nicht ganz ich selbst, wenn ich nicht ab und zu irgendwohin aufbrechen kann – in die Vertikale als Kletterer, in die Horizontale als Eis- und Wüstenwanderer.
Dabei suche ich nicht die Gefahr. Sie gehört wie selbstverständlich dazu, und ich weiche ihr aus. Es ist dieses Ganz-in-einem-Tun-Aufgehen, dieses Leerwerden beim Gehen, das mich ausfüllt. Das Gehen schließt den ganzen Körper mit ein. Und den Geist. Ich genieße es, wenn ich weit und lange gehen kann. Auch nachher, wenn ich müde bin. Ich fühle mich wohl, wenn ich merke, weiter könnte ich nicht gehen.

Winter 1987

Die Idee »Rund um Südtirol« konkretisiert sich zuerst als »Expedition vor der Haustür«. Aber ich bin auch ein politisch interessierter Mensch. Seit Jahren

Allzu viele Menschen merken nicht, wo sie hingehören.

bin ich unserem Südtiroler Selbstverständnis auf der Spur. Mit meiner Aktion könnte ich mich und alle anderen Südtiroler zu einer Stellungnahme zwingen: Wer sind wir Südtiroler heute? Welches sind unsere Grundüberzeugungen? Sind sie richtig?
Solange alle Menschen die gleiche Meinung haben und in dieselbe Richtung denken, ist es einerlei, ob wir Realisten oder Idealisten sind. In der Auseinandersetzung erst, im Konflikt zeigt sich, wie weit wir im Faustrecht steckengeblieben sind.
Im winzigen Land Südtirol, wo die Lokalmedien so leicht zu monopolisieren sind, ist Rufmord an der Tagesordnung. Im theoretischen Schlagabtausch gehe ich als einzelner, ohne Lobby im Hintergrund, schnell k.o. Nur wenn ich zusammen mit anderen und mit den Beinen denke, bin ich von Kopfmenschen, auch wenn sie sich alle zusammentun und ihre Attacken als Heimatliebe verschleiern, nicht aus dem Stand zu heben.
Ich will seelisch nicht verhungern in diesem Haufen von Grüß-Gott-Sagern und Händeschüttlern. Auch alle Auszeichnungen und Lobreden könnten meinen Hunger nach Dazugehören nicht sättigen. Also muß ich möglichst viele Südtiroler in das »Nachdenken über das eigene Land« einbinden.
Brauchen wir neue Leitwerte? Sind wir fähig für ein friedliches Miteinander? Meine Wertvorstellungen will ich jedoch nicht predigen. Ich will Geschichten erzählen, Mythen und Legenden aufschreiben. Alles, was mir beim Umrunden des Landes »unter die Füße kommt«. Taten sagen mehr aus als Worte. Das aufrichtige Engagement, mit Beharrlichkeit und Offenheit vorgelebt, versetzt Berge.

Frühjahr 1989

Bei der gemeinsamen Expedition zur Lhotse-Südwand erzähle ich Hans Kammerlander von der Idee »Rund um Südtirol«. Er ist begeistert und will mitmachen. Obwohl wir politisch gegensätzliche Positionen vertreten.
Ich treffe die Entscheidung, die Aktion zu zweit und im Herbst 1991 durchzuführen. Den Zeitpunkt geben drei Umstände vor: Die 70jährige Zugehörigkeit Südtirols zu Italien; die Südtirolfrage soll mit der Streitbeilegung zwischen Österreich und Italien an Brisanz verlieren; 1993 wird die Öffnung der Zollschranken in der EG Südtirol noch einmal verändern. Die konkrete Planung beginnt.
Die Idee in die Tat umzusetzen füllt mich oft mehr aus, als die Idee auszubrüten.

Sommer 1990

Obwohl ich nach der Antarktis-Durchquerung mit den »Nachwehen« beschäftigt bin, bleibe ich aktionsorientiert. Die Notwendigkeit, im Südtirol-Projekt weiterzukommmen, ist gebremst von Terminengpässen. Obwohl es weit im voraus schwierig ist, einen Starttag festzulegen, müssen wenigstens Eckdaten und die wichtigsten Fragen zum Thema formuliert werden. Ich treffe Entscheidungen. Nach dem Motto: Lieber eine ad-hoc-Entscheidung als gar keine. Auch chaotisches Tun ist besser als geordnetes Nichtstun.
So lege ich Termine zur Südtirol-Umrundung fest (10. 9. bis 20. 10. 1991) und übergebe Ruth Ennemoser, meiner früheren Sekretärin, einige Anhaltspunkte (Namen, Themen) zur Erstellung eines Aktionskatalogs »Rund um Südtirol«. Das Land anfassen, die Leute treffen, die Zukunft riechen, soll am Ende dabei herauskommen.

Rechts: Die Müller-Hütte vor dem Hintergrund des Wilden Freiger. Der geschlängelte Gratkamm war ein Stück des Weges »Rund um Südtirol«.

Herbst 1990

Paul Hanny, ein Selfmademan in Sachen PR und Organisation, übernimmt die Produktion (Film, Bilder, Texte) und Finanzierung der Aktion. Der Versuch, möglichst viele Aufgaben zu delegieren und über ein breites Spektrum von verschiedenen Aktivitäten zu Ergebnissen zu kommen, ist neu für mich. Da ich diesmal aber mehr will als eine persönlich erlebte Geschichte (Erfahrung), brauche ich Helfer, Zuträger (von Informationen, Ideen), Gesprächspartner, Handwerker (Foto, Film). Zuletzt bleibt »der Stoff, aus dem meine Träume sind«, das Handeln.
Heimat ist nicht zu finden. Nur zu haben. Wie das Selbstverständnis. Das Testen meiner Kondition, Zusammentragen von Wissen, Abgehen von Teilstrecken der Tour, Verhandeln mit den Medien, Überprüfen meiner eigenen Versprechen wird vorerst aufgeschoben.

Sommer 1991

Für die Aktion »Rund um Südtirol« sind ebenso viele Fähigkeiten Voraussetzung wie für eine Expedition in den Himalaja: Kletterkönnen, Ausdauer, Beharrlichkeit. Dazu kommen Finanzierung, Auswahl der richtigen Aus-

Unten: Zusammen mit Hans Kammerlander im Gespräch mit Schülern und Lehrern im Schulhaus von St. Johann im Ahrntal.

rüstung. Darüber hinaus müssen Spezialistenwissen (über bestimmte Wegabschnitte und Themen), Bergführer und Unterkünfte besorgt werden. Wichtige und unwichtige Dinge sind zu koordinieren.
Ein Team dafür habe ich schon.

Pressekonferenz in Salurn. Die Aktion wird vorgestellt. Start. 10. 9. 1991
Wir wollen im Uhrzeigersinn an der Südtiroler Landesgrenze entlangklettern (in 40 Tagen, ohne Rasttag). Das Nachdenken über Geschichte, Politik, Ökologie, Tourismus, Berglandwirtschaft, Verkehr, Zukunftsperspektiven des Landes steht dabei im Vordergrund. Und zur Diskussion.
Paul Hanny bringt uns Tag für Tag die passende Ausrüstung zum Etappenziel; dazu Gesprächspartner (Historiker, Pfarrer, Weinbauern, Fremdenverkehrsstrategen, Naturpark-Fachleute, Politiker) und lokale Bergführer für jene Abschnitte, die weder Hans noch ich kennen. Dabei respektiere ich die Eigenständigkeit dieser Bergführer, der einzelnen Themen und Personen. Das Abspalten neuer Themen geschieht spontan.
Der regelmäßige Austausch der Bergführer ist mir aus zwei Gründen wichtig: Hans und ich brauchen für die schwierigen Wegstrecken Spezialisten, und ich will mit möglichst vielen Südtirolern zusammensein, reden.
Das Wichtigste aber bleibt, daß ich ganz dabei bin, ganz aufgehe. Weder mir noch anderen etwas vorspiele. Auch das Schielen nach Anerkennung, das uns nur allzu schnell dazu verleitet, uns den Vorstellungen der anderen anzupassen, trübt den Blick. Bevor ich Gegebenheiten, die andere auch sehen, anders sehen kann (nicht konditioniert), muß ich alle Angst vor Ablehnung aufgegeben haben. Nur so kann ich zum Sehenden werden.
Im Gegensatz zum Künstler, der sein Sehen ausdrückt mit Worten, Musik oder Bildern, drücke ich es aus durch mein Tun. Kletternd, mit den Beinen denkend. Ein Land und seine Menschen begreifen und sie gleichzeitig in dieses Begreifen einbeziehen, heißt mein Anspruch. Handeln statt reden, das ist meine Kunst. So wie Christo den Reichstag einpackt, gehe ich um das Land Südtirol herum – 1000 Laufkilometer weit, über 300 Gipfel hinweg, 100 000 Höhenmeter aufwärts. Bei Sonne, Regen und Schnee.
Es sind vor allem die unverfälschten Landschaften, so unnütz sie vordergründig erscheinen mögen, die eindeutige Erfahrungen erlauben. Immer weiter und immer wieder. Mit meiner ununterbrochenen Aktion zwinge ich andere, dabeizubleiben, mitzudenken. Dabei macht das häufige Unerreichbarsein für Nachrichten von außen frei für Nachrichten von innen.

Ankunft in der Salurner Klause. Pressekonferenz. Kurze Zusammenfassung. 20. 10. 1991
Das Südtirolbild, das wie ein Puzzle in mir entstanden ist, gilt es jetzt auszudrücken (Buch). Das Selbstvertändnis, mit dem ich in Südtirol daheim bin, gehört vorerst nur mir. Im Disput kann es anderen Südtirolern zuwachsen.
Jetzt bin ich frei für ein neues Projekt. Die Hälfte meines Lebens ist vorüber, und ich fordere mich immer noch. Ich frage mich allerdings nicht mehr, warum. Erst wenn ich von einer Idee besessen bin, breche ich auf. Mich interessiert dann weder Gewinn noch Verlust; die Neugierde ist mein Treibstoff geblieben. Ich setze mich nicht in den Sarg der Erinnerung; ich weiß mich auch hier zu entzünden – hier, mitten in Europa.

»Ich weiß viel weniger, als ich rate. Erratenes stelle ich auf die härteste Probe.«

KOORDINATION ALS PUZZLESPIEL

Der Grenzgang kommt unserem Bedürfnis nach Selbstklarheit, nach innerer Freiheit, nach Sinnhaftigkeit, nach Einzigartigkeit nach.

Um eine Expedition an das Ende der Welt zu führen, brauche ich unterschiedliche Fähigkeiten. Ich muß das Unternehmen finanzieren, ein Team zusammenstellen und führen, Ausrüstung erfinden und testen. Kletterkönnen, Ausdauer, Training gehören selbstverständlich dazu. Am schwierigsten bleibt das Umsetzen der Idee in die Tat, das Durchstehen kritischer Momente. Die Auswertung (Buch, Vorträge, Dokumentarfilm) ist (eventuell) ein Teil der »Nachwehen«. Alle diese verschiedenen Aktivitäten sind Voraussetzung, um in meiner Sparte Erfolg zu haben.

In den letzten Jahren habe ich wiederholt Aktionen gestartet, die mehr voraussetzten als ein üblicher Grenzgang. Beim »Marsch rund um Südtiol« stand die bergsteigerische Seite im Hintergrund. Mich interessierte ein Blick hinter die Kulissen des Landes. Meine Aktion sah ich vor allem als katalysatorisches Eingreifen, als Gegengewicht zum massiven Einfluß der bestehenden Institutionen (Politik, Medien) auf die Menschen.

Meine globale Sichtweise von außen und vom Rande her eignete sich als Ausgleich zum verengten, am Wahlzyklus ausgerichteten Blickwinkel der Mehrzahl der Polikiter und Medienvertreter.

Weil ich an die schöpferische Kraft spontaner Prozesse glaube, hoffte ich, durch mein »begriffenes« Hintergrundwissen einen Beitrag leisten zu können zu einem Selbstverständnis, das weder aus Werbebroschüren der Landesregierung noch wiederholten Leitartikeln zur »Bedrohung der völkischen Minderheit« zu gewinnen war. Angeregt durch eine Vielfalt an persönlichem Gedankenaustausch, täglichem Konfrontiertwerden mit Problemen des Verkehrs, der Umweltzerstörung, der Almwirtschaft, wollte ich Impulse geben für eine andere als die gewohnte Sicht der Dinge.

Ich brauchte eine Menge an Spezialisten- und Generalistenwissen, die ich mir erst besorgen muße. Ich bin weder Historiker noch Politiker noch Ökologe. Ich bin ein politisch bewußter, historisch interessierter und ökologisch aufgeschreckter Mensch, der vor allem in dem Land, in dem er aufgewachsen ist, lebt und weiter leben möchte, mitgestalten will.

Mein Weg ist nicht der des Parteipolitikers. Ich will nicht in ein Parlament oder in den Gemeinderat. Also brauche ich nicht nach Wähler-

stimmen zu schielen. Ich sage, was ich denke, wie ich es denke. Meist ungeschminkt. Ich will nur aufrütteln.
Ich habe mich nie bemüht, ein Volksheld zu sein, und bin Ablehnung gewöhnt. Besonders daheim. Trotzdem, es ist nicht immer einfach, gegen soviel Unverständnis anzulaufen. Die Versuchung aber, mich den Kritikern anzubiedern, war nie groß.
Weil ich auch als Bergsteiger aktiv war, entsprach meine Südtirol-Aktion sowohl meinem Können als Geher und Kletterer als auch meinen Intentionen. Auch mein Partner ist selbstbewußt. Hans Kammerlander ist Südtiroler und Bergsteiger wie ich. Einer der besten der jüngeren Generation.
Ein freidenkender Partner, eine Reihe von Gesprächen, der lange Marsch über die Grenzberge – das waren die Spielregeln, nach denen die Aktion »Rund um Südtirol« zustande gekommen ist. Ich erwartete nicht, daß wir im Lande danach beurteilt würden, was wir für dieses Land zu tun versuchten. Ich stellte mich und mein Nachdenken zur Disposition. Auf Land und Leute hatte ich mich eingestellt.
Wenn du immer wieder außerhalb der Gesellschaft lebst, außerhalb ihrer Meinungen, außerhalb ihrer Gewohnheiten, außerhalb ihrer Sinngebung, kommt dir ihr Verhaltenskodex unlogisch vor. Wie oft bin ich am Südtiroler-Sein schier verzweifelt!
40 Tage lang sollte dies anders sein.
Viele Aufgaben, die wir im Rahmen des Rundmarsches nicht selber bewältigen konnten, hatte ich vergeben. Paul Hanny, Produzent der Rundreise, konnte ich vertrauen. Ruth Ennemoser, jetzt seine Sekretärin, hatte Termine mit Gesprächspartnern koordiniert, detaillierte Informationen zu Themen der Berglandwirtschaft, des Fremdenverkehrs, der Grenzbestimmung, des Wasserhaushalts, der Wein-

Ich will zuallererst vor mir selbst bestehen, dann erst vor den anderen.

Dem Menschen sind von Natur aus Fähigkeiten, Können, Lebensfreude gegeben. Ein bestimmter Weg, aber kein Beruf.

Erst wenn das Puzzle stimmt, habe ich die Übersicht.

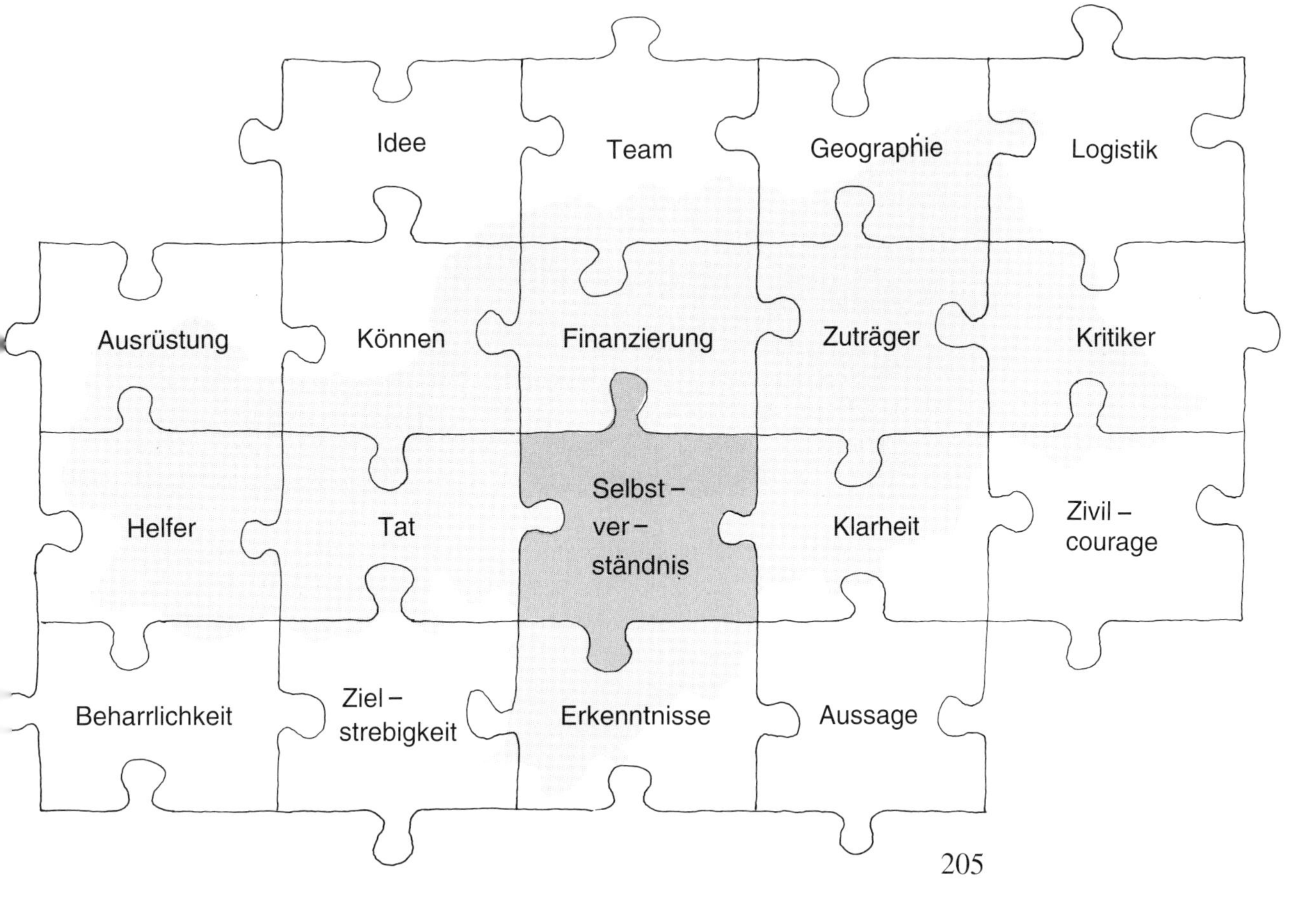

Nichts hat mir auch nur annähernd zu so vielen Erkenntnissen verholfen wie Landschaften und deren Entsprechung in meiner Seele.

Der östlichste Winkel von Südtirol. In der Mitte am Horizont die Sextener Dolomiten.

wirtschaft, der Verkehrsproblematik eingeholt.
Ich war zwar der, welcher alle Fäden in der Hand hielt, konzentrierte mich aber ganz auf die Wegstrecke, das einzelne Gespräch, die einzelnen Menschen.
Ich war auf ein halbes Hundert Helfer, Zuträger, Logistiker angewiesen und setzte mich doch nur jeweils mit dem auseinander, der gerade bei mir war. Als »Generalunternehmer« war ich Systemintegrator und Verantwortlicher. So entstand die Aktion »Rund um Südtirol« zuerst als Puzzle in meinem Kopf, dann auf dem Papier.

Für diesen Grenzmarsch waren wichtige und unwichtige Dinge gleichermaßen koordiniert worden. Zu guter Letzt war es immer meine Schuld, wenn etwas nicht klappte: wenn der Fotograf auf der falschen Hütte, der Rucksack ohne Steigeisen oder das Filmteam ohne Kassetten ankam. Weil wir aber nichts Wesentliches vergessen hatten, wurde der Marsch eine gelungene, runde Aktion. Wie viele Südtiroler damit dazu angeregt wurden, Vorurteile wenigstens in Frage zu stellen, ist nicht meßbar.

Sicher, ich hätte mein Know-how auch jüngeren Bergsteigern zur Verfügung

Jeder muß sich auf seine Weise ausdrücken können.

Die (immer relative) persönliche Freiheit wächst weniger damit, was man von anderen zu erwarten hat; vielmehr damit, was man von sich selbst fordert.

Seite 211: Am Rande der Takla Makan.

Seite 212/213: Die Mannschaft. Obere Reihe (von links): Peter Preuss, Siegfried Abler, Josef Endres, Helmut Gschiel, Peter Mittermeier, Karl-Heinz Bernhard, Rolf Bergemann, Herbert Frömel; untere Reihe (von links): Rüdiger Menz, Erwin Jahrn, Reinhold Messner, Albert Weber, Wolfgang Freiesleben, Sigmund Hastreiter.

Von mir abgesehen, kann ich alles klar sehen.

stellen können, und diese hätten das Land schneller umrunden können. Theoretisch war die Aktion delegierbar. Als Beobachter hätte ich mehr Zeit für das Darstellen, die Ergebnisse von »Rund um Südtirol« gehabt.

Es liegt mir aber nicht, eine Tat nur anzuregen, nur Know-how-Träger zu sein. Bei fast allen meinen Aktionen war ich Ideator, Stratege und Akteur zugleich. Am Ende auch mein eigener Schiedsrichter. Denn Grenzgänge, je schwieriger sie werden, sind für Außenstehende kaum beurteilbar.

Wie das Abenteuer, fängt auch eine Aktion im Kopf an. Die Aktion aber verfolgt andere Ziele als der Grenzgang. Sie folgt anderen Kriterien: Sie ist nicht nur Selbstzweck, sie hat mehr Schichten, mehr Ansprechpartner, mehr Koordination. Erst wenn das ganze Puzzlespiel übersichtlich ist, kann ich losgehen und die Teile zusammenfügen.

So wichtig die (gute) Idee ist, die Realisation ist und bleibt das Schwierigste. Wie beim Grenzgänger ist das Umsetzen der Idee in die Tat auch für den Aktionskünstler die eigentliche Kunst. Und nur dieses Tun führt zum Selbstverständnis.

Wenn ich beim »Marsch rund um Südtirol« daheim in meinem Büro geblieben wäre, hätte ich keine Resonanz gefunden. Wenig Aussagekraft am Ende.

Mein starkes Südtirol-Selbstverständnis war ausschließlich auch deshalb weitervermittelbar, weil Idee und Tat in meiner Person zu einer Einheit geworden waren. Denken und Handeln waren beim Gehen vielfach eins. Wenn ich ging, ging ich. Wenn ich redete, dachte ich. Ich fragte mich dann nicht nach dem Sinn des Unternehmens. Auch nicht danach, ob es von den anderen Südtirolern richtig verstanden wurde.

Mein Selbstverständnis konnte ich nicht auf andere übertragen. Indem ich aber die Aktion selbst durchführte und in der Auseinandersetzung darüber eine Menge Fragen aufgeworfen wurden, habe ich – ob das die Mehrheit der Südtiroler Bevölkerung wollte oder nicht, bleibt dahingestellt – zum Nachdenken über das eigene Land angeregt. Und das war es, was ich als das eigentliche Ziel der Unternehmung postuliert hatte.

Leider haben sich wenige Grenzgänger (Bergsteiger zum Beispiel) zu »Aktionskünstlern« entwickelt. Wer ein halbes Menschenleben lang Klettern, Eisgehen, Überleben in der Wildnis gelernt hat, müßte in irgendeiner Form dabeibleiben, möchte man meinen. Leider ist es nicht so.

Eine Ausnahme ist Leo Dickinson, ein exzellenter Bergsteiger, Wildwasserfahrer, Fallschirmspringer und Ballonfahrer. Er hatte 1978 bei meiner Mount-Everest-Expedition einen Dokumentarfilm für HTV (Großbritannien) produziert.

Leo hat es glänzend verstanden, seine Fähigkeiten, Erfahrungen und die Begeisterung für die Wildnis umzusetzen in Filme und Bücher über das Verhältnis Mensch – Wüste, Mensch – Berg, Mensch – Eis, Mensch – Wasser, Mensch – Luft. »Filming the impossible« ist das Resümee des Mannes, der nicht nur so hoch wie möglich steigen, so weit wie möglich laufen und so tief wie möglich fallen wollte, sondern dem es ein Bedürfnis blieb, in Wort und Bild darzustellen, was sich am Ende der Welt in den Gesichtern der Menschen abspielt. Zu guter Letzt hat er mit einem Ballon den Everestgipfel überflogen. Eine Aktion, die vorher öfter und vergeblich versucht worden war. Ihm ist die Ballonfahrt gelungen, weil er alle Voraussetzungen mitbringt und diese richtig, genial koordiniert.

»Ich habe eine Abneigung gegen Hierarchien. Auch weil ich weiß, daß festgeschriebene Positionen oft im umgekehrten Verhältnis zum Können stehen.«

XI
FÜHRUNG (ÜBER)GEBEN/(ÜBER)NEHMEN

Das Team.

Demokratische Expeditionsführung.

Trotzdem ist einer immer der Leitwolf: Sein Vormachen, seine Präsenz, seine Überlegenheit geben ihm mehr Ausstrahlung.

Ein Leader ist ein Leader – in der kleinen Gruppe wie auch im Konzern.

Ein Leader macht »events«, und »events« machen Leader.

Ein Leader nimmt Raum/Menschen in Besitz und besitzt Charisma.

Erfahrungsvorsprung, Energie, Selbstwertgefühl, Verantwortungsbereitschaft sind Attribute des Leaders.

Leadership nicht mit Verträgen festschreiben.

Sensibilität.

In kritischen Situationen bestehen.

Gesinnungsethik.

Ein Leader stiftet Selbstverständnis und durchschaut seine Leute; er nützt ihre Stärken und Schwächen; spürt, wer wann wie wächst.

Für die führungslose Zeit am Ende der Machtpolitik fehlen charismatische Sinnstifter.

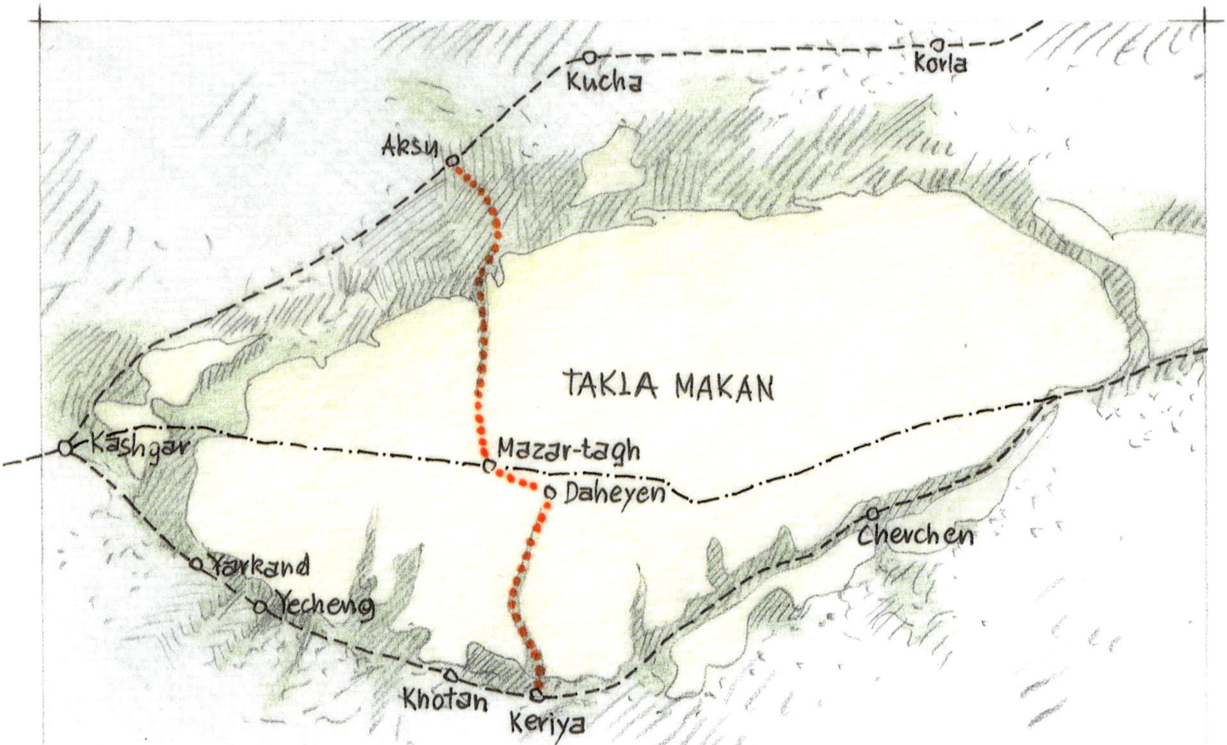

Takla Makan

Takla-Makan-Süd-Nord-Durchquerung 1992 (im Geländefahrzeug und zu Fuß)

Südliche bzw. nördliche Seidenstraße

gesamte Längsdurchquerung Unsupported (1993 gescheitert)

»Ich bin weder alt noch jung, ich bin stark.«

Links: Kamel-Karawane in der Takla Makan.

EINER SPRICHT FÜR ALLE

26./27. 9.1992

Flug München – Peking. Aus Neugierde heraus habe ich Günter Sturm, dem Ideator und Manager des Summit Club (DAV), versprochen, eine seiner Gruppen durch die Wüste Takla Makan (Sinkiang) zu »führen«.
Seit 20 Jahren erstmals wieder als Reiseleiter tätig zu sein, ist befremdend für mich. Es geht nicht um einen Grenzgang, sondern um ein Gruppenunternehmen, wobei sich die Teilnehmer als Einzeltouristen zusammengefunden haben. Unsere »exotische« Reise war also im Prospekt angekündigt und käuflich.

28. 9. 1992

Wie alle Touristen spazieren wir durch den Kaiserpalast und den Himmelstempel. Die Wege dazwischen legen wir mit dem Fahrrad zurück. Jeder Grenzgang ist Teamwork. Motivierte, qualifizierte Partner sind dabei ebenso wichtig wie Planung, Logistik und tausend Kleinigkeiten. In der Takla Makan soll alles vorbereitet sein. Unser »Abenteuer« ist von Dritten organisiert.
Wir sind 14 Männer, eine buntgemischte Gesellschaft, kennen uns kaum. Im Gegensatz zum Grenzgang, wo eine gute Idee und gute Leute der halbe Erfolg sind, braucht es bei meiner Gruppe eine Koppelung zwischen Individualismus (Rücksicht auf die anderen) und Kollektivismus (alle zusammen) als tragende Kultur.
In einer schwierigen Expedition ist eine motivierende Führungspersönlichkeit in der Lage, durchschnittliche Teilnehmer zu überdurchschnittlichen Leistungen anzuspornen. Bei unserem Wüstentrip geht es darum, sensibel, zwanglos den Glauben zu vermitteln, daß wir durchkommen werden, allen Teilnehmern die Durchquerung zuzutrauen.
Bei all meinen Expeditionen kam zur Askese in den Mitteln die Askese in der Machtausübung. Oft ging ich einfach nur voraus. Wenn ich trotzdem kein brauchbarer Leader bin, dann deshalb, weil sich andere neben mir so quälen müssen, selbst Stars zu bleiben. Meine Fähigkeit, Leistung anzuerkennen, ist begrenzt. Ich kritisiere zuviel und lobe zuwenig.

30. 9. 1992

Flug nach Urumqi. Regen. Es dämmert, als wir ankommen.
Im Hotel erfahren wir, daß »unser Programm« geändert worden ist. Über unsere Köpfe hinweg. Die Gruppe überläßt mir die Sprecherrolle beim

Verhandeln mit den chinesischen Lokalorganisatoren. Ich übernehme sie und damit die Verpflichtung, »den Karren weiterzuschieben«.
Ich streite die halbe Nacht lang mit den Lokalveranstaltern, hole das vage Versprechen heraus, daß wir einen ernsten Versuch machen können, die Wüste zu durchqueren.

1. 10. 1992 Wieder droht der Lokalveranstalter in Urumqi, uns mit einem Kamel-Rundgang am Rande der Takla Makan abzuspeisen. Er behauptet strikt, die Durchquerung sei unmöglich. Vermutlich, weil er vom übergeordneten Reiseveranstalter in Peking zuwenig Geld erhält. Die Chinesen fordern einen Aufpreis. Alle sind einverstanden.
Die Mannschaft steht einhellig zusammen. Das ist schon der halbe Erfolg. Wir einigen uns – wegen zuviel Wasser im Tarim-Becken (angeblich) – auf einen ersten Kompromiß: die Tour von Süden nach Norden und nicht, wie ursprünglich geplant, von Norden nach Süden zu wagen.
Mit Chinesen verhandeln und sich dabei nicht »über den Tisch ziehen« zu lassen, ist schwierig. Wenn die Mannschaft aber weiterhin so prompt reagiert, mitdenkt und zusammensteht, sind wir stärker als unser Gegenüber. Und dies, obwohl wir ein zusammengewürfelter Haufen sind.
Am Nachmittag Fahrt nach Turfan. Schneetreiben.

2. 10. 1992 Turfan. Nach einem Telefongespräch mit Bruno Baumann, der die Takla Makan 1989 durchquert, unsere Reise ausgearbeitet und die erste von zwei Gruppen geführt hat, ist klar, daß es trotz allem schwierig sein wird, die Gesamtdurchquerung zu realisieren. Baumann konnte mit seiner Gruppe wegen Zeitmangels nur eine Rundtour am Rande der Wüste unternehmen.
Er warnt mich: »Die Lokalorganisatoren erfinden allerlei Ausreden, Jeep- und Kameltreiber sperren sich, weil unterbezahlt. Zudem stehen die Kamele am falschen Platz. Das alles bedeutet, daß auch ihr auf die geplante Durchquerung verzichten müßt.«
Die Mannschaft weiß, wie und wo uns die Organisatoren »betrügen« können. Wir besprechen also Strategien, um die Chinesen zu ihren versprochenen Leistungen zu zwingen. Ein Problem dabei liegt darin, daß wir im Auto von Turfan nach Kashgar unterwegs sind und so keinen Einfluß auf die Vorbereitungen in der Wüste nehmen können.
Besuch der Höhlentempel von Bezeklik, der Ruinenstadt Gaochang (1. Jh. v. Chr.), der Gräberstadt Astana, der Ruinenstadt Jiaohe (das lokale Museum).
Prekäre Realität: Was an Kunstschätzen nicht von den »Archäologen« um die Jahrhundertwende außer Landes gebracht worden ist, wurde während der Kulturrevolution zerstört.
Die Informationen unserer Reiseführer sind gut, aber immer noch dem politischen System entsprechend gefärbt.

3. 10. 1992 Fahrt von Turfan nach Korla. Start nach einem kargen und verspäteten Frühstück. Zuerst durch Schotterwüste (Gobi), dann über mehrere Bergrücken nähern wir uns dem Tarim-Fluß.
Die Welt ist trostlos – ohne Sträucher, ohne Gras, ohne Tiere –, strahlt aber Harmonie aus. Wo wir über Schotterstraßen fahren, stimmen die Farben nicht.

Mittagessen in einem kleinen Laden am Straßenrand. Diese Karawansereien sind überall ähnlich: in Tibet, in Pakistan, in der Sahara. Auch die Menschen gleichen sich in ihrer flüchtigen Neugierde.
Am Nachmittag fahren wir durch eine Reihe von Oasen. Pappelalleen kündigen sie an. Durch Pappelalleen, gesäumt von Bewässerungsgräben, verlassen wir sie wieder.

Fahrt von Korla nach Aksu, immer den Tarim-Fluß entlang. 4. 10. 1992
Die Landschaft wechselt ständig: Oasen, Steinwüste, Dünen. Links von uns die Ebene, die sich bis in die Takla Makan verliert; rechts die Ausläufer des Tien Schan. Am späten Nachmittag ragen plötzlich ein paar Schneegipfel über den fernen Haufenwolken auf.
Die Mannschaft ist guter Dinge, weil alles nach Plan läuft. Das Gepäck ist nachgekommen, und unsere Kamele sollen auf dem Weg nach Kara-dong sein. Sie müssen eine Woche lang durch die Wüste laufen, wenn wir die Durchquerung von Süden nach Norden (einzige Chance jetzt) machen wollen. In Kashgar soll ich genauere Informationen bekommen.

Fahrt von Aksu nach Kashgar. Im Hotel muß schnell eine Logistik für die Wüstendurchquerung erarbeitet werden. Wider Erwarten scheinen alle Probleme lösbar. Am 20. Oktober müßten wir zurück in Kashgar sein. 5. 10. 1992
Wir wollen alle gemeinsam durch die Wüste; die Mannschaft ist ein Team. Jeder denkt mit, Pünktlichkeit ist selbstverständlich, Disziplin auch. Dieses positive Nebeneinander funktioniert ohne Regeln. Trotzdem hat jeder Teilnehmer die größtmögliche Selbständigkeit.

Kashgar. Wir packen für die Wüste. Ich gebe die Order aus, daß im Notfall jeder seine Habe selber tragen können muß. 6. 10. 1992

Fahrt von Kashgar nach Khotan. Häufig stehen Windhosen über dem heißen Sand in der Wüste. Ein Vorgeschmack auf die Takla Makan. Vom Auto aus allerdings machen weder Ferne noch Stille Eindruck. 7. 10. 1992

In Khotan erfahre ich, daß die Strecke Aksu – Khotan und umgekehrt (Straße durch die Takla Makan) seit Oktober ohne Probleme zu befahren ist. Abgesehen von Sandstürmen, dürfte es also keinerlei Probleme geben. Vorausgesetzt, alle in der Kette der Helfer (Jeepfahrer, Kameltreiber, Organisatoren) sind guten Willens. 8. 10. 1992

Aufbruch in die Wüste. Mit vier Jeeps und einem chinesischen Truck geht es 180 Kilometer weit nach Osten, bis Yutian (dazwischen Mittagessen in Qira). Bis zum Sonnenuntergang schaffen wir noch 90 Kilometer Sandweg zwischen Wüste und Kerya-daria-Flußbett. Am Lagerplatz, bei einem Wüstenclan (zwei Häuser, drei Familien, 100 Schafe) warten wir auf den Truck, der stundenlang nicht kommt. 9. 10. 1992
Wir lagern auf einem freien Platz. Er ist von niederem Schilfgras umgeben. Vereinzelt stehen Tamarisken, dahinter die Dünen. Noch sind wir am Rande der Wüste. Häufig fahren Holzsucher mit Eselskarren und Trucks an uns vor-

Unterwegs im Fahrzeug-Konvoi.

bei. Unsere eigenen Fahrzeuge verdecken die Stille, auch wenn sie stehen. Die Fahrer zwingen uns ihren Rhythmus auf. Einen Tag noch zwischen Technologie und Wildnis – dann werden wir wegtauchen in die Takla Makan. Mitten in der Nacht beten die Männer in der benachbarten Hütte zu Allah. Es klingt wie leiser Gesang, an den Mond gerichtet.

10. 10. 1992

Fahrt nach Daheyen. Kamele und Helfer sind da.
Unsere vier Jeeps und der Truck fahren am Abend zurück. Es dauert lange, bis Ordnung herrscht, bis gekocht werden kann.
Wir wollen von unserer kleinen Oase aus zuerst nach Norden und dann nach Westen, nach Mazar-tagh. Zwanglosigkeit und der Glaube ans Durchkommen haben sich in der Gruppe ausgebreitet. Die Wüste, oder wenigstens deren Rand, ist voller Farben: gelbleuchtend die Büsche der Tamarisken, ocker das dürre Schilfgras, der Sand gelbgrau, das Bachbett salzgesprenkelt. Der Himmel wird am Abend violett. Weiß leuchtet später der Mond.

11. 10. 1992

Später Start. Die Kamele kommen zur Tränke. Das Packen dauert drei volle Stunden. Nach 13 Uhr erst brechen wir auf.
Marsch nach Norden. Es geht zuerst durch Kamisch (Schilfrohr) und an Tograk-Bäumen (Pappeln) vorbei. Zwei Mann von uns bilden die Nachhut. Die anderen sowie zwei der chinesischen Begleiter gehen voraus. Anfangs in Reih und Glied, später als verlorener Haufen. Wir suchen ein Phantom: die Festung Majianlik. Wie ein Wunder entdecken sie drei von uns am

Unterwegs mit der Kamel-Karawane.

Abend, als die Kamele schon lange haltgemacht haben. Eine Stunde weit müssen wir zurück, um die anderen Teilnehmer zu finden.
Für die nächsten Tage beschließen wir, nach der Besichtigung von Majianlik, bei den Kamelen zu bleiben. Die Gefahr, ein Mitglied der Gruppe zu verlieren, ist zu groß, wenn jeder für sich durch die Wüste läuft.
Zwischen den Sanddünen gibt es Bäume, lebende und tote. Die reine Sandwüste liegt weit hinterm westlichen Horizont.

12. 10. 1992

Wieder starten die Kamele spät. Wir gehen inzwischen, bis auf drei Mann, nochmals nach Majianlik und von dort diagonal zur Route der Kamele. Diese schaffen pro Stunde in Luftlinie maximal 2 Kilometer Wüstenstrecke. Ihre Schlängellinie zwischen den Dünen ist fast doppelt so lang wie die Direktlinie, die ein Fußgänger zurücklegen könnte. Im rechten Winkel queren wir eine Reihe von Bajiren (Bodeneinsenkungen zwischen Dünen), die von Norden nach Süden verlaufen.
Die Reise durch die Wüste ist recht angenehm: Tagestemperatur etwa +30 °C, Nachttemperatur etwa ± 5 °C. Im Hochsommer und Winter sind die Bedingungen härter. Und Sandstürme können lebensgefährlich sein. Sonst aber werden über die »Wüste des Todes« viele Märchen erzählt; nicht selbst erlebte, sondern aufgeblasene »Heldentaten«. Von Wassermangel abgesehen, ist diese Reise ein Trip, der in eine ruhige, weiche Welt führt und zum Meditieren anregt. Die 30 Kamele und wir 20 Menschen ergeben Geborgenheit. Das Darin-Eingebettet-Sein ist nicht nur ein vorgetäuschtes.

Die Kombination von intensivem Tun und extensivem Tagträumen macht kreativ.

13. 10. 1992

Bis alles gepackt ist, die Kamele loslaufen, ist es Mittag. Wir schaffen noch 12 Luftlinienkilometer bis 18 Uhr, schlagen das Lager auf. Für uns ist das Ganze ein leichter Wüstenspaziergang, für Kamele und Treiber Arbeit.
Die Karawane ist hierarchisch geordnet. Der Karawanenführer, Machmed, ein alter, hagerer Mann, bestimmt alles. Ihm gehorchen Männer und Tiere. Beim Packen gibt er Anordnungen, greift korrigierend dazwischen. Beim Lau-Ofen sitzt er meist hoch oben auf seinem hellen Kamelhengst, überblickt alles. Diese Hierarchie ist so selbstverständlich, daß sie niemand in Frage stellt. Seine Helfer nicht, die Kamele nicht, auch wir Touristen nicht. Machmed weiß, wann die Kamele getränkt werden müssen und wie weit die Vorräte reichen. Seiner Order haben sich alle zu fügen. Seit Jahrzehnten hat niemand daran gezweifelt. Und seine Ausstrahlung wächst mit jedem Marsch durch die Wüste.

14. 10. 1992

Wüstenmitte. Abwechselnd gehen die Teilnehmer mit dem Kompaß voraus und bestimmen die Route. So lernt jeder navigieren, gewinnt an Selbstsicherheit und handelt innovativ. (Der Vorausläufer entscheidet, wie die Dünen umgangen werden.)
Inzwischen bin ich sicher, daß wir soviel gemeinsames Selbstverständnis (»Kultur«) entwickelt haben, daß die Gruppe auch in kritischen Situationen bestehen würde. Sie hat keinen Leader und braucht keinen Leader. Ihre »Kultur« reicht aus für das Weiterkommen. Ich bin nur ihr Sprecher.
Nach zeitigem Aufbruch kurze Tagesetappe. Immer wieder schauen die Kamelführer nach einer potentiellen Wasserstelle aus. Nach einer knappen Mittagsrast machen wir um 16 Uhr halt.
Sofort graben zwei der jungen Treiber in einer tiefen Mulde (daneben steht ein Tamarisken-Strauch) nach Wasser. Einige von uns helfen kurz bei der anstrengenden Arbeit. Plötzlich Feuchtigkeit. In 1,80 Metern Tiefe sickert genügend Wasser in die Wanne (am Boden 1,20 x 1,20 m breit).
Wieder erleben wir einen ruhigen, windstillen Abend. Alles ist warm, weit und weich. Die Sonne geht unter, und eine Stunde später kommt der Mond. Bei diesen Verhältnissen hat die Takla Makan keine todesintensive Ausstrahlung. Ein Ort, sich fallenzulassen. Die Landschaft erscheint mir nicht tot, öde oder leer. Sie gehört zu den friedlichsten unseres Planeten. Sind die oft beschriebenen Schrecken dieser Flugsandwüste also nur eine Fiktion, ein Angstbild?

15. 10. 1992

Wieder ein herrlicher Tag. Die getränkten und gefütterten (mit Mais und Heuhäcksel) Kamele laufen etwas schneller als bisher. Wir lagern in einer der vielen Längsmulden, die sich von Süden nach Norden erstrecken. Vereinzelt noch Tamarisken. Die Kamelführer tragen einen Haufen Holz zusammen und feuern bis spät in die Nacht hinein. Die Gruppe macht einen zufriedenmüden Eindruck. Alle wissen, daß wir so gut wie durch sind. Der Rückweg wäre in jedem Fall länger.
Welch ein Unterschied zwischen einem Wüstentrip und der Antarktis-Durchquerung! Hier in der Takla Makan fühle ich mich geborgen, nicht ausgesetzt. Vielleicht ist es nur die große Karawane, die Sicherheit gibt. Jedenfalls kommen Sorge oder gar Angst nicht auf. Es fehlt nur an Trinkwasser. Ansonsten ist diese Wüste bewohnbarer als eine moderne Großstadt.

Links: Majianlik. Dieser Sandhügel war einmal eine Art Festung.

16. 10. 1992 Relativ langer Tag. Jeder macht Experimente, jeder übernimmt Führungsaufgaben. Keiner ist überfordert. Sollte die Unternehmung auch länger dauern als angenommen, wir würden eben ein paar Tage länger laufen. Das Zugehörigkeitsgefühl wächst mit den Widerständen und freiwillig übernommenen Aufgaben.

17. 10. 1992 Marsch bis Mazar-tagh. Langer Tag.
Öfter jetzt Terrassen von horizontal geschichteter Tonerde in den Senken, die von der Ferne Häuserreste suggerieren.
Am Ende laufen wir quer über die ausgetrocknete Flußfläche des Khotan-darja (etwa 9 km breit), vorbei an mehreren Inseln und durch eine Serie von Galeriewäldern.
Von weitem schon ist eine Festungsmauer auf dem roten Felsen (Stirnseite) von Mazar-tagh zu erkennen.

18. 10. 1992 Fahrt nach Norden, Richtung Aksu. Die chinesischen Betreuer drängeln. Verfrühter Aufbruch.
Hektischer Abschied von den Kamelführern. Mit Mühe nur kann ich die verantwortlichen Chinesen dazu bewegen, den von uns eingesammelten Müll auf den nachkommenden Lastwagen zu laden.
Auf vier Jeeps verteilt, fahren wir los. Keine Koordination. Ein Buran (Wirbelsturm) hat die sonst gleißende Wüste in Dämmerlicht getaucht. Wir verfahren uns – Nebel, Spurengewirr – und kommen nach etwa 60 Kilometern wieder auf die richtige Spur. Mit Suchen und Zögern verlieren wir etwa drei Stunden. Bis zum Abend immer Dunst und Nebel.
Alle sind hungrig, verstaubt, seit zehn Tagen ungewaschen. Ein solcher Tag ist schlimmer als eine Woche in der Wüste.

19. 10. 1992 Fahrt nach Aksu. Immer noch ist die Luft staubschwanger, der Himmel zu. In einigen hundert Metern Entfernung nur noch Grau. Aus diesem Grau auftauchende Gegenstände – ein Stück Galeriewald, ein Eselskarren – kommen uns unheimlich entgegen und verschwinden ebenso seltsam wieder.
Bis Mittag läuft alles reibungslos. Obwohl unser Truck in den stündlich eingelegten Wartepausen nicht aufschließt, fahren wir weiter. Stück für Stück. Dann treffen wir am rechten Ufer des Khotan-darja auf ein Camp von Erdölsuchern (etwa 25 Wohncontainer).
Am Nachmittag verlieren wir uns in zwei Konvois. Erst spät kommt die größere Gruppe ins Hotel.

20. 10. 1992 Fahrt nach Kashgar. Der Ärger über die nächtliche Irrfahrt wird am Vormittag überlagert von weiterem Ärger. Die Organisatoren versprechen uns ein Fahrzeug. Aber stundenlang kommt kein Bus. Die Jeepfahrer verweigern sich.
Dieses Ausgeliefertsein führt uns wieder näher zusammen, nachdem sich einige (bei der Fahrt aus der Takla Makan heraus) im Stich gelassen gefühlt hatten. Wir ertrotzen uns die Weiterfahrt und sind knapp vor Mitternacht in Kashgar.
Die Heimreise über den Khunjerab-Paß und den Norden von Pakistan kann beginnen. Ich plane einen Takla-Makan-Solo-Trip.

»Ein Team hat immer eine Führung; zumeist stillschweigend. Die Führung übernimmt die psychisch-physisch stärkste Persönlichkeit.«

LEADERSHIP

Als 1954 eine italienische Expedition zum K2 aufbrach, hatte es im Vorfeld Streit um das Leadership gegeben. Es war nicht der erste Versuch am zweithöchsten Berg der Erde. Drei amerikanische Expeditionen mit zwei exzellenten Leitern, Fritz Wiessner und Charles Houston, waren gescheitert. Ardito Desio, der Leiter der Expedition 1954, war kein extremer Bergsteiger. Er war Wissenschaftler (Geologe). Aber er war überzeugt, daß der K2 besteigbar war. Er hat das Unternehmen von unten geleitet, mit »starker Hand«, wie es in allen Berichten heißt.
Ich behaupte, daß sein Geist entscheidend war. Ardito Desio blieb fähig – obwohl älter als seine Mannschaftsmitglieder und diesen an bergsteigerischem Können unterlegen –, seine Überzeugung, daß der K2 machbar war, zu vermitteln, bis es gelang. Desio hat die Expedition nicht deshalb zu einem erfolgreichen Ende gebracht, weil er autoritär führte, sondern auch, weil er zugänglich war für die Ideen der Mannschaftsmitglieder. Er fand das richtige Mittelmaß zwischen Dirigismus, Anreiz, Eigenverantwortung der Teilnehmer. Im richtigen Augenblick hat er die Führung im Gipfelteam an einen Co-Leader, Achille Compagnoni, übertragen, der den Gipfel zusammen mit Lino Lacedelli erreichte. Es hat auch nach der Expedition Diskussionen um Desios Führungsstil gegeben. Der berühmt gewordene Walter Bonatti – ein Ausnahme-Bergsteiger der fünfziger Jahre – scheint heute noch nicht mit der erfolgreichen Strategie Desios zurechtgekommen zu sein. Seit 40 Jahren polemisiert er gegen einen Erfolg, zu dem er wesentlich beigetragen hat. Als ob der Gipfelgang von Compagnoni und Lacedelli unmoralisch gewesen wäre!
Ardito Desio hat ein Weißbuch geschrieben, um sich zu verteidigen. Bonatti hat diesem mit seinem Weißbuch »den Prozeß gemacht«.
Ich bin überzeugt davon, daß bei der K2-Expedition 1954 kein italienischer Expeditionsleiter diese national gefärbte, mit starken Individuen besetzte Gruppe zum Gipfel hätte führen können außer Ardito Desio. Er war der Leader. Während der Expedition hat keiner daran gezweifelt. Daß nachher alle gerne zum Gipfel gekommen wären und sich jeder als Vater des Erfolges empfand, störte Desio nicht. Er hatte den Erfolg herbeigeführt. Und das allein war seine Aufgabe gewesen.

Beim Bergsteigen spielen Teamwork und Leadership eine wichtige Rolle.

Ein Leader kann von seiner Mann-(Frau)schaft während des Unternehmens zur Rede gestellt werden; hinterher nur, wenn er gescheitert ist. Der Erfolg gibt ihm recht.
Das Team habe ich immer definiert als eine Gruppe von Menschen, in der jeder einzelne mit der gleichen Vehemenz dasselbe will. Auch wenn es sich nur einer ausgedacht hat. Dieser eine ist normalerweise der Leader.
Das »Konzept« allein aber reicht nicht aus für kontinuierliche Führungsstärke. Führen heißt auch Ideen einsammeln, die Übersicht bewahren, Impulse geben, Position beziehen. Immer wieder. Erst dadurch entsteht Charisma, Selbstverständnis, Führungspersönlichkeit.

Zufriedenheit folgt nicht der Befriedigung aller Wünsche.

Leader strahlen etwas Besonderes aus, weil sie etwas Besonderes sind. Nicht, weil sie besondere Titel nachweisen können, besonders viel Macht, Wissen oder Geld angesammelt haben. Die Gestaltungskraft des Leaders ist um so eindringlicher, je »inwendiger« er sie vertritt. Damit sind wir wieder bei der Besessenheit. So unheimlich sie ist, es kommt auf sie an, auf die innere Haltung, auf die selbstgewollte Verpflichtung gegenüber der Sache.
Der moderne Chef ist ein demokratischer Leader. Er schafft nicht Regeln und Hierarchien in seinem Team, sondern ein Klima der Inspiration. Er kann nach innen genauer zuhören und nach außen für alle sprechen.

Führung kann von einer Person auf eine andere überspringen. Der Führer nimmt den anderen Energie. Auch deshalb tut er sich leichter als die anderen.

Auch in einer kleinen Expedition, die in meinem Fall demokratisch geführt wird – das heißt, jeder hat eine Stimme –, gibt es eine(n), deren/dessen Wort mehr zählt. Diese Person ist oft nicht die schnellste oder die stärkste in der Gruppe. Vielleicht stammt nicht einmal die Ausgangsidee von ihr. Aber sie führt. Sie wird zum Leader durch ihre Präsenz, durch Vormachen, durch stille Überlegenheit.
Es klingt banal, wenn ich behaupte: Ein Leader ist ein Leader. Aber so ist es. Wenigstens im Expeditionswesen. Mit großen Gruppen habe ich keine Erfahrung, und für Konzerne möchte ich in diesem Zusammenhang nicht sprechen, weil mir jeder Hintergrund fehlt.
Wie wird ein Leader in der Expeditionsgruppe deutlich? Meist geschieht es nach und nach. In besonderen, kritischen Situationen, in sogenannten »events« . Sie machen Leader, und Leader machen »events«.
Einer der Gruppe tut sich wiederholt in schwierigen Situationen hervor. Er übernimmt den größeren Rucksack, die Entscheidung, mehr Verantwortung. Er wird von den anderen als Leader anerkannt und hat die Fähigkeit, diese mitzureißen. Durch Erfolgsserien dieser Art und durch sein gesteigertes Selbstwertgefühl nimmt der Leader Menschen und den Raum, in dem sie agieren, mehr und mehr in Besitz. Die Ausstrahlung wächst weiter, mit jedem Erfolg, durch die Anerkennung der anderen.
Die Voraussetzungen, ein Leader zu sein, ist zuallererst Veranlagung; dann die Chance, es zu zeigen. Erfahrungsvorsprung, Kraft, Selbstwertgefühl wachsen ihm zu. Verantwortungsbereitschaft und ein unumstößliches Selbstverständnis müssen hinzukommen. Wer an seinem Tun zweifelt oder seine Führerschaft im Vertrag festschreiben muß, um andere zum Mitmachen zu zwingen, kann auf Dauer kein Leader sein. Auch wer hochstapelt, um anderen Anerkennung abzuringen.
Der Leader führt nicht mit Arroganz oder strenger Hierarchie, er hat gute Einfälle und geht auf Ideen und Verbesserungsvorschläge seiner Partner ein. Nicht nur einen meiner Erfolge verdanke ich dem spontanen

Einfall eines Partners. So machte Hans Kammerlander 1984 beim Versuch, die beiden Gasherbrum-Achttausendergipfel zu überschreiten, den Vorschlag, meinen Plan, vom G I zum G II zu klettern, umzudrehen, nachdem sich der Aufstieg auf den G I als zu lawinengefährlich herausgestellt hatte. Diese simple Erkenntnis rettete den Erfolg.
Das Zusammenspiel im Team ist vor allem im Ideenbereich wichtig. Nicht wer die härteren Ellbogen hat, kommt dabei weiter, auch nicht der fleißige Kopfnicker oder der »Sicherheit-statt-Risiko-Beamte«, sondern der mutige Tagträumer. Der offene Ideen-Mensch, der sich weniger in Zahlenkategorien als in seelischen Bedürfnissen des heutigen Menschen auskennt, verteilt freiwillig Verantwortung und potenziert so die Summe der Kreativität seines Teams.

»Seilerster« ist heute nicht mehr, wer mehr Kraft oder Geschicklichkeit hat. Es klettern viele sehr gut. Für den Seilersten ist Kreativität wichtiger als Fachwissen. Dazu kommen müssen Kombinationsgabe, Flexibilität, ein eigener Stil. Und sehr viel Verantwortung.
Das Wort »Abenteuer« benütze ich in diesem Zusammenhang deshalb nicht mehr, weil es verbraucht ist, ausgehöhlt, ohne Inhalt. Jeder kann heute eine Reise buchen, die im Katalog als »Abenteuer« verkauft wird. Das organisierte Abenteuer aber ist ein Widerspruch in sich.
Die Verantwortung abschieben und sich als Heldendarsteller gebärden, reizt nur Nachsteiger. Das »Abenteuer« im Reiseangebot ist nichts als ein Trick. Es soll eine Klientel ansprechen, die mehr will, als sie zu wagen bereit ist: die Möchtegern-Eroberer.

Die Hierarchie in der Kamel-Karawane ist sichtbar.

Erfolgreiche Grenzgänger sind weder eine Auslese der Unerschrockenen noch geschickte Angstverdränger. Sie lernen nur, Mut und Angst als gleichwertige Hälften eines unteilbaren Ganzen im Gleichgewicht zu halten. Wer die Angst als Makel und den Mut als Ideal verfolgt, lebt nicht lange.

»Abenteuer heißt auch, Gelegenheiten ergreifen, unsere Kräfte gegenüber dem Unbekannten zu testen und während dieses Prozesses unser eigenes, einzigartiges Potential entdecken.« *John Amatt*

A – Anpassungsfähigkeit
B – Bedingungslose Entschlossenheit + großes Verlangen
E – Einbildungskraft, Visionen + Werte
N – Natürliche Neugier
T – Teamarbeit + Vertrauen
E – Erfahrung
U – Unbegrenzter Optimismus
E – Energie, Enthusiasmus + Emotion
R – Risikobereitschaft

Der Vorsteiger ist auch ein Vor-Denker. Ich möchte von mir nicht behaupten, ein Leader zu sein. Mir liegt es nicht, Gruppen zu dirigieren oder mit meinem Know-how zu führen. Wenn ich selbst mitmache, kann ich jedoch andere mitreißen. Ich habe, allein um die 14 Achttausender besteigen zu können, 30 Expeditionen unternommen. Zwölfmal bin ich gescheitert. 18mal habe ich den Gipfel erreicht. Und immer, wenn jemand in einer dieser 30 Expeditionen auf den Gipfel kam, war ich dabei. Ich konnte meine Partner also durch das Vorsteigen, das Mitsteigen, das Agieren führen. Nicht mit dem Funkgerät vom Basislager aus, wie 1989 am Lhotse.

Das Unterwegssein von einer Gruppe Menschen in der Wildnis ist immer auch ein Experiment. Da wird versucht, wer schneller und schwächer ist, wer wieviel Selbstverständnis hat, wer sich unterordnet, wer bestimmt.

So widersprüchlich es klingt, vor allem im Zusammenhang mit meiner Person: Ein Leader zeigt mehr Sensibilität als die anderen. Deshalb weiß er die Schwächen und Stärken seiner Partner genau einzuschätzen und dem Ganzen entsprechend einzusetzen. In kritischen Situationen steht er als ruhender Pol in einer Mannschaft und hilft selbst, die kritischen Situationen zu meistern. Anreiz und Dirigismus setzt er seinen Partnern gegenüber individuell und situationsbezogen ein. Er nützt dabei Schwächen und Zweifel seiner Mitsteiger nicht, um sein Leadership zu behaupten. Er nützt seine Überlegenheit, die Fähigkeiten und Stärken aller zum Tragen zu bringen.
Der Leader stiftet vor allem Selbstverständnis. Indem er seine Leute durchschaut, auf sie eingeht, sie in ein gemeinsames Ziel mitnimmt, kann er zum Sinnstifter werden. Mehr noch, er vertritt ihre Gesinnungsethik, der alle im Team freiwillig folgen, die jeder wieder als die seine empfindet.
Das daraus entstandene Gruppenselbstverständnis, das wenigstens so lange andauert, solange das Ziel nicht erreicht ist, läßt alle wachsen. Im Idealfall über sich selbst hinaus. Die Verantwortung für den Leader wächst damit allerdings in eine andere Dimension. Die ethische Frage dazu will ich nicht beantworten. Dafür stelle ich mich einer anderen Diskussion: der Verantwortung meiner Familie gegenüber.
Meine Kinder sind da. Trotzdem muß ich die Frage, ob ich es verantworten kann, weiter als Grenzgänger unterwegs zu sein, umdrehen: Könnte ich es verantworten, nicht zu tun, was ich tue? Wen hätten meine nächsten Angehörigen dann zu ertragen? Ich wäre nicht mehr ich, wenn ich nicht mein Leben führen könnte. Ich wäre auch nicht mehr *dieser* Vater für meine

Sherpa-Gruppe am Mount Everest (1978).

Kinder. Die Tatsache, daß ich eine Familie habe, zwingt mich nicht, mein Leben völlig zu ändern, so weit zurückzunehmen, daß ich meine Persönlichkeit aufgebe. Auch als Familienvater habe ich das Recht, mein Leben zu leben.

Durch meine kleinen Kinder bin ich, psychisch gesehen, stärker geworden. Denn ich kann sie auf Reisen mitnehmen, zumindest gedanklich. So habe ich sie zum Beispiel im Geiste in Grönland mit dabei. Ich nehme sie in einer meiner seelischen Etagen mit aus dem Traumende auf die Tagesetappe. Und sie geben mir Energie. In kritischen Momenten sind sie mir eine wesentliche Stütze, alles richtig zu machen, weiterzugehen, wieder aufzustehen, heimzukommen.

Zweifel und Ängste im Zusammenhang mit Problemstellungen tun gut. Weil sich dabei Energiefelder in uns entwickeln, die uns über unsere angenommenen Fähigkeiten hinauswachsen lassen.

Seite 231: *Aufgeworfenes Packeis im arktischen Ozean.*

Seite 232/233: *Packeis mit offener Wasserrinne. In der Arktis sind Segel nur begrenzt einsetzbar (wenig Wind, Bodenunebenheiten).*

Die Frevel an unserer Erde geschehen, trotz besserem Wissen, im Kollektiv ungehemmt und immer durch den Menschen.

Ich kann mich während einer Expedition mit den Kindern beschäftigen; die Kinder können es mit mir weniger. Das ist eine Ungerechtigkeit.

Meine Frauen haben mich als Abenteurer, als besessenen Grenzgänger kennengelernt. Die Ängste bei mir zu Hause sind vermutlich nicht größer als bei einer Manager-Familie. Mein Tun ist auch nur scheinbar gefährlicher als das eines engagierten Managers. Ebenso viele Menschen aus meiner Altersgruppe und meinem Bekanntenkreis, die abgestürzt oder erfroren sind, sind auch an Herzinfarkt gestorben, im Auto ums Leben gekommen. Berufsrisiken? Es klingt paradox, aber Bergsteigen – mit kalkuliertem Risiko betrieben – ist nicht gefährlicher als jede andere intensive Tätigkeit.

Ich werde in den nächsten 15 Jahren vermutlich nicht an Herzinfarkt sterben, und der Manager wird nicht erfrieren. Denn jeder riskiert in seiner Sparte auf seine Weise seinen Absturz. Nur, der mögliche Infarkt ist nicht sichtbar wie ein 3000-Meter-Abgrund. Und dies ist mein Vorteil. Ich bin mit meinen Gefahren direkt konfrontiert. Wenn ich durch die Stadt gehe, sehe ich die Dachziegel nicht, die mir auf den Kopf fallen können. Auch nicht alle großen Bedrohungen, denen die Menschheit entgegenschlittert.

Wir stecken globalen Gefahren gegenüber gerne den Kopf in den Sand und spielen »Mensch ärgere dich nicht«. Wir sind gefährdet, wie noch nie eine Menschheit gefährdet war. Die möglichen Umweltkatastrophen, die auf uns zukommen, sind tödlicher als Steinschlag und Lawinen. Nicht für eine Person, sondern für Millionen, ja Milliarden von Menschen. Diese Gefahren bewußt zu machen ist eine Aufgabe; sie global abzubauen unsere Pflicht. Das sind die großen Berge, die es zu versetzen gilt.

Neben dem Einschätzen von Gefahren kann der »Normalbürger« noch etwas vom Bergsteiger lernen: den Verzicht. Das freiwillige Sich-Einschränken ist ein Gebot der Stunde. Was Religionsstifter geschafft haben, kann der Staat offensichtlich nicht leisten. Es fehlt an visionären Politikern. Es fehlt an Visionen. Wir brauchen keine neuen Religionen und Sekten, wir brauchen starke Persönlichkeiten, die zeitbezogene Lebenshaltungen verbreiten können, weil sie sie selbst verkörpern, vorleben. Daß die Menschheit noch etwas länger in Frieden und relativ »gesund« weiterleben kann, ist eine Herausforderung an uns alle.

In diesem Zusammenhang sind Fantasie und Leader gefragt. Weltweit. Für Defensivdenker ist es zu spät. Es geht jetzt um Kreativität und nicht nur um die Schwachstellen der anderen Ideen. Also weg mit allen festgeschriebenen Hierarchien! Der Leader wohnt bei einer Expedition nicht im größeren Zelt. Der Konzernchef sitzt nicht im obersten Stockwerk. Er ist einer unter vielen. Seine Stimme aber bewirkt mehr. Wem Führung übergeben wird und wer bereit ist, Führung zu übernehmen, übernimmt Verantwortung über sein Haus hinaus. Er spricht für die anderen als Vertreter einer Gruppe und als Teil des Ganzen. Er verkörpert die Konzern-Gruppenkultur und ist ein Baustein in dem Konglomerat, das ich als jeweilige Weltethik bezeichnen möchte. Wenn es zu einer anderen Kultur am Ende der Machtpolitik, in der sich vielfach Machtmenschen an die Spitze gestellt haben (die Kaiser waren »gottgewollt«, die patriarchalischen Konzernleiter hatten das Geld, die Regierungschefs den Segen einer großen Partei), kommen soll, müssen die Leader von morgen fähig sein, gegen die großen Gewohnheiten zu inspirieren.

»Der Mensch kann alles, was er will.
Ein gesunder Mensch aber will nur, was er kann.«

»Es ist nicht wichtig, ob das, was ich tue, gelingt.
Ich bin unterwegs. Das allein zählt.«

XII
DIE NATUR IST IMMER KREATIV

Kreativität ist Spiel.

Nomadentum und Arbeit.

»Arbeit« beginnt mit Seßhaftigkeit – damit Verlust an Kreativität.

Nicht frei von etwas ist wichtig, sondern frei zu etwas.

Alles in Frage stellen, um kreativ werden zu können.

Regeln, Dogmen und Bürokratie sind antikreativ.

Nichts blindlings annehmen.

Wagen, würfeln, spielen, um zu neuen Kombinationen zu kommen.

Chaos ist bessere Voraussetzung für Kreativität als Ordnung.

Ordnung entspricht nicht der Realität. Sie ist unser Wunschdenken.

Kreativität wächst auch mit Einblicken (sozialer, wirtschaftlicher, naturwissenschaftlicher, historischer Art).

Ganzheitlich sehen.

Wie zwei Hälften denken.

Schöpferische Pausen einlegen.

Leerwerden.

Gehen als Meditation.

Nur der Geist ist unendlich.

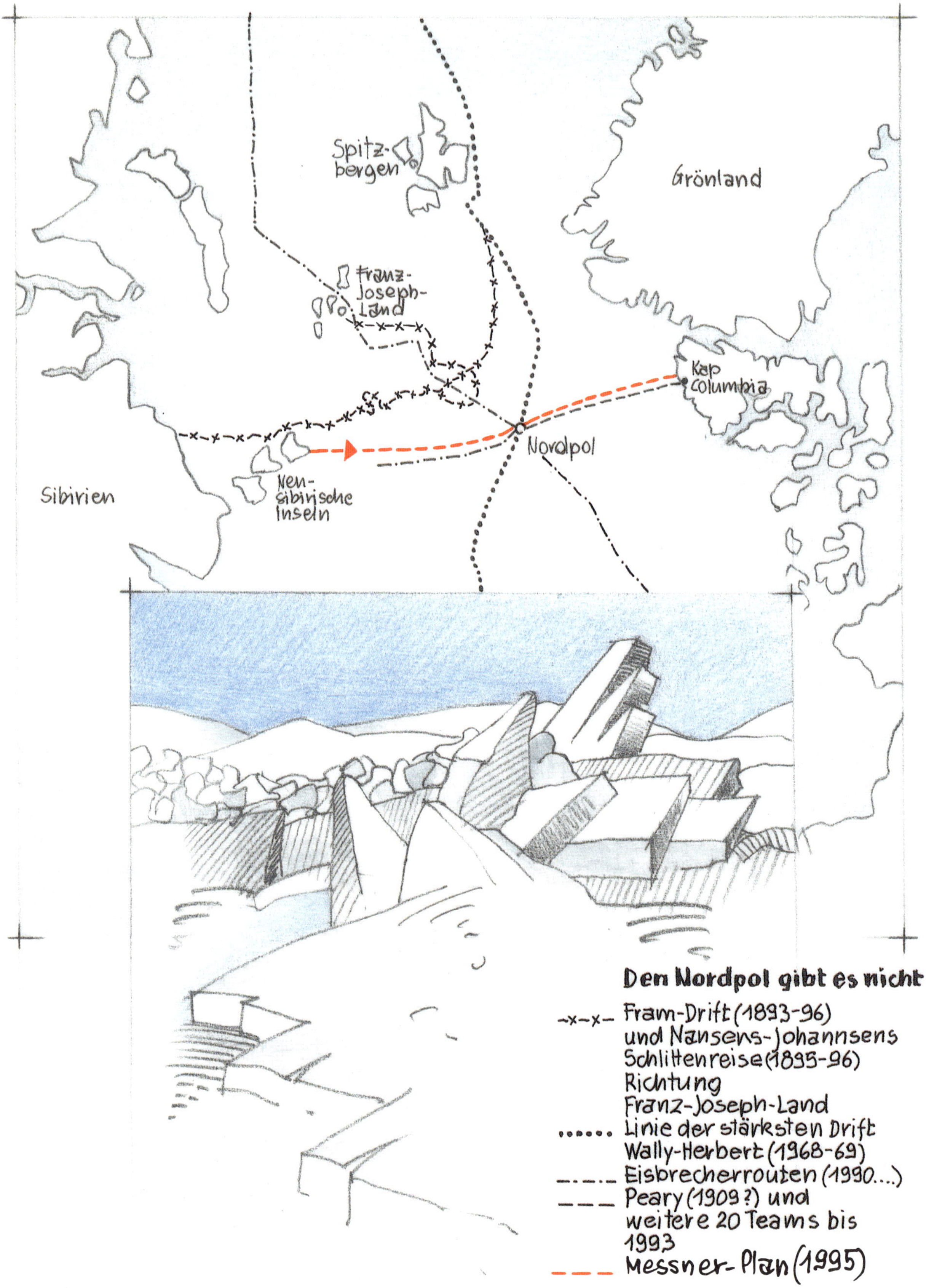
Spitz-
bergen
Grönland
Franz-
Joseph-
Land
Kap
Columbia
Nordpol
Sibirien
Neu-
sibirische
Inseln
Den Nordpol gibt es nicht
–x–x– Fram-Drift (1893-96) und Nansens-Johannsens Schlittenreise (1895-96) Richtung Franz-Joseph-Land
•••••• Linie der stärksten Drift Wally-Herbert (1968-69)
–·–·– Eisbrecherrouten (1990...)
– – – Peary (1909?) und weitere 20 Teams bis 1993
– – – Messner-Plan (1995)

»Das Vor-Denken beginnt mit Nicht-Denken.«

Links: Kein Gelände ist so schwierig wie das Packeis.

GEISTERBAHN IM KOPF

Februar 1990

Bei der Heimreise aus der Antarktis ist mir klar, daß ich auch zum Nordpol will. Dieser ist, wie der Südpol, nur ein fiktiver Punkt. Erfunden vom menschlichen Geist. Er ist nicht zu sehen wie ein Berggipfel, nicht anfaßbar wie ein Griff. Trotzdem ansteuerbar, erreichbar wie jedes Ziel im Kopf. Auffindbar über die Gestirne, natürliche oder künstliche, als ein Punkt unter Millionen auf der 2 Meter dicken Eisschicht, die auf dem nördlichen Polarmeer driftet.
Das Studium der Arktisreisen beginnt. Die Expeditionen von Payer-Weyprecht, Nansen, Peary, Andree, Nobile, Herbert, Uemura, Steeger und die dazugehörigen Träume werden für mich wie eine Fahrt mit der Geisterbahn durch das Packeis: Schiffe stöhnen in den Eispressungen; hungrige Eisbären tauchen auf; Hunde werden geschlachtet; verloren treiben ein paar Männer auf einer Eisscholle; in einem winzigen Zelt wartet ein Team auf den Tag, an dem die Sonne nach Monaten arktischer Nacht am Horizont auftaucht; allein treibt ein kleiner Japaner seine Hunde zum Pol, nach Norden. Weiter, immer weiter. Visionen tauchen auf. Für dieses visionäre Sehen scheint es weniger Schranken als für unsere Ratio, unsere Kraft und Energie zu geben. Ich bin deshalb überzeugt davon, daß letztlich alles möglich ist, was ich will. Daß ich nur will, was ich kann, dafür sorgt mein gesunder Hausverstand.
Der Grenzgänger – im Gehen, Eiswandern, Bergsteigen, Wüstendurchqueren – ist einer, der die Natur weder bekämpfen noch erobern will. Er will sie auch nicht dominieren. Als Teil eines gleichzeitig chaotischen und geordneten Ganzen reagiert er so, daß er auch an der Grenze des Machbaren (Gefahr, Anstrengung, Angst) nicht aus dem Gleichgewicht kippt.
Neben der wissenschaftlich erforschbaren Ebene des Seins gilt es, weitere, sinnlich nicht wahrnehmbare Dimensionen unserer Existenz zu berücksichtigen, die wir nur ahnen können. Nur wer über ein feines und vielfältiges Sensorium für Außen- und Innenwelt verfügt, alle Signale entschlüsseln und darauf reagieren lernt, wird in der Wildnis Erfolg haben und überleben.
Ich habe den Japaner Naomi Uemura kurz nach seinem Arktis-Abenteuer (mit seinen Hundeschlittenreisen zum Pol, in Kanada, Alaska, Grönland hat er eine neue Phase des Eiswanderns eingeleitet) in Tokio kennengelernt und war beeindruckt von seiner Ruhe, seiner Ausdauer, seiner Zielstrebigkeit. Noch

Auch ich will überleben; allerdings nicht im Ohrensessel vor dem Fernseher, sondern in möglichst schwierigen Situationen.

Der Mensch ist tot, wenn die Welt seine Vorstellungskraft nicht mehr herausfordert und alle Möglichkeiten der Erfahrung tot sind.

mehr von seiner Fantasie. Ohne Vorstellungskraft kann kein Grenzgang kreiert werden, ohne Vorstellungskraft – und diese muß zielgerichtet sein – kann er später nicht durchgestanden werden.

Es geht zuletzt zwar immer um Selbsterkenntnis – wo liegen meine Schwächen, meine »offenen Fenster«, meine psychophysischen Reserven –, trotzdem stehen praktische Fragen im Vordergrund. Ein »blinder Sprung« ins Packeis wäre Dummheit. Um alle logistischen Fragestellungen zu beantworten, füttere ich meine Fantasie mit immer neuen Geschichten. Ausgehend von fließenden Wahrscheinlichkeiten – nichts ist ungewisser in seinem Chaos als das driftende Eis im Polarmeer –, kann ich mir die verrücktesten Grenzgänge dort vorstellen.

Inzwischen habe ich eine erste Entscheidung getroffen. 1994/95 will ich zum »dritten Pol«, wie ich den Nordpol, neben dem Südpol und den Achttausendern, nenne.

Ich kann mich in Grenzsituationen fast immer auf meine innere Stimme verlassen. Nur habe ich nicht immer die Freiheit, auf sie zu hören. Mit dem Entschluß aber, handelnd in die Zukunft aufzubrechen, beginnt die Planungsphase.

Ich kann mir ein Dutzend Möglichkeiten vorstellen, zum Nordpol zu kommen. Will ich aber die Qualität der Reise wahren, bleiben höchstens eine Handvoll Spielmöglichkeiten. Meine Vorgaben: Verzicht auf Motoren jeder Art; möglichst keine Hilfe von außen; die Rückreise als wichtigster Teil der Herausforderung.

Nun gilt es, Partner für diese Realutopie zu finden. Denn, werden Visionen von mehreren getragen, steigt die Tendenz zur Realisation. Es geht mir vorerst um einen Versuch. Ohne einen Versuch zu wagen, kann ich nicht zu den richtigen Lösungskombinationen kommen.

Zum »erfolgreichsten Bergsteiger« bin ich nur geworden, weil ich mehr gestiegen bin als alle anderen meiner Generation. Wenn ich nur ein oberflächliches Interesse an den neuen Ideen gehabt hätte, wäre mir weder die Kreativität noch die Energie zugewachsen, 30 Versuche allein an den Achttausendern zu wagen. Wenn ich nun mit Beharrlichkeit, ja Frechheit weiterwürfle, dann nicht deshalb, weil ich vom Nervenkitzel nicht lassen kann, sondern vor allem, weil ich weiß, daß ich nur mit Versuchen zu neuen Kombinationen finde.

Immer wieder, wenn ich versuche, neue Ideen zu verwirklichen, besteht das Risiko des Scheiterns. Grenzgänger, die besser waren als ich, scheiterten, weil sie dem Scheitern aus dem Weg gingen. Bald fiel ihnen nichts mehr ein.

Sommer 1991

Erling Kagge, ein Nordpolfahrer aus Norwegen, besucht mich auf Juval. Wir tauschen Erfahrungen aus. Er will zum Südpol (Alleingang 1992/93 gelungen), ich zum Nordpol.

Wir wären ein gutes Team, haben aber vorerst entgegengesetzte Interessen. Wir sind uns aber einig darüber, daß unser Tun, verstanden als kreativer Aufbruch, nicht die Welt verändert. Es ändert allein unser Verhältnis zu uns selbst, zur Welt. Wir verschaffen uns außerhalb von Organisation und »Arbeit« ein Spielfeld für kreatives Tun.

Den Vorwurf, wir Grenzgänger seien auf der Flucht, höre ich täglich. Vielleicht stimmt es. Sicher bin ich aber, daß ich nicht vor etwas oder vor jemandem fliehe. Mein Unterwegssein ist eine Flucht hin zum Geheimnisvollen und

»White out«. Ohne den Mut, ins Ungewisse hineinzugehen, gibt es keine Innovation.

Realen. Obwohl die Gedanken nicht mehr um das Naheliegende kreisen. In bestimmten Augenblicken erfassen wir das Ganze um uns und in uns. Wir erkennen Zusammenhänge, die nur aus großer Distanz überschaubar sind.
Was mich stark gemacht hat, sind diese Neugierde und die daraus wachsende Innovationskraft. Noch sehe ich keine Gefahr, sie zu verlieren. Aber die Zeit drängt. Es ist nämlich schwieriger, etwas Neues zu tun (Innovation), als etwas Neues zu erfinden (Kreativität). Ersteres ist beim Grenzgang wesentlich abhängig auch von Körperfunktionen, die mit zunehmendem Alter abnehmen.
Wenn ich Alpinistik und Eiswandern der letzten 25 Jahre betrachte, in denen ich aktiv war, fällt auf, wie wenige Mut und Energie aufbrachten, neue Ideen zu verwirklichen. Das Können war bei vielen groß. Es gab »Schulen« (USA, Großbritannien, Polen), in denen es zur Befruchtung von Visionen durch Taten kam. Aber es waren immer wieder kleine Räume, aus denen Grenzgänger in Serie hervorgingen.
Wenn sich einzelne gegenseitig zu Höchstleistungen »anspitzen«, entsteht ein Innovationsschub. Als ginge es um ein Leistungsstechen.
Eine Handvoll Engländer waren es in den siebziger Jahren, mit der Integrationsfigur Chris Bonington. In den achtziger Jahren trieben die polnischen Höhenbergsteiger einander zu immer neuen Grenzgängen an. Heute dominiert die Slowenische Schule, obwohl die Lehrmeister bereits tot sind.
Als Eisfahrer sind immer Norweger führend gewesen, seit Nansen und Amundsen Arktis und Antarktis bereist haben. Auch, weil es neben den

Grenzgänge sind am Todesrisiko provozierte Sinnerfahrungen.

Wally Herbert (links) mit seiner Mannschaft am Nordpol.

Möglichkeiten mehr Konkurrenz dort gibt. Engländer, die die Norweger herausforderten (Scott, Finnes), haben diese zu noch mehr Kreativität angeregt.

Sommer 1992

Der Engländer Wally Herbert, dem mit der Überquerung des nördlichen Polarmeeres – von Alaska über den Nordpol nach Spitzbergen – die vielleicht kühnste Arktisreise dieses Jahrhunderts gelungen ist, kommt als Künstler nach Juval. Er zeichnet und malt, was er in seiner Erinnerung als Bilder und Lichtstimmungen aus seinen vielen Jahren im Eis (Antarktis, Grönland, Nordpol) mitgegbracht hat.

Wieder eilen meine Gedanken weit voraus und – als Wally beweist, daß Robert Peary 1909 nicht am Nordpol gewesen sein kann – weit zurück. Das Zurückkommen vom Pol mit eigenen Kräften, das sich mit Ausnahme von Wally Herbert fast alle Nordpolfahrer seit Peary geschenkt haben, macht die eigentliche Herausforderung einer solchen Unternehmung aus. Die Spielmöglichkeit »der dritte Pol« bekommt so eine historische Dimension: Der Nordpol, der inzwischen im Flugzeug und Luxusliner (mit Atomkraft betriebener Eisbrecher) von Touristen besucht werden kann, ist »by fair means« noch nie betreten worden! (Der erste Pol, der nachweislich erreicht worden ist, bleibt der Südpol; Amundsen, 1911). Zwischen 1950 und 1964 wurden alle 14 Achttausender erstmals bestiegen, die Professor Dr. Günther Oskar Dyhrenfurth in einem Standardwerk der Himalaja-Literatur den »dritten Pol« genannt hat. Ist der Nordpol »by fair means« möglich? Fehlerfreies Denken vorausgesetzt – jede Möglichkeit sauber und diszipliniert in allen Aspekten vorwegzudenken reicht nicht aus, um diese Frage zu beantworten.

Die schwer zugängliche Wildnis – Felswand, Berg, Wüste, Eismeer – erlaubt uns heute noch Erfahrungen, wie sie für den Menschen vor zigtausend Jahren alltäglich waren.

Ich beginne, alle denkbaren Komplikationen durchzuspielen. Auch dies ge-

nügt nicht als Ansatz für eine Lösung. Ausdauer und Können sind selbstverständliche Basis. Wichtiger sind Versuche. Mögliche Fehler durch gemachte Fehler so lange auszuschalten, bis das Ganze möglich ist.
Diese »Wagnis-Kultur« kostet Zeit, Geld und Energie. Gleichzeitig fördert sie mögliche Lösungskombinationen und die Persönlichkeitsentwicklung. Wichtig dabei aber ist, daß die Selbstmotivation nicht auf der Strecke bleibt.
Wenn ich zehn oder 20 Jahre vorausschaue, weiß ich, daß ich zum Nordpol muß. Ich plane immer auch für die fernere Zukunft, behalte die Ziele jedoch weitgehend für mich. (Dieses Nordpol-Projekt lege ich vor, weil ich ein Beispiel für das letzte und wichtigste Kapitel in diesem Buch brauche. Es ist aber nicht meine einzige Idee für morgen.)
Bald muß ich mich für einen Partner entscheiden. Es ist immer möglich, Menschen für eine gemeinsame Sache zu finden, wenn diese Sache wichtig genug ist. Die Kraft der Überzeugung, der innere Schwung, der Geist bringen auch andere in Schwung.
Ich habe keine Sorgen, daß mir die Ideen oder die Begleiter wegbleiben könnten. Zweifel manchmal, ob Geschicklichkeit und Ausdauer auch morgen noch ausreichen für Grenzgänge dieser Art. Hoffnung gleichzeitig, daß Kreativität in der Bewußtseinsveränderung meinem Leben noch einmal eine Wende gibt – nach dem vertikalen und horizontalen Grenzgang zum geistigen.

Was heute als Wahnsinn abgetan wird, ist morgen schon orthodox.

Test der Windsegel für die Nordpol-Expedition (1995) am Rande des arktischen Packeises.

4. 3. 1995	Die Fahrt ins Eismeer beginnt. St. Petersburg – Khatanga (6 Std.) zusammen mit der Steger-Expedition. Ankunft um Mitternacht (–39 °C).
5. 3. 1995	Morgen in Khatanga. Wir hängen in irgendwelchen Buden herum, die alle ähnlich sind: Plastikblumen am Tresen, Pin-up-Girls an den Wänden, der Kaffee nichts als dunkle Brühe. Wind aus Südwest (–36 °C). Gegen Mittag werden die Hunde geladen. Um 14 Uhr fliegen wir weiter Richtung Sredney. Wir laden aus, fahren in die Station (ehemalige Wetterstation) und beginnen zu packen.
6. 3. 1995	In der »Hütte« hat es +25 °C und draußen –39 °C. Und der Wind immer aus Ost, vom Land her. Wir sortieren unsere Ausrüstung, packen ein letztes Mal, gehen zweimal zum Testen aufs Eis. Alles ist vorbereitet. Wir können mit unseren Schlitten (je 150 kg) mindestens 90 Tage draußen bleiben.
7. 3. 1995	Schlimmer Anfang. Mit dem Heli nach K. A. (ca. 2 Std.). Einen Eisbär gesehen. Dann ein Stück weit übers Eis geflogen. Es sieht schlimm aus. Beim Startversuch bedroht uns ein Eisbär. Trotz Schreckschüssen (Leuchtraketen) weicht er nicht. Erschießen? Der Hubschrauber vertreibt ihn. Wir sind allein. Es geht langsam. Wieder Bärenspuren. Eispressungen.
8. 3. 1995	Schlimmer Tag. Stumpfer Schnee, viel offenes Wasser. Auf dem Leed, das uns zu weit nach Osten trägt, ist der Weltuntergang angebrochen. Dünnes Eis, und wieder Bärenspuren. Alles ist in Bewegung geraten. Nordsturm. Ab 16 Uhr im Zelt. –45 °C! Um uns herum ist die Hölle los. Das Eis schiebt, kracht, sägt, hämmert, reißt und poltert. Ständiges Erdbeben. Starke Gegendrift. Es ist lebensgefährlich!
9. 3. 1995	Das ist das Ende! Nach einer nächtlichen Flucht vor dem Untergang mit Zelt und Schlitten schlaflose kalte Stunden im Schlafsack. Aufwärmen 500 Meter weiter. Am Morgen, mit der restlichen Habe (ein Schlitten ging in den Eispressungen verloren) Suche nach einem neuen Lagerplatz weiter im Süden. Alles drängt auf uns zu. Argos auf SOS. Mit Proviant für 30 Tage gehen wir zurück. Nachts vom Helikopter rausgeholt.
16. 4. 1995	Wir sind 120 Kilometer vom Pol entfernt gelandet. –27 °C. Reise Moskau (14. 4.) – Khatanga (15. 4.) – Eis-Station (16. 4.). Diesmal sind wir zu viert (Martino, Victor, Hubert und ich). Es geht um die Erkundung von Eis, Klima, Wind usw. in Polnähe. Natürlich ist diese Reise kein Grenzgang, auch soll sie nur zehn Tage dauern.
17. 4. 1995	Marschtag zwischen vielen Leeds. Südostwind. Segeln ist eine ungeschickte Prozedur. An den Leeds muß alles abgespannt, auseinandergehängt, abgepackt werden. Wir kommen nicht weit, merken, wie schwierig das Eis in Polnähe ist.

Unguter Tag. Wind aus Nordwest und schlechte Sicht. Wir laufen zwischen Pressure-Ridges und Leeds herum. Später macht das »White out« alles langsamer. Der große Schlitten ist Mist. 18. 4. 1995

Zurück. Starker Gegenwind. Wir sind zu langsam, obwohl wir 20 Kilometer am Tag schaffen. Aber alles ist gegen uns (Drift, Wind, Schlitten). Ob die Station zu finden ist, bleibt die Frage. Wir versuchen es. 19. 4. 1995

Rückmarsch. Wir finden eine völlig veränderte Welt vor. Mit großen Leeds und riesigen Pressure-Ridges. Wind (sehr kalt) aus Südost. Später kommt Nebel auf. Ein Hubschrauber, der westlich von uns zum Pol fliegt, und Spuren einer anderen Gruppe bestätigen uns, daß wir auf dem richtigen Kurs sind. Lager zwischen Eisaufwürfen. Schlechte Sicht. 20. 4. 1995

Zurück in der Polar-Station. Inzwischen sind eine Menge Leute da, alle irgendwo aufgepickt (per Heli) und hierhergebracht. Der Run zum Pol – wie auch immer – ist offensichtlich manisch. Am Abend kommen noch ein paar russische Popstars. Auch sie wollen weiter zum Pol. Auch ein Team von Fußballspielern. 21. 4. 1995

Im Camp. Immer noch viel Verkehr. Fußballspieler und Band gehen zurück. (Alle liegen halb erfroren, müde, schläfrig in den Zelten.) 22. 4. 1995

In der Drifting-Station. 23. 4. 1995
Vier Kuppelzelte (1x Funker, 1x Pilot, 1x Direktion, 1x Arbeiter).

Wir fliegen zum Nordpol und nach einem Besuch der Steger-Expedition zurück zur Drifting-Station und gleich weiter nach Khatanga. 24. 4. 1995

Am Nordpol (1995): Chaos wie überall im arktischen Eismeer.

»Sich und seine Schatten (was man gerade glaubt) von außen beobachten.«

CHAOS UND KREATIVITÄT

Die »konkrete Intelligenz« – blitzschnelles Umsetzen von Sinneseindrükken in Bewegungsabläufe – erleben wir im Gegensatz zur reinen Verstandesarbeit – Vorausdenken, Nachsinnen, »theoretische Intelligenz« – als Da-Sein. Damit zusammen hängt das Abschalten-Können, das Überschauen, das Durchdrungen-Sein.

Wenn ich mich als Grenzgänger, als Spieler, als Halbnomade bezeichne, will ich nicht sagen, daß ich außerhalb der bürgerlichen Norm lebe. Alle meine »Nicht-Berufe« aber stehen für Kreativität. Diese ist nämlich eng verbunden mit Risiko, Spiel, Nomadentum.

Als die Menschen seßhaft wurden, konnten mehr von ihnen ernährt werden. Und sie wurden reicher. Aber sie verloren an Kreativität. Nirgends können wir solche mehr tanken als in der Wildnis. Natur ist immer kreativ. Sie ist immer in Bewegung, immer neu.

Wenn ich dann und wann, im Rahmen von Seminaren (sogenannten Incentives, wobei Mitarbeiter motiviert, weitergebildet, informiert werden sollen) die Wildnis als eine Art »Abenteuer-Spielplatz für Führungskräfte« einsetze, so geschieht das bewußt. Es geht mir dabei nicht um »Outdoor-Training«, sondern um die persönlichen Grenzerlebnisse der Teilnehmer, um das Aufknacken ihrer Schale. Da Feedback in der freien Natur schneller eintritt als in der Arbeitswelt, brauche ich über Führungs- oder Teamfähigkeit, Selbstmanagement, Streßbewältigung dort nicht zu reden. Jeder, und zwar sofort (es besteht Handlungszwang!), erfährt die Grenzen seines Könnens, Planens, Handelns selbst. Rollenflexibilität tritt an Stelle von gewohntem Hierarchieverhalten. Kreative Teams kommen dabei am weitesten.

Die Natur stellt unausweichliche Bedingungen. Ihre Spielregeln sind nicht manipulierbar, unendlich vielfältig.

In der Arbeitswelt verlieren viele von uns mehr und mehr die Beziehung zum Ergebnis ihrer Tätigkeit. Vor allem die schöpferische Beziehung zum Endprodukt geht verloren. Wir sitzen stundenlang am selben Schreibtisch, machen jahrelang dasselbe: dieselben Pläne, dieselben Rechnungen, dieselben Handgriffe. Alles läuft routinemäßig ab. In der Wildnis hingegen liegt der Reiz des Immer-wieder-neu-Erlebens. Ein Ausgefülltsein folgt. Beide Faktoren vermitteln uns – unbewußt vielleicht – die Vorstellung von unumstößlichen Richtlinien, von schöpferischer Arbeit und vollbrachter Leistung.

Bei Indoor-Veranstaltungen dieser Art (Vorträge über Grenzgänge zum Beispiel) ist wenigstens zweierlei zu berücksichtigen. Erstens werden dabei allzu häufig die Hypothesen mit der Realität verwechselt. Zweitens ist im Saal oder beim Dinner die Natur zu weit weg. Wenn da einer erzählt, daß jeder seinen eigenen Everest besteigt oder Fehler beim Soloklettern tödlich sind, bleiben das leere Phrasen. (Peinlich sogar, wenn der auftretende Solokletterer noch von seinem Absturz erzählen kann! Weil er nur wenige Meter über dem Boden kletterte, blieb er, wenn auch verletzt, am Leben.) Solche Sprüche verschaffen Zuversicht, aber keine Aufregung; ein Aufatmen, aber kein tiefes Einatmen.

Gute Schlagworte – auch wenn noch so gute Ideen dahinterstecken – sind weniger wert als reale Erfahrungen, reale Handlungssituationen, reale Verantwortung. Kreativität wächst dir in der Aktion zu, weniger beim Staunen. Authentische Erfahrungen mit Ernst-Charakter haben – erzählt – meist nur einen Informationswert für andere Grenzgänger. Für Außenstehende können sie einen Unterhaltungswert besitzen. Mehr nicht.

Nichts ist leichter für einen »Abenteurer«, als den Erlebnishunger seiner Nichtabenteurer-Zuhörer in Bewunderung umzumünzen. Urteilsfähigkeit kann nur entstehen, wenn sie gefordert wird. Das gilt für jede Sparte.

Ich benütze das Wort »Arbeit« mit Absicht nicht für mein Tun. Ich bin unterwegs. Ich lebe. Ich bin. »Arbeit« beginnt mit Seßhaftigkeit. Jahrtausendelang hat sie der Mensch als Grundlage der Selbsterhaltung zugleich verherrlicht und verdammt. Ich verherrliche mein Tun als »Nicht-Arbeit«.

Auch wenn ich Spitzenkräften aus Wirtschaft und Politik Outdoor-Erfahrungen und Vorträge anbiete, wie es der Kanadier John Amatt tut, arbeite ich nicht. (Ob mit dieser Haltung der Zwang verdrängt werden soll oder der Kreativitätsverlust durch die Arbeit, weiß ich nicht.)

Ich möchte also nicht arbeiten müssen, und doch betreibe ich mein Tun mit größerer Besessenheit als viele andere. Auch Besessenheit hat mit Abhängigkeit zu tun. Besessensein ist der Zaun, über den der Kreative immer wieder springen muß.

Wenn ich den Begriff »Freisein« verwende, meine ich nicht nur die Freiheit von etwas; die Freiheit zu etwas ist wichtiger. Um kreativ sein zu können, muß ich zuallererst in Frage stellen können: Dagewesenes, Regeln, Dogmen, Bürokratie.

Alles Gewohnte, Eingespielte, Festgeschriebene ist antikreativ!

Kreativsein heißt wagen, spielen, würfeln. Um zu neuen Kombinationen zu kommen, darf ich nichts als gegeben annehmen. Ich muß offen sein für das Unerwartete, bereit auch zu verlieren.

Die Grundvoraussetzungen für ein kreatives Leben sind Neugierde, Tat und Scheitern. Im Abenteuer haben immer wieder Spieler bahnbrechend Neues geleistet. Sir Edmund Hillary zum Beispiel, der Erstbesteiger des Mount Everest, war vor 40 Jahren nicht für den Gipfelsturm vorgesehen gewesen. Als aber Evans und Bourdillon scheiterten – der Weg vom Südgipfel bis zum Hauptgipfel erschien ihnen zu lang, unüberwindbar –, stand Hillary bereit, einen Versuch zu wagen. Im erfolgbesessenen Sherpa Tensing, der früher schon beim Versuch, den Everestgipfel zu erreichen, wiederholt gescheitert war, hatte er den bestmöglichen Partner.

Die beiden sollten nicht nur Erfolg haben, weil ihre Vorgänger den notwendigen Erfahrungsschatz für sie gesammelt hatten. Sie waren bereit zu wagen, das Spiel in einer anderen Kombination zu spielen: Hillary und Tensing biwakierten in einem Zwischenlager auf 8500 Metern, bevor sie bis zum Gipfel gingen. In so großer Höhe hatte vorher noch nie jemand genächtigt. Weil Hillary und Tensing

Berechenbarkeit hört dort auf, wo die Wahrscheinlichkeit beginnt. Und alles ist Wahrscheinlichkeit.

Nicht wer die Grenzen überspringt, die in uns liegen, ist verrückt, sondern der, der sie negiert

aber zu dieser Kombination gefunden hatten, kamen sie ganz hinauf.

Amundsen hatte mit seinem kleinen Schiff, als er die Nordwestpassage durchfuhr, Erfolg, weil er kreativ war. Seine Miniexpedition vollführte, was Riesenunternehmen mit Tragödien bezahlt hatten.

Nansen, der kreativste aller Arktisfahrer, hat zwar den Nordpol nicht erreicht, zusammen mit Johannsen aber einen Marsch bis zum 85. Breitengrad und zurück zum Franz-Joseph-Land überlebt. Die »Fram«-Reise scheint an Dramatik und Schwierigkeit nicht überbietbar. (»Fram« war Nansens Schiff, der Name bedeutet in der Übersetzung »vorwärts«.) Nansen war offen für das Undenkbare. Im Chaos der driftenden Eismassen fand er zu jener Kreativität, die Schiff und Mannschaft die schlimmsten Gefahren überleben ließ. Tag für Tag. Monat für Monat. Jahr für Jahr. Von 1893 bis 1896. So verrückt es klingen mag: Chaos ist die bessere Voraussetzung für Kreativität als Ordnung. Ordnung entspricht nicht der Realität. Ordnung ist nur unser Wunschdenken. Auch wenn uns die klassische Physik eine Ordnung vortäuscht. Sie ist eine oberflächliche, von uns erdachte.

Dem Denken kann keine Grenze gezogen werden.

Kreativität wächst uns zu mit Einblicken in die »Naturgesetze«, mit Erfahrungen sozialer, wirtschaftlicher, historischer Art. Mehr noch, wenn wir in jenes Chaos geworfen werden – draußen oder in uns drinnen –, das unter einem Firnis von Vorurteilen die Welt ausmacht. Wie schnell du ganzheitlich sehen, denken, empfinden lernst, wenn du in der Wildnis an deine Grenzen stößt! Denken und Tun werden eins. Es ist dann, als ob die zwei Hälften deines Gehirns synchron denken würden. (Alles, was auf mehreren Ebenen wahrgenommen wird, ist auch auf mehreren Ebenen bewußt.)

Ich will über die Mitgliedschaft in einer universalen, demokratischen Wohlstandsgesellschaft hinaus die Chance haben, dem Ungewissen ausgeliefert zu sein: mit täglichen Risiken, den weißen Blättern vor mir, der Beweispflicht mir selbst gegenüber. Ich funktioniere nicht nur nach ökonomischen Mustern. Wenn ich also weiterhin nach Grenzgängen hungere, dann vor allem deshalb, weil ich auf mehreren Ebenen erfahren will. Ein Leben ohne Leidenschaft, ohne Risiko kann ich mir nicht vorstellen. Ich möchte nicht zum ängstlichen Herdenwesen oder Konsumtier verkommen.

Lebensqualität messe ich nach der Qualität der Herausforderungen, nicht nach der Quantität der materiellen Voraussetzungen. So träume ich nach dem Scheitern weiter vom Nordpol – jetzt schon im Unterbewußten.

Obwohl ich im Sommer 1995, vier Monate nach dem frühzeitigen Aus der Arktis-Überquerung, durch einen nächtlichen Sturz von der Schloßmauer für Monate bewegungsunfähig bin (Trümmerbruch des rechten Fersenbeines), gebe ich die Nordpol-Idee nicht auf. Es werden mehrere operative Eingriffe notwendig sein, ehe ich erste Gehversuche machen kann. Anschließend will ich wieder trainieren, zu früherer Ausdauer zurückfinden.

Aber auch wenn ich gehbehindert bleiben sollte, werde ich mich nicht aufgeben. Mit ganz neuen Situationen im Leben zurechtzukommen – Krankheit, Armut, Alter – gehört zu jenen Fähigkeiten, die gerade im Umgang mit dem Chaos wachsen. Natürlich kommt niemand spielerisch über solche Probleme hinweg. Aber es gibt für jede(n) Alternativen. Diese zu suchen und nochmals in ein Tun einzusteigen, wird die Kunst dabei sein.

Ich hoffe, daß ich mich nicht dabei verirren werde, und bin bereit, Er-

fahrenere um Rat zu fragen, um mein neues Aufgabenfeld zu finden.
Es gibt nicht nur Berge und Wüsten, ich kann mir eine Reihe von Tätigkeiten darüber hinaus vorstellen, in die ich Sinn legen, in denen ich Spaß finden und bei denen ich meine ganze Person einsetzen kann. Unabhängig nämlich vom Was bin ich motiviert, mich einzubringen, auch ohne jede äußere Anreize bereit, etwas zu leisten.
Während ich mich also erstmals auch mit dem Ausstieg aus der Welt des Grenzgängers beschäftige, halte ich an meinen Plänen vorerst fest. Ich will wieder ganz gesund werden.
Und gleichzeitig (sehr langsam) reift ein weiterer Tagtraum heran: Einmal in einer Wüste zu stehen – nur mit dem Rucksack, ohne genaue Karte. Nicht zu wissen, wo ich mich befinde, und mich durchzuschlagen. Diese maximale Chance bleibt mir auch als Invalide als Möglichkeit. Eine solche Askese ist allerdings nur auf dem Festland möglich. Nicht am Nordpol, den ich zuerst erreichen will.
Ich bin kein 20jähriger Aussteiger mehr. Meine Verweigerung richtet sich nicht gegen den Staat und die kapitalistische Welt. Sie sucht sich jenseits von Datennetzen und Polizeigesetzen eine Existenz, ein Reservat, ein Spielfeld.
Ich würde mein Leben mit niemandem tauschen. Auch weil ich weiß, daß ich nichts haben kann, was ich nicht selbst erfahre und erleide. Auch die Erfahrung von gestern reicht nicht aus, kein guter Wille.
Unser Leben ist zwar auf Schritt und Tritt von Spannungen durchzogen, sie sind aber nicht gewaltsam genug, uns zu bedrohen. Der Radikalismus des Grenzgangs verändert die Lebensprozesse derart, daß das Leben über jede Umgebung hinweg herausgerissen erscheint und doch wieder Alltag wird. So kann ich Bewußtsein über mein eigenes Bewußtsein aufbauen, auch wenn ich zwischendurch völlig aufgehe in meinem Tun. Bewußt nutze ich beim Grenzgang pure Zufälle (den Wind in Grönland zum Beispiel). Ich bleibe programmiert auf Zukunft. Auch wenn ich damit spiele, die notwendigen Lebensgrundlagen – Sauerstoff, Licht, Wärme, Wasser, Feuer, Land – nach und nach auszuknipsen. Optimismus (trotz Selbstkritik) bleibt meine Grundhaltung.
Ich fülle meine Tagträume mit Mythen und Legenden. So wird eine großartige Idee daraus. Dies läßt mir Energie zuwachsen. Obwohl ich rational weiß, daß jede neue Idee so nutzlos ist wie die vorhergehende, entwickle ich ein ausgeprägtes Selbstverständnis für sie. Bis sie realisiert, erfüllt ist.
Nicht nur wir Grenzgänger müssen weg von der Sprache der Militärs, von den Gesten der Krieger; wir müssen auch weg von der Planung und Strategie, die der Militärmetapher entsprechen. Autonomes Handeln, situative Kreativität, Mut zur Veränderung sind die Grundlagen für ein mögliches Morgen. In einer Sprache, die voll ist von militärischen Metaphern – »der Gipfelsieg«, »die Truppe«, »ein Gipfelangriff« – werden wir den spielerischen Charakter unseres Tuns nicht zum Tragen bringen. Mit einem neuen Geist brauchen wir auch eine neue Sprache.
So wie mein Bergsteigen anders war als das der Gralshüter des Alpinismus, will ich auch als Grenzgänger meinen Weg gehen. Ich bin niemandem in Nibelungentreue verbunden, und ich will den Pharisäern ein Dorn im Auge sein. Ich werde mich also weiter wehren, durch meine Träume, meine Existenz, meine Taten. Ich bin ein lebender Widerspruch zu den jeweiligen Institutionen.
Ich werde weitermachen. Ich muß. Wenn ich unzufrieden bin, werde ich

Meine Grenzgänge sind Experimente für mich, nicht für die Gemeinschaft. Bin ich also eine Gefahr für diese fleißige, ängstliche und phantasielose Gesellschaft?

In der Mitte meines Lebens will ich nicht ausschließlich zurückschauen können auf meine Biographie.

Rückzug in der Arktis (Payer-Zeichnung).

Ich hasse sterile Ideologie-Debatten, die vielen Vorschläge zur Weltverbesserung. Das Bewußtsein des einzelnen muß sich ändern. Jedes andere politische Engagement ist verlorene Zeit, vergeudete Kraft.

krank, verliere ich meine Kraft, auch die schöpferische Potenz. In meinem »unnützen« Tun bin ich lebendiger.

Wenn wir Grenzgänger Führungskräften aus der Wirtschaft oder Politik etwas zu geben haben, dann weniger unsere Erfahrungen. Diese bleiben für sie Ergebnisse aus zweiter Hand. Sicher ist es für jemanden, der in seinem engen Betätigungsfeld sehr viel leistet, interessant, Erfahrungen von Grenzgängern anderer Art zu hören. Wieweit diese aber umzusetzen sind, ist anzuzweifeln, solange die »Schüler« nicht mitgenommen werden. Zeitweiliges Aussteigen hingegen für ein bewußtes Einsteigen oder Umsteigen tut ihnen gut.

Es gibt eine Reihe von Bergsteigern, Abenteurern, Seefahrern, die zu Manager-Schulungen herangezogen werden. Natürlich kann ein Manager von IBM oder der Filialleiter einer Bank nicht mit mir auf den Everst steigen oder zum Nordpol laufen. Aber er kann an der Grenze seiner Belastbarkeit zu neuen Ideen finden. Auf kleineren Bergen, an stillen Plätzen. Im Idealfall in kleinen Gruppen. Es reichen ein paar Tage außerhalb seines Arbeitsbereichs, um ihm den Boden unter den Füßen wegzuziehen, die Augen zu öffnen. Jeder von uns braucht schöpferische Pausen.

Der Alpinist John Amatt hat seit Jahrzehnten Erfahrungen mit Manager-Schulungen. Er hat ein Konzept entwickelt, das er in der Praxis und Theorie als »Adventure attitude« vermittelt. Meine Erfahrungen decken sich teilweise mit seinen Aussagen. Ich weiß, daß ein Hineingeworfensein in die wilde Natur jene Ängste und Unsicherheiten abbaut, denen gerade wir Menschen am Ende des zweiten Jahrtausends ausgesetzt sind: Einsamkeit, Lebensangst und Orientierungslosigkeit.

Wir alle haben Angst vor dem Tod. Auch ich habe mich nicht von der Todesangst befreit. Obwohl ich Todes-

nähe erlebt habe, sogar das Gefühl, einmal gestorben zu sein. Mit einer Art Wiedergeburt hat ein zweites Leben für mich angefangen. In diesen todesintensiven Situationen habe ich viel gelernt. Aber auch sie gehören nur zu meiner Biographie.
Der Nordpol, den ich erreichen will, wo ich aber genausogut auch ein zweites Mal scheitern könnte, bedeutet mir mehr. Mehr auch als die Besteigung aller Achttausender zusammen. Ich lebe also viel mehr vom Jetzt und vom Morgen als vom Gestern.
Aus physischen Gründen ist meine Zeit begrenzt. Mit 60 Jahren wird es mir nicht mehr möglich sein, ohne Sauerstoffgerät auf den Mount Everest zu steigen oder »unsupported« den Nordpol zu erreichen. Meine Schnellkraft nimmt ab, die Energie, die Gesundheit. Im Eiswandern, einer Ausdauer-Sportart, kommt es weniger auf die physische Leistungsfähigkeit als auf die seelische Ruhe an. Und diese wächst im Alter. In Grenzsituationen – Kälte, Hunger, Müdigkeit – sterben vielfach die Jungen zuerst, auch wenn sie stärker sind als die Älteren.
Ein Beispiel: Als 1986 am K2 innerhalb von wenigen Tagen sieben Leute ums Leben kamen, haben die drei Ältesten überlebt; die Jungen sind zuerst gestorben.
Es bleibt wichtig für mich zu erfahren, ob ich weiterhin über mich selbst hinausgehen kann; wie Ehrgeiz, Instinkte, Angst am »Point of no return« funktionieren. Die Wettbewerbssituation heute zwingt vielen von uns ein Verhalten auf, das ähnlich ist wie das Verhalten eines Grenzgängers, wenn er mit dem Rücken zur Wand steht. Nur ist es weniger lebensnah.
Wir stehen alle mit dem Rücken zur Wand. So wie am Beginn dieses Jahrhunderts in den westlichen Industrieländern das soziale Problem einer Lösung harrte, harrt jetzt das ökologische Problem einer Lösung. Und der Friede! Es braucht Visionäre, um aus den Sackgassen herauszukommen.
Der Weg von der »Beginnungslosigkeit« in die Besinnungslosigkeit der Menschheit scheint, erdgeschichtlich betrachtet, ein kurzes Zwischenspiel gewesen zu sein.
Die Ressourcen auf dieser Erde sind endlich. Auch der Mensch ist endlich. Unendlich ist nur der Geist. Kreativität, unsere »göttliche Eigenschaft«, ist die stärkste Kraft des menschlichen Geistes. Diese »Grenzenlosigkeit« des menschlichen Geistes aber ist grenzenlos ungenutzt. Es geht darum, durch unser Bewußtsein neue Dimensionen des Überlebens zu erschließen. Kreativität umzusetzen und dabei Sinn zu stiften, ist die Kunst, die heute mehr gefragt ist als alles andere, wollen wir das menschliche Dasein friedlich und lebbar gestalten.
Die Summe der Menschen auf dieser Erde relativiert alle diese Erkenntnisse. Wir sind zu viele geworden. Alles gerät aus dem Gleichgewicht. Aber wir sind immer noch auf Gewinnmaximierung aus. Die freie Marktwirtschaft muß unweigerlich in die Katastrophe führen, wenn die Natur nicht mitgerechnet wird beim Summieren und Subtrahieren im Steigern des Bruttosozialprodukts. Soweit die Gruppe klein ist, stimmt es, daß die gesamte Energie oft mehr ist als die Summe der Einzelenergien. Auf die Menschheit übertragen, trifft es nicht zu oder höchstens in bezug auf ihr zerstörerisches Potential. Es gilt, Berge zu versetzen, und zwar für jeden von uns. Der einzelne muß umdenken, herausfinden aus der Lethargie des »Alle tun so«, um das Leben für das Ganze – auch wenn es zeitlich begrenzt sein sollte – erträglich zu machen. Alle einzelnen zusammen ergeben die Menschheit.

Wir Menschen sind selbst für unsere Stellung in der Welt verantwortlich.

Je langsamer Risiken anwachsen und je mehr Menschen sie betreffen, um so blinder sind wir für sie.

Die Menschheit ist vergänglich. Das ist so sicher wie die Tatsache, daß jeder einzelne stirbt. Es fragt sich nur, wie wir die Menschenzeit gestalten.

Meine Kreativitäts-»Tricks«:

Aufmerksamkeit nach innen wenden! Träumen lernen! Unter freiem Himmel sind auch die Gedanken weiter! Mit der Vorstellung von Zielen einschlafen! Realutopien immer wieder visualisieren (im Auto, im Halbschlaf)! Im lernbereiten Zustand aufwachen, aufstehen! Eine kalte Dusche nehmen! Gehend denkt es sich klarer! Gedanken vermeiden, um Gedanken zu klären! Durch direkte Erfahrung und Schlußfolgerungen lernen! Zwei Dinge können nicht gleichzeitig Priorität haben! Sich geplante Veränderungen im entspannten Zustand vorstellen! Es gibt keine Grenzen, wenn ich sie aufhebe! Unser Leben wird mehr durch unser Bewußtsein geformt und weniger durch die Umstände!

Aufstieg über die Hillary-(Everest-)Route.